C. DE LA JONQUIÈRE

CAPITAINE D'ARTILLERIE, BREVETÉ D'ÉTAT-MAJOR

LES ITALIENS

EN ÉRYTHRÉE

QUINZE ANS DE POLITIQUE COLONIALE

AVEC 10 CROQUIS DANS LE TEXTE

PARIS

Henri CHARLES-LAVAUZELLE

Éditeur militaire

11, Place Saint-André-des-Arts, 11

(Même maison à Limoges.)

DU MÊME AUTEUR :

L'Armée à l'Académie. *Ouvrage couronné par l'Académie française.* — Vol. in-8°, chez Perrin, éditeur, à Paris.

POUR PARAITRE PROCHAINEMENT :

Le Livre d'ordres d'un régiment d'infanterie en 1781.

EN PRÉPARATION :

Les inconnues de la guerre de demain.
Bonaparte en Egypte.

LES
ITALIENS EN ÉRYTHRÉE

QUINZE ANS DE POLITIQUE COLONIALE

DROITS DE REPRODUCTION ET DE TRADUCTION RÉSERVÉS

C. DE LA JONQUIÈRE

CAPITAINE D'ARTILLERIE, BREVETÉ D'ÉTAT-MAJOR

LES
ITALIENS EN ÉRYTHRÉE

QUINZE ANS DE POLITIQUE COLONIALE

PARIS
Henri CHARLES-LAVAUZELLE
Éditeur militaire
11, Place Saint-André-des-Arts, 11

(Même maison à Limoges.)

INTRODUCTION

L'EXPANSION EUROPÉENNE A LA FIN DU XIXᵉ SIÈCLE

Le fait dominant de la politique européenne, à la fin du xixᵉ siècle, c'est le mouvement d'expansion coloniale auquel se sont associées presque toutes les nations du vieux monde. L'Angleterre, déjà dotée du plus riche domaine exotique, s'est efforcée d'en étendre partout les limites, et certains de ses hommes politiques ont proposé à son action ce gigantesque programme : la jonction de l'Égypte au cap de Bonne-Espérance par une série de territoires soumis à la souveraineté ou à l'influence britannique. Les tsars ont peu à peu reculé les frontières de leur immense empire asiatique, menaçant à la fois les riches contrées de l'Inde et de la Chine. Après les années de recueillement, de lente réorganisation, la France a cessé de fixer ses regards aussi exclusivement sur le même horizon ; elle les a portés au delà des mers ; elle a entrepris une série d'expéditions qui, malgré diverses vicissitudes, lui ont donné un vaste ensemble de possessions nouvelles. L'Allemagne a voulu assurer un débouché à son commerce, un déversoir à sa population croissante ; elle est résolument entrée dans le mouvement d'expansion et a pris pied sur plusieurs points de l'Afrique : le Cameroun, le Damaraland, la côte de Zanzibar, etc. L'Italie a tourné ses efforts vers la mer Rouge ; mais, moins habile ou moins heureuse, elle a jusqu'à ce jour plus éprouvé de déboires que recueilli de profits. Le Portugal, l'Espagne, la Hollande, n'ont rien négligé pour conserver, défendre et mettre en valeur les débris, encore assez importants, des grands empires coloniaux qu'ils possédaient aux siècles précédents : le regret des territoires perdus leur fait attacher d'autant plus de prix à ceux qu'ils ont conservés et qui peuvent leur procurer encore d'abondantes richesses. Ne voyons-nous pas enfin la Belgique triompher de répugnances qui avaient bien leur raison d'être, et s'apprêter à recueillir sur les rives du Congo le fruit précieux de l'initiative de son souverain?

Il faut voir dans ces tendances si marquées la conséquence logique du système d'armements excessifs imposé par les événements de 1870. D'un bout à l'autre de l'Europe, on a multiplié les préparatifs militaires en vue d'une conflagration générale que tout le monde attend et dont personne ne peut fixer l'échéance. En raison des progrès techniques et du formidable accroissement des effectifs, ces luttes futures apparaissent enveloppées d'inquiétants mystères ; elles suggèrent le pressentiment de phénomènes nouveaux qui dérouteront toutes prévisions ; elles s'annoncent terribles pour le vainqueur presque autant que pour le vaincu ; elles semblent devoir déterminer l'effondrement d'une prospérité factice, d'une richesse de papier fondée sur le seul crédit des États. Voilà pourquoi personne n'ose assumer la responsabilité du saut dans l'inconnu, pourquoi chaque jour recule davantage la solution définitive à laquelle il faudra cependant aboutir. Cherchant à faire bonne figure, en dépit du malaise aigu qui les travaille, les peuples européens restent donc en garde les uns vis-à-vis des autres ; ils s'observent, sans se décider à en venir aux mains. Si précaire qu'elle paraisse, la paix se prolonge parce qu'elle sauvegarde un ensemble d'intérêts que la guerre compromettrait d'une façon irrémédiable.

Cependant, comme l'activité vitale des nations s'impatiente de ce long et énervant piétinement, il a fallu lui chercher un dérivatif. A ceux que tourmente l'esprit d'aventure et aussi — nous devons bien en parler — à ceux que guident des vues moins désintéressées, on a ouvert le vaste champ des expéditions coloniales, où les uns peuvent gagner de la gloire, les autres de l'argent, sans que de ces chocs jaillissent des étincelles dangereuses pour le branlant édifice du vieux monde.

L'esprit de concurrence effrénée, qui est la caractéristique de la société moderne, n'a pas manqué de se donner ici libre cours. A l'envi, les explorateurs se sont élancés vers les régions du globe les plus réfractaires à toute pénétration ; ils ont prodigué leurs efforts, parfois leur sang, pour en arracher le secret.

La même ardeur fébrile a gagné les hommes d'Etat de tous les pays et a imprimé une irrésistible orientation à leur politique. Il semble qu'on veuille se hâter de mettre la main sur les terres vacantes en prévision du moment où il n'en restera plus à prendre ; on embrasse plus qu'on n'est en mesure d'étreindre, de façon à s'assurer coudées franches pour l'avenir et à pouvoir opposer aux appétits retardataires un droit de priorité, même nominale. Peut-être les hommes blancs font-ils un sage calcul en saisissant ainsi des gages avant que surgisse un Monroë japonais ou éthiopien qui proclame la formule de *l'Asie aux Jaunes* ou de *l'Afrique aux Noirs* et réduise dès lors les nations européennes à périr de consomption, confinées dans leur étroit et sénile territoire.

Les expéditions coloniales entreprises depuis vingt-cinq ans ont eu des fortunes diverses. En les comparant, on les voit marquées du génie propre de chaque peuple ; l'examen des résultats obtenus permet d'apprécier la valeur des méthodes, le mérite des hommes d'Etat. Ici nous constatons la continuelle et progressive extension de la race slave, à laquelle semble présider une irrésistible loi naturelle : race encore inférieure à certains égards, mais qui, n'ayant point achevé son évolution, est plus qu'une autre susceptible d'adaptation aux milieux dans lesquels elle s'infiltre. Là, c'est l'inflexible volonté britannique, poursuivant invariablement son but de grandeur et de richesse, sachant tirer un merveilleux parti des circonstances de lieu ou de moment ; déroutant parfois le monde par ses manifestations protéiformes, s'imposant à son admiration par la magistrale continuité de vues qui les inspire. Ailleurs, ce sont les élans généreux, héroïques, mais trop souvent décousus et mal ordonnés de la France, qui tantôt dépense sans compter son or et son sang au profit d'une idée chevaleresque, tantôt ne sait pas se résigner, en temps voulu, à des sacrifices nécessaires, onéreux, mais féconds. En regard, c'est la froide et prudente méthode de l'Allemagne, confiante dans la libre initiative de ses citoyens : précieuse initiative, affirmée par les plus anciennes institutions germaniques, transmise de siècle en siècle, susceptible d'assurer les mêmes succès dans le monde africain que sur les champs de bataille européens.

Quelle qu'en soit l'issue, ces expéditions sont riches en enseignements de toute nature, dont militaires, hommes politiques, explorateurs, colons, commerçants, peuvent tirer profit. L'opinion publique, naguère indifférente à des événements si lointains, en suit maintenant les péripéties avec un intérêt croissant. Elle se passionne pour ces questions qui commencent à lui être familières. Elle a l'intuition des grands résultats que pourront obtenir ces hardis champions de la civilisation française, qui sont trop souvent des martyrs. Elle les accompagne de son admiration reconnaissante et, s'ils viennent à périr au champ d'honneur, elle salue des mêmes sympathies émues les Bonnier qui tombent dans le rang esclaves du devoir et les Morès qui tentent, héroïques volontaires, d'ouvrir des voies nouvelles à la gloire de la patrie.

Cette légitime curiosité ne s'arrête pas aux entreprises françaises, elle s'étend à celles qui sont tentées par les puissances étrangères. Les unes et les autres présentent de multiples connexités et s'imposent également à notre attention. Dans l'assaut général que les nations civilisées donnent aux mondes barbares, les coups portés sur un point ont des répercussions lointaines, imprévues ; de sorte qu'indépendamment de l'influence qu'exercent sur l'équilibre des puissances les progrès réalisés ou les revers subis par l'une d'elles, il s'établit entre toutes une solidarité véritable qui doit dominer les rivalités éphémères. Les peuples qui prétendent exercer un rôle colonial ne peuvent se confiner dans un égoïste isolement et se désintéresser de ce qui se passe ailleurs ; ils risqueraient de compromettre ainsi, pour l'avenir leur propre situation.

Aux combinaisons stériles d'un machiavélisme politique suranné, les véritables hommes d'État doivent substituer une manière de faire moins étroite, inspirée par des sentiments plus élevés : atténuer les conflits partiels que provoque la rencontre des ambitions tournées vers le même objectif ; favoriser ces intérêts communs, dont le développement est la meilleure sauvegarde de la vieille Europe contre les menaces qui surgissent sur les bords du Pacifique et au delà de l'Atlantique.

Dans ces derniers temps, l'attention s'est fixée d'une façon particulière sur l'œuvre de conquête et de colonisation entreprise en Afrique par les Italiens. Les événements survenus il y a quelques mois ont eu un retentissement d'autant plus vif qu'ils constituaient une sorte de révélation pour les personnes, très nombreuses, qui n'avaient pas suivi les phases de cette tentative.

Il nous a donc paru opportun de tracer ici l'histoire, encore peu connue, de la politique coloniale de l'Italie. Nous en montrerons l'origine, le développement, les vicissitudes ; nous chercherons à en pronostiquer l'avenir. Tout en faisant appel à des documents nombreux et autorisés (1), nous avons évité les détails purement techniques, de façon que notre étude présentât un caractère d'histoire générale et pût intéresser non seulement nos camarades

---

(1) Citons entre autres :

OUVRAGES ITALIENS. — Vico Mantegazza : *Da Massaua a Saati* (1890, in-12) ; *La Guerra in Africa* (1896, in-12) ; *L'Assedio di Macallé* (1896, in-12). — Mario Michela : *L'Avvenire dei possedimente italiani in Africa* (in-8°). — Almerico Milani : *Le Armi italiane in Abissinia* (1896, in-4°). — Bottego : *Nella terra di Danakil* (1892) ; *Il Giuba esplorato* (1895). — Robecchi Brichetti : *Nell Harrar* (1896).

OUVRAGES FRANÇAIS. — Rochet d'Héricourt : *Voyage à la mer Rouge* (1834, in-8°, et *Second voyage sur les deux côtes de la mer Rouge* (1840, in-8°). — Denis de Rivoyre : *Mer Rouge et Abyssinie* (1880). — Comte Russell : *Une mission en Abyssinie* (1884, in-18 Jésus). — Paul Combes : *l'Abyssinie en 1896* (in-18). — Général Luzeux : *Études critiques sur la guerre entre l'Italie et l'Abyssinie* (1896, in-8°). — Revue militaire de l'étranger (*passim*) ; en outre : Comptes rendus officiels des débats des parlements français, anglais et italien ; *livres verts, livres bleus*, etc.

de l'armée, mais encore quiconque s'occupe des questions coloniales.

Entrée la dernière des grandes puissances dans le mouvement d'expansion extra-européenne, l'Italie a peut-être voulu regagner trop vite l'avance prise autour d'elle. Elle s'est laissée entraîner par de dangereuses illusions et a commis des fautes chèrement payées. Pourtant, malgré ces erreurs, tout n'est point stérile dans son œuvre; elle peut encore en faire jaillir des résultats avantageux pour l'avenir.

Au point de vue français, cette étude permet de déduire des enseignements qui ne semblent pas inutiles. Nation de race latine, placée dans des conditions politiques analogues aux nôtres, l'Italie nous offre, à ce double point de vue, un exemple très suggestif; l'examen critique de ses entreprises confirmera maintes observations formulées à l'occasion de notre propre histoire. Nous serons parfois amenés à mettre en évidence cette conclusion logique des faits. Nous pourrons ainsi dégager quelques-uns des principes permanents, malgré les variétés d'application, d'après lesquels doit être dirigée toute politique coloniale pour obtenir des résultats proportionnés aux efforts accomplis, aux sacrifices supportés par le pays.

LES
ITALIENS EN ÉRYTHRÉE

QUINZE ANS DE POLITIQUE COLONIALE

CHAPITRE Iᵉʳ

LES DÉBUTS DE LA COLONISATION ITALIENNE

Rôle historique de l'Italie dans la Méditerranée. — Premières ambitions coloniales. — Un mot du comte de Cavour. — La question tunisienne et le congrès de Berlin. — La politique de M. Cairoli. — L'explorateur Giuseppe Sapeto. — Acquisition de la baie d'Assab. — Occupation effective. — Avantages au point de vue de la pénétration en Abyssinie — Massacre de l'expédition Giuletti. — Premières relations avec le négus. — Traité avec l'*anfari* d'Aoussa. — Massacre de l'expédition Bianchi.

Quand l'Italie, définitivement unifiée, admise dans le concert des grandes puissances européennes, a voulu acquérir un domaine colonial, c'est vers l'Afrique septentrionale que ses regards se sont naturellement tournés. Sa situation géographique, ses souvenirs séculaires lui traçaient le même programme d'expansion. N'est-ce point sur l'autre rive de la Méditerranée que se sont accumulés tous les vestiges du plus glorieux passé : Carthage, vaincue à la suite de luttes si acharnées ; la Numidie, conquise par Marius au prix de rudes combats ; l'Égypte, dont l'occupation a marqué l'aurore et l'apogée de l'empire ? Et, au centre de la mer Bleue, avec ses longs promontoires et ses grandes îles de Sardaigne et de Sicile, l'Italie ne semble-t-elle pas avoir été providentiellement placée pour exercer sa domination, faire rayonner son influence, promener fièrement son pavillon le long de ces rivages enviés et privilégiés ? Ne possède-t-elle pas, face au continent noir, toute une série de ports, creusés par la nature ou l'art : Gênes, la Spezia, Livourne, Naples, Tarente, Messine, Palerme, la Maddalena, d'où se sont déjà élancés tant de navigateurs, de commerçants, de colons ?

Mais à côté de ces conditions favorables, il faut tenir compte des circonstances politiques du jour. En présence des problèmes économiques à résoudre, des difficultés gouvernementales inhérentes à son origine, le jeune royaume italien serait imprudent de vouloir reprendre d'ores et déjà l'antique programme de la république romaine. Il ne peut s'inspirer du légendaire :

Tu regere imperio populos, Romane, memento.

Les temps ne sont point venus d'une nouvelle réalisation des oracles. Avant de songer à des conquêtes, il faut que l'Italie consolide son unité, qu'elle complète son organisation pour la mettre à hauteur de celle des puissances constituées depuis plusieurs siècles. Elle doit se consacrer encore à ce qu'on peut appeler les efforts, les dépenses de premier établissement. Tant que cette œuvre indispensable n'aura pas été terminée, que la charge n'en sera pas amortie, au moins partiellement, il serait téméraire d'aborder certaines entreprises.

Les premières ambitions coloniales de l'Italie ont été non seulement encouragées, mais provoquées par Napoléon III, au moment où la question de l'unité était à peine résolue. Dans sa *Géographie militaire*, M. le général Niox rappelle comment, « rêvant une union sans doute chimérique entre les peuples de races latines, l'empereur Napoléon III avait proposé à l'Espagne et à l'Italie de partager avec la France les territoires de l'Afrique du Nord; l'Espagne aurait eu le Maroc; on offrait la Tunisie à l'Italie (1) ».

Heureusement pour nos intérêts, ce projet n'eut pas de suite. L'Espagne échoua dans la guerre entreprise, en 1859, contre le Maroc; les circonstances politiques et financières ne lui ont point permis, jusqu'à ce jour, de tenter l'effort considérable qui serait nécessaire pour réussir et elle se contente, par l'occupation de Ceuta et des Présides, de maintenir ses droits historiques. Quant à l'offre de la Tunisie, elle fut déclinée par le comte de Cavour. Sage appréciateur des vrais besoins de son pays, ce grand ministre considérait qu'une pareille entreprise serait prématurée; il répondit que « l'Italie n'était pas assez riche pour s'offrir une Algérie tunisienne ».

La question fut de nouveau agitée après l'occupation de Rome, en septembre 1870. Moins prudents que le comte de Cavour, ou grisés par les nouveaux résul-

---

(1) Général Niox : *Géographie militaire*, tome V, p. 162.

tats acquis, certains politiques italiens auraient voulu profiter de l'inaction forcée de la France pour mettre la main sur la Tunisie. On a dit que ces projets furent découragés par l'Angleterre, qui craignait de voir l'Italie acquérir une trop grande prépondérance dans la Méditerranée, devenir maîtresse absolue du passage entre la Sicile et l'Afrique (1), annuler ainsi les avantages stratégiques de l'île de Malte.

Entre les mains de la France, la Tunisie ne risquait pas d'entraîner les mêmes inconvénients pour les intérêts britanniques. Le détroit de Sicile serait soumis à deux influences indépendantes, sinon opposées, et cette division constituerait la meilleure sauvegarde pour la liberté de navigation dans la Méditerranée.

Voilà pourquoi, en 1878, au congrès de Berlin, notre plénipotentiaire, M. Waddington, trouva chez lord Salisbury une bonne volonté marquée en faveur d'une action française en Tunisie. Du moment que l'indépendance de ce pays était condamnée à disparaître, l'Angleterre jugeait préférable qu'il nous échût en partage. N'était-ce pas en même temps payer la rançon de l'occupation de Chypre et solliciter notre tolérance anticipée pour les projets encore inavoués dont l'Egypte était le but ?

L'Allemagne se montra également disposée à rester

---

(1) Du cap Granitola (Sicile) au cap Bon (Tunisie), il n'y a que 120 kilomètres. L'espace à surveiller pour empêcher une flotte de passer de l'un des bassins méditerranéens dans l'autre est encore rétréci par l'île italienne de Pantellaria. Entre celle-ci et la Sicile s'étend un large banc qui entrave la navigation ; le chenal le plus profond est du côté de l'Afrique, de sorte que la partie utilisable du détroit ne dépasse pas 50 kilomètres.

neutre; dussions-nous en retirer un accroissement de puissance, elle ne regrettait pas de nous voir entrer dans une voie qui détournait un peu les esprits de la question d'Alsace-Lorraine.

Sauf de vagues encouragements donnés, dit-on, par le prince de Bismark en faveur d'une entreprise coloniale en Tripolitaine, les Italiens étaient revenus de Berlin les mains vides. C'était peu pour eux, qui, depuis vingt ans, étaient habitués à retirer des avantages de toutes les guerres, même de celles où ils avaient fait médiocre figure. Pour donner une certaine satisfaction à l'opinion, le cabinet Cairoli essaya du moins de faire quelque chose du côté de la Tunisie. Sans prétendre ouvertement nous y devancer, il espérait acquérir une influence avec laquelle nous eussions à compter. Cette action était favorisée par le grand nombre d'Italiens établis dans la Régence, par les intérêts considérables qu'ils y avaient engagés, par les actives relations commerciales existant d'un pays à l'autre. M. Cairoli prit d'habiles mesures pour atteindre son but : fondation d'institutions de bienfaisance; demande au gouvernement beylical de concession d'un câble entre Tunis et la Sicile; achat, au nom de la compagnie Rubattino, du chemin de fer de Tunis à la Goulette, etc. On a même, non sans vraisemblance, attribué au gouvernement italien la publication d'un journal arabe, le *Mostakel*, imprimé à Cagliari et distribué gratuitement dans toute la Régence, journal rédigé dans l'esprit le plus hostile à la France. Cet ensemble de mesures tendait, sans doute, à déterminer un courant de résistance susceptible de décourager nos projets d'occupation ; mais il eut, en réalité, un résultat contraire et précipita plutôt notre intervention qui eût peut-être été retardée au delà de 1881.

Devant le fait accompli, accepté d'avance par l'Europe, l'Italie fut réduite à s'incliner. Il lui était permis de le faire d'assez mauvaise grâce, car elle se voyait définitivement déçue dans des visées ambitieuses que ses hommes d'État avaient eu le tort d'entretenir trop longtemps. Il lui restait sans doute la ressource de chercher une compensation dans la Tripolitaine, qui, avec son annexe de Barca, offre une importance capitale au point de vue de la pénétration dans le Soudan. Mais les conditions n'étaient pas les mêmes qu'en Tunisie : la conquête beaucoup plus difficile, les bénéfices plus aléatoires et surtout moins immédiats. Aussi l'Italie s'est-elle, jusqu'à ce jour, abstenue de toute action directe sur la côte des Syrtes ; elle s'est contentée de laisser périodiquement entrevoir de vagues projets, sans doute en vue de pouvoir invoquer, le cas échéant, certains titres de priorité (1).

Il lui fallait donc aller plus loin pour pénétrer dans ce continent africain dont les rivages rapprochés lui étaient fermés. Au milieu de toutes les places déjà prises, elle trouvait heureusement, grâce à une initiative privée, un embryon de colonie qui semblait pouvoir se développer dans des conditions assez favorables.

---

(1) L'Angleterre a, jusqu'à ce jour, découragé les tentatives de l'Italie sur la Tripolitaine. Elle semble trouver à l'occupation de ce pays les inconvénients qui lui avaient fait opposer son *veto* à la conquête de la Tunisie. Elle se soucie peu, d'ailleurs, de voir la civilisation ouvrir une nouvelle voie de pénétration dans le Soudan central, voie qui diminuerait beaucoup l'importance de la vallée du Nil.

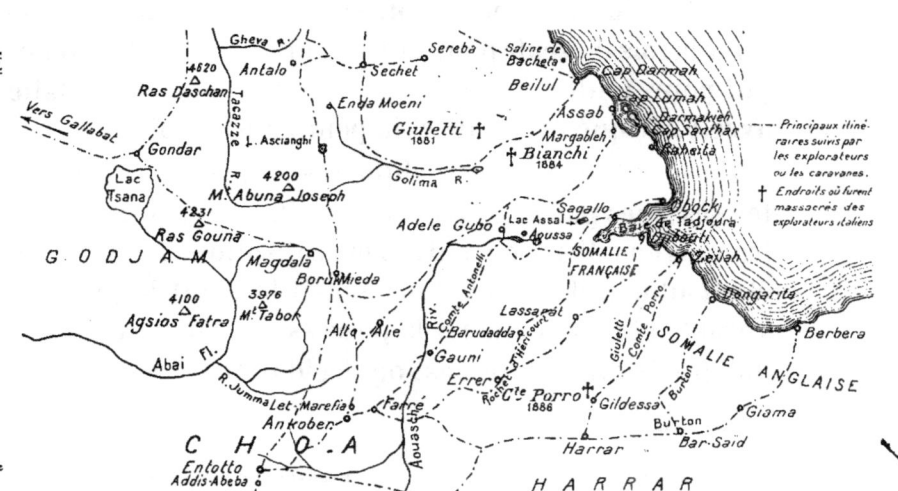

Voies de pénétration dans le Harrar et l'Abyssinie méridionale (Echelle : 1/6.000.000).

C'était sur les bords de la mer Rouge, dont le long défilé est devenu, depuis l'ouverture du canal de Suez, la voie naturelle suivie par le commerce de l'Europe avec l'extrême Orient (1).

A la suite de longs voyages dans les pays des Danakils et des Somalis, l'explorateur Joseph Sapeto, professeur de langues orientales à l'université de Gênes, avait conçu l'idée de fonder, aux environs du détroit de Bab-el-Mandeb, un établissement maritime qui servît à la fois d'escale pour la navigation et de point d'appui pour toutes les relations commerciales de l'Italie avec l'Afrique orientale et la péninsule arabique.

Il réussit, non sans quelque résistance, à faire adopter ses vues par le gouvernement italien et obtint de lui les moyens d'en poursuivre la réalisation. Le principe étant admis, il s'agissait de choisir le point le plus favorable et d'en acquérir la possession. Pour éviter des difficultés diplomatiques, on décida de conserver à l'en-

---

(1) Le comte de Cavour avait eu le pressentiment de la révolution commerciale qu'entraînerait le percement, alors projeté, de l'isthme de Suez; il avait voulu assurer à son pays une part de bénéfices dans ce grand fait économique en nouant des relations avec l'Abyssinie. De 1857 à 1859, par l'entremise de missionnaires italiens, Mgr Massaia et le père des Avanchères, quelques négociations furent poursuivies avec Négoussié, roi du Tigré, en vue de la conclusion d'un traité de commerce et même de l'établissement d'un port sur la côte de la mer Rouge. Après avoir traîné en longueur, ces négociations furent définitivement arrêtées par la victoire du négus Theodoros sur le roi Négoussié. Il convient d'ailleurs de remarquer que, dans la pensée du comte de Cavour, il s'agissait d'une entreprise toute pacifique, commerciale avant tout : ce grand ministre jugeait inopportun d'appliquer à des expéditions lointaines partie des ressources militaires du royaume naissant. — Consulter Le Armi Italiane in Abissinia de Almerico Milani, où sont reproduites les lettres les plus intéressantes échangées à cette époque entre le gouvernement italien et ses représentants.

treprise un caractère d'initiative privée. Ce fut donc comme représentant de la compagnie de navigation Rubattino, avec mission de rechercher une escale pour ses vaisseaux faisant le service de l'océan Indien, que Sapeto effectua, à l'automne de 1869, un voyage d'exploration dans la mer Rouge. Il était accompagné du ministre de la marine, le vice-amiral Guillaume Acton, qui avait tenu à vérifier lui-même les avantages maritimes de la station projetée.

Après quelques semaines de navigation, les explorateurs se décidèrent pour la baie d'Assab, large échancrure creusée dans la rive africaine, en face de Moka, à 40 kilomètres au nord-ouest du détroit de Bab-el-Mandeb. La localité même d'Assab n'était pas une ville, mais une agglomération de huttes misérables, habitées par quelques centaines d'indigènes. Le port naturel se trouve à un kilomètre plus au sud, devant la plage de Bouia : c'est un excellent mouillage que protège, contre la mousson du sud-est, une ligne presque ininterrompue d'îles et de récifs de corail. La plus grande de ces îles est celle de Darmakieh, couverte d'une végétation abondante qui contraste avec l'aridité ordinaire du littoral érythréen. La baie a une profondeur de 5 à 13 mètres et les plus grands navires peuvent y mouiller à 150 mètres du rivage.

Cette partie de la côte africaine est habitée par les Danakils, à demi nomades, groupés, sans organisation politique bien définie, en un certain nombre de tribus indépendantes les unes des autres, sur lesquelles ni la Porte, ni le khédive n'ont depuis longtemps exercé de souveraineté effective. L'explorateur Sapeto entra en relations avec quelques-uns des chefs de ces peuplades et, moyennant une somme de 6.000 *talaris* (1), acheta du sultan Berehan la baie d'Assab avec ses îles, ainsi qu'une étroite zone de territoire continental limitée par le mont Ganga et le ras Lumah. Le contrat, signé le 15 novembre 1869 au nom de la compagnie Rubattino, lui transférait non seulement la propriété, mais la souveraineté du territoire cédé ; un nouvel acte, du 11 mars suivant, recula un peu les limites sur la terre ferme, moyennant un supplément de 2.000 *talaris*.

Mais alors surgirent ces difficultés diplomatiques que le gouvernement italien avait espéré éviter en ne donnant pas un caractère officiel à l'entreprise. Le khédive protesta contre l'acquisition, la déclarant faite en violation de ses droits. Représentant de la Porte, il revendiquait, à ce titre, la souveraineté des côtes de la mer Rouge jusqu'à Zeilah, au delà du détroit de Bab-el-Mandeb. Comme précédemment il n'avait jamais songé à exercer ces droits, l'Italie aurait pu invoquer contre lui la prescription. Mais elle devait compter aussi avec l'Angleterre qui ne voyait pas d'un œil bien favorable la création d'un port susceptible de faire concurrence à celui d'Aden. Il ne paraît pas douteux qu'elle ait encouragé d'une manière plus ou moins formelle

---

(1) Le *talari* ou *thaler de Marie-Thérèse* est la monnaie généralement usitée sur toutes les côtes de la mer Rouge. Ces pièces ont été introduites dans le Levant par les Vénitiens et on a continué à en frapper à Trieste pour les besoins du commerce. Le seul type admis par les indigènes est celui où Marie-Thérèse est représentée avec un diadème de perles et des draperies attachées sur l'épaule par une agrafe ornée de perles. Il porte le millésime 1780. La valeur nominale de ces pièces est de 5 fr. 25 ; la valeur réelle a diminué de près de moitié depuis quelques années, par suite de la baisse de l'argent.

la résistance du khédive (1). Ne voulant pas courir les risques d'un conflit, l'Italie laissa traîner en longueur les négociations avec l'Égypte : au bout du compte, le principe même de la concession demeura en suspens, et la compagnie Rubattino s'abstint, en fait, d'exercer les droits qu'elle avait acquis du sultan Berehan.

La question fut reprise en 1879, quand l'Angleterre, amplement satisfaite au congrès de Berlin, ne pouvait guère contrecarrer chez autrui des ambitions, somme toute modestes à côté des siennes. Le général Menabrea, ambassadeur à Londres, s'assura que le gouvernement britannique, tout en réservant la question de souveraineté, demeurerait indifférent devant les faits accomplis. Ce point étant acquis, Joseph Sapeto, accompagné du marquis Doria et du naturaliste Benari, partit de Gênes le 16 novembre 1879 pour effectuer la prise de possession des territoires achetés depuis dix ans. L'expédition, composée de deux navires de la marine et d'un vapeur de la compagnie Rubattino, arriva, le 25 décembre, devant Assab. Le surlendemain, le sultan Berehan faisait la remise solennelle des territoires cédés.

Maîtresse de la baie, de toutes les îles et d'une zone profonde de 10 à 12 kilomètres sur le continent, la compagnie Rubattino possédait tous les éléments nécessaires pour organiser une importante station maritime; elle se mit tout de suite à l'œuvre et poussa fort activement les travaux nécessaires.

---

(1) Voir la correspondance échangée entre le ministre des affaires étrangères d'Italie et son agent au Caire.

Le gouvernement égyptien s'émut de cette occupation ; mais comme il ne se sentait plus, cette fois, appuyé par l'Angleterre, il se borna à des manifestations sans portée. Ali-Riza-Pacha, gouverneur des côtes de la mer Rouge, se présenta devant Assab (24 décembre 1880) et voulut entamer des pourparlers avec Sapeto qui refusa de rien entendre (1). Il ne fut pas plus heureux auprès des chefs indigènes de la côte auxquels il intima l'ordre de faire acte de soumission au khédive ; tous répondirent en se déclarant indépendants et en se réclamant du protectorat italien. Devant cet échec, Ali-Riza-Pacha se retira après avoir formulé, pour le principe, une protestation condamnée à rester lettre morte.

Quelques jours après, un commissaire royal, le chevalier Branchi, venait s'installer à Assab comme représentant officiel du gouvernement (9 janvier 1881). C'était la consécration de la souveraineté italienne qui devait s'affirmer de plus en plus par une série d'actes (2) jusqu'au jour où la loi du 5 juillet 1882 donna une existence régulière et définitive à la colonie d'Assab. Aux prétentions que le sultan ou le khédive auraient pu

---

(1) A ce moment, l'explorateur italien se trouvait malade. Ali-Riza-Pacha en prit prétexte pour lui envoyer son médecin et son secrétaire, lui faisant offrir ses services. Peu confiant dans la sincérité de ces propositions, Sapeto préféra se passer des ressources de l'art plutôt que d'accepter l'assistance d'un médecin égyptien.

(2) Citons entre autres, le 20 septembre 1880, une convention nouvelle avec Berhan, qui s'engagea à ne céder aucun territoire aux autres nations ; — le 28 février 1882, la reconnaissance par l'Angleterre de la souveraineté italienne sur la baie d'Assab ; — le 10 mars 1882, le rachat par l'Etat des propriétés privées de la société Rubattino, etc.

faire valoir, le gouvernement répondait par une fin de non-recevoir absolue ; il est intéressant de reproduire partie au moins de son argumentation, qui ne manque pas de justesse :

« En vertu de quel droit réclamerait-on (la Porte) la mer Rouge? Ce n'est pas, nous l'avons vu, au nom de l'histoire; ce n'est pas non plus au nom de la volonté des peuplades qui sont en cause, car elles ont constamment refusé de reconnaître, dans le passé, la prétendue suzeraineté de la Porte. Est-ce au nom de la science ? Mais, au point de vue des sciences naturelles et de l'ethnographie, la côte sud-ouest de la mer Rouge forme une région tout à fait indépendante, absolument distincte, soit de la région au nord de Massaouah, soit de l'Abyssinie proprement dite... Se plaçant sur ce terrain, le gouvernement italien affirme donc à Assab les droits qu'un contrat régulier et scrupuleusement légitime lui confère, résolu, comme il l'est d'ailleurs, à les sauvegarder contre toute atteinte dont ils seraient l'objet (1). »

Cette énergie du gouvernement italien à proclamer ses droits montre que, dans sa pensée, Assab avait une importance bien supérieure à celle d'un simple dépôt de charbon. Il entendait pouvoir donner dans l'avenir un libre développement aux projets plus vastes qu'il avait déjà conçus.

Sans doute, considérés en eux-mêmes, ni Assab ni

---

(1) Extrait d'une brochure que le gouvernement italien fit publier à Rome, en français, au mois de mars 1882 : *Assab et les limites de la souveraineté turco-égyptienne dans la mer Rouge.*

les territoires limitrophes n'offraient les éléments d'une véritable exploitation coloniale. Cette partie de la côte africaine est peu fertile, couverte en beaucoup d'endroits de laves volcaniques. Tout au plus présente-t-elle quelques vallées moins arides avec des palmiers, des cocotiers, des acacias; l'eau, qu'on y trouve à faible profondeur, est généralement assez saumâtre. Indolentes, vivant de peu, les populations indigènes n'ont pas cherché à améliorer, ni même à utiliser les ressources du sol : elles se contentent de riz, de dourah, de crustacés ou de poissons cuits au soleil. D'ailleurs très jalouses de leur indépendance, peu disposées à tolérer les influences étrangères, féroces dans la défense de leurs intérêts. Le seul commerce ayant quelque importance est celui du sel, que les habitants du plateau éthiopien sont obligés de venir chercher sur les côtes : à proximité d'Assab, il y a plus de vingt salines qui donnent lieu à un assez grand courant d'échanges avec les populations de l'intérieur.

La station même d'Assab n'est guère favorable au séjour des Européens. La chaleur y est un peu moindre que sur d'autres points de la mer Rouge, grâce à la mousson qui pendant plusieurs mois la tempère; mais on souffre de la pénurie d'eau potable et l'on doit se la procurer au moyen d'appareils distillatoires. En descendant au sud vers le milieu de la baie, et en s'éloignant un peu du rivage, on trouve un peu d'eau et de verdure autour du petit village de Margableh ; mais la distance qui le sépare de la rade naturelle ne permet guère de l'utiliser pour l'installation des colons.

La question change tout à fait d'aspect si l'on considère Assab non plus au point de vue de ses avantages locaux, mais comme origine d'une voie de pénétration vers le plateau abyssin. Il est relativement facile, en partant de ce point, d'atteindre l'Amhara et le nord du Choa; la route, quoique assez longue, rencontre peu d'obstacles naturels. Déjà la nécessité pour les habitants des plateaux de se procurer du sel avait déterminé certaines relations commerciales, contrariées il est vrai par le caractère sauvage des Danakils. Si précaires qu'elles fussent, ces relations étaient pour ainsi dire l'amorce d'un courant qu'il suffisait de régulariser et de développer.

Aussi voyons-nous, à l'instigation ou avec l'appui du gouvernement italien, d'intrépides explorateurs reconnaître les routes d'accès vers l'intérieur, essayer d'entrer en rapports avec les indigènes. Le grand obstacle consistait, comme nous l'avons vu, dans l'attitude hostile de ces Danakils établis entre la côte et le plateau abyssin. Incapables, vu leur petit nombre et leur défaut d'organisation, d'opposer une résistance sérieuse à une action militaire, ils pouvaient entraver toute tentative d'expansion pacifique. La plupart de ces tribus étaient sous l'influence, sinon sous la domination de *l'anfari* (ou sultan) d'Aoussa, Mohammed, qui tenait véritablement la clef des routes conduisant en Abyssinie et paraissait devoir en faire chèrement payer l'usage.

L'une des premières tentatives de pénétration fut faite par le voyageur Giuletti, secrétaire du commissaire civil d'Assab, connu pour d'intéressantes explorations dans le Harrar. Accompagné du lieutenant de vaisseau Biglieri et de quelques marins, il partit de Beilul, petit port au nord d'Assab et se dirigea vers Aoussa (mai 1881). Au bout de cinq ou six journées de marche, les explorateurs furent surpris par une bande de Danakils et assassinés. La même année, après d'intéressants voyages dans le Choa et le pays des Gallas (1), Gustave Bianchi réussissait à traverser l'Abyssinie tout entière du sud au nord, et venait s'embarquer à Massaouah pour l'Italie. Il avait recueilli de précieux renseignements sur la géographie et la situation politique du pays. Il avait vu le négus Johannès, qui paraissait assez disposé à entrer en rapports avec les nations européennes.

Ce fut seulement en 1883 que le gouvernement italien répondit à ce désir par une démarche officielle auprès du négus. M. Branchi, commissaire civil d'Assab, fut placé à la tête de cette mission, dont Gustave Bianchi faisait partie; elle pénétra jusqu'au cœur de l'empire abyssin à Debra-Tabor, apportant à Johannès de riches présents et le grand cordon de la couronne d'Italie.

Au mois de mars 1883, le comte Antonelli, qui avait déjà acquis, par un long séjour dans le Choa, une influence politique dont nous aurons à reparler, réussit à conclure un traité avec l'anfari d'Aoussa. Ce souverain reconnaissait aux Italiens le droit de circuler librement dans tout le territoire soumis à son autorité et concédait certaines garanties pour la sécurité des

---

(1) Gustave Bianchi faisait partie d'une mission scientifique dont le chef était le marquis Antinori, mission qui, depuis plusieurs années, avait pénétré dans le Choa et y avait reçu le meilleur accueil du roi Ménélik.

caravanes allant d'Assab dans le Choa par la vallée de l'Aouach.

Mais les assurances fournies par ces princes barbares restent trop souvent vaines, quand le caprice ou l'intérêt leur inspire une attitude contraire. En 1884, Gustave Bianchi était revenu dans le Tigré, où le négus lui avait de nouveau fait le meilleur accueil. Après un séjour de quelques mois sur les hauts plateaux, il quitta Makallé avec MM. Diana et Monari et une escorte de 8 hommes (22 septembre). Il avait l'intention de regagner directement Assab, en traversant l'extrémité nord du territoire d'Aoussa. La petite troupe avait pour guide un Tigrin qui avait quitté son pays à la suite de vols et d'assassinats ; trahie par cet homme, elle fut surprise et massacrée par des Danakils fanatiques ou cupides (7 octobre).

Cet événement eut en Italie un douloureux retentissement. Au regret de la mort d'un explorateur très populaire s'ajoutait le dépit de voir se resserrer autour de la colonie naissante ce cercle barbare qu'on s'était efforcé de briser. A la suite d'une interpellation à la Chambre des députés, le gouvernement italien décida d'envoyer à Assab un détachement. Jusqu'à ce jour, quelques carabiniers avaient seuls, en dehors de la flotte, représenté la force militaire italienne en Afrique. A partir de ce moment, le principe d'une intervention plus vigoureuse va prévaloir. Elle est d'ailleurs provoquée en même temps par les événements dont la vallée du Nil est le théâtre. La politique coloniale de l'Italie entrera donc dans une phase nouvelle : celle de l'action militaire succédant aux explorations pacifiques.

CHAPITRE II

L'ABYSSINIE ET LES COTES DE LA MER ROUGE

L'Abyssinie. — Configuration générale. — Orographie. — Les trois zones d'altitude. — Hydrographie. — L'Éthiopie des anciens. — Introduction du christianisme. — Lutte contre l'invasion musulmane. — L'Abyssinie moderne. — Période d'anarchie. — Règne de Théodoros. — Expédition anglaise de 1868. — Le négus Johannès. — Guerre contre les Égyptiens. — Relations de la France avec l'Abyssinie. — Mission du comte Russell. — Création du port d'Obock. — Situation de l'Angleterre dans la mer Rouge. — L'occupation de l'Égypte en 1882. — Liaison de l'action italienne et de l'action anglaise, à la suite du soulèvement des Derviches.

Avant d'exposer les péripéties de l'action coloniale de l'Italie en Afrique, jetons un coup d'œil d'ensemble sur le théâtre de son développement et spécialement sur l'empire indigène avec lequel ce développement doit la mettre en conflit. Vers 1885, l'Abyssinie était l'une des régions qui, dans le partage éventuel du continent africain, n'avaient pas encore attiré d'une façon formelle les convoitises des peuples européens ; il y avait là, semblait-il, une place à prendre, un champ libre ouvert à l'ambition italienne. C'était encore un pays peu connu, bien que d'assez nombreux voyageurs y eussent pénétré et qu'à diverses reprises des relations politiques ou commerciales eussent été établies avec l'Europe ; les singularités qu'il présente au point de vue de la géographie, de la psychologie et de l'histoire constituaient une sorte d'énigme non encore déchiffrée. On ignorait surtout les ressources qu'il pouvait offrir, soit pour accueillir la civilisation, soit pour défendre son indépendance.

Entre la vallée moyenne du Nil et les côtes de la mer Rouge se dresse un massif montagneux, tourmenté, qui, au lieu de longues directions de soulèvement, montre un bizarre enchevêtrement de cimes abruptes, de plateaux escarpés, de vallées sinueuses et encaissées, de ravins effrayants. Le sol paraît avoir été sillonné dans tous les sens par des déchirures profondes, entre lesquelles subsistent, à des niveaux divers, des massifs aux flancs abrupts, les *ambas* : tantôt simples nids d'aigles surplombant les abîmes, où des moines s'isolent du monde, tantôt larges positions défensives où des villes d'une certaine importance se sont développées, inaccessibles et inexpugnables. L'érosion des eaux a complété l'œuvre des fractures violentes, affouillé les grès, isolé les blocs basaltiques qui restent comme les témoins de l'ancien sol bouleversé.

Telle est l'Abyssinie. Vue dans son ensemble, elle dessine une sorte de grand triangle dont les côtés marquent une séparation très nette entre la zone montagneuse et les régions basses, d'un caractère tout différent, qu'elle domine. A l'est, elle se termine par un véritable escarpement qui se dirige du sud au nord, en suivant le 37e degré de longitude orientale, jusqu'au point où il rencontre obliquement la côte basse de la mer Rouge : la montagne semble alors s'effondrer, enserrant entre ses derniers contreforts la profonde baie d'Adulis et la rade de Massaouah, qui constituent ainsi les débouchés naturels de l'Abyssinie septentrionale sur la mer. En raison de son escarpement, ce versant, qui regarde l'orient, ne donne naissance qu'à des torrents sans importance; çà et là seulement quelques vallées perpendiculaires en brisent la continuité et offrent une voie naturelle à l'écoulement des eaux. La plus considérable de ces rivières est l'Aouach, qui longe toute la partie méridionale des plateaux abyssins, puis tourne à angle droit pour se diriger vers la baie de Tadjoura; elle arrose alors le pays d'Aoussa qui lui doit une certaine fertilité; mais, avant d'atteindre la mer, elle se perd dans le lac Daba, voisin de la ville d'Aoussa.

Du côté du nord, les plateaux abyssins vont s'abaissant par gradins jusqu'à la Nubie. Ces étages successifs sont séparés par de profondes fractures du sol d'où s'échappent d'importantes rivières tributaires du Nil, l'Atbara, le Tacazzé, le Mareb. Ce sont autant de lignes naturelles de défense, qui, suivant les vicissitudes des guerres, ont, à diverses reprises, marqué les frontières des différents peuples habitant le massif abyssin et ses abords.

Dans la direction du sud-ouest, les plateaux s'abaissent d'une manière moins brusque, faisant affluer vers le Bahr-el-Asrek, ou Nil Bleu, la majeure partie des eaux tombées dans le massif. Au delà de ce fleuve sont les plateaux des Gallas, également assez élevés, mais moins déchiquetés que ceux de l'Abyssinie; ils se prolongent jusque vers les grands lacs de l'Afrique équatoriale et les rivages de l'océan Indien.

La caractéristique de l'orographie éthiopienne est l'extrême variété des altitudes en des points peu éloignés les uns des autres. Le contraste est d'autant plus frappant qu'à ces variations correspondent de brusques changements de climat qui semblent obéir à la seule loi du caprice de la nature.

A côté des terres basses (*kollas*), dont le niveau varie de 1.000 à 1.600 mètres et qui offrent tous les caractères des régions intertropicales, on rencontre les terres moyennes (*roïna-degas*), qui ont une altitude de 1.600 à 3.000 mètres, jouissent d'un climat tempéré et constituent la partie la plus fertile, la plus susceptible d'être cultivée par des Européens.

Au-dessus des unes et des autres émergent les terres hautes (*degas*) dont certains points atteignent une altitude de 4.600 mètres. Sur ces sommets il n'y a que de maigres pâturages et la température devient assez rude à certaines époques de l'année. Les plus remarquables sont : le ras Daschan (4.620 mètres) qui domine la sauvage région du Semien ; le ras Gouna (4.279) au sud-ouest du lac Tsana ; l'Agsios-Fatra (4.150), et le mont Tabor (3.976) entre lesquels l'Abaï s'échappe vers le sud. Ces cimes, comparables aux plus hautes d'Europe, ne constituent pas de chaînes ; elles sont réparties suivant les caprices de cette configuration étrange que nous avons décrite et, par suite du niveau élevé des terres environnantes, n'offrent pas un caractère aussi grandiose que certains géants alpestres ou pyrénéens.

Nous avons dit que le Bahr-el-Asrek, ou Nil Bleu, est le principal cours d'eau du massif abyssin. Il sort du lac Tsana (ou Dembéa), situé au centre même de ce pays à une altitude de 1.800 mètres : c'est une magnifique nappe d'eau, mesurant environ 75 kilomètres sur 40, profonde de 30 à 75 mètres, entourée d'une ceinture de hautes montagnes qui lui donnent une beauté comparable à celle des grands lacs suisses.

Les flots de cet immense réservoir s'échappent dans la direction du sud sous le nom d'Abaï (le géant); mais ils se heurtent bientôt au massif montagneux du Choa, qui les force à remonter vers le nord-ouest. Le fleuve, qui prend alors le nom de Nil Bleu, décrit un grand arc de cercle dont la concavité embrasse la partie centrale du plateau abyssin formant le royaume de Godjam. Il se grossit d'affluents nombreux : à gauche la Didesa, venue des plateaux de Kaffa ; à droite, la Dinder et le Racad, qui descendent du Godjam occidental. A Khartoum, il se réunit au Bahr-el-Abiod, le Nil Blanc, venu des mystérieux et immenses lacs de l'Afrique équatoriale. Dans la genèse du grand fleuve que l'Égypte reconnaissante adorait naguère, chacun des deux affluents joue son rôle : le Nil Blanc, par la masse supérieure de ses eaux, détermine le courant qui s'est frayé une voie, de cataracte en cataracte, à travers les granits de la Nubie; le Nil Bleu apporte le limon bienfaisant, arraché, atome par atome, des rochers abyssins, limon qui répandra la richesse dans la basse vallée.

L'Atbara (ou Nil Noir) recueille aussi les eaux d'une grande partie des plateaux abyssins. Il prend sa source au nord du cirque des montagnes qui entourent le lac Tsana et se dirige aussitôt vers les plaines de la Nubie, où il trace une coupure qui a joué maintes fois un rôle politique important. Il est grossi, à droite, par le Tacazzé (dénommé Setit dans son cours inférieur) qui roule un volume d'eau beaucoup plus con-

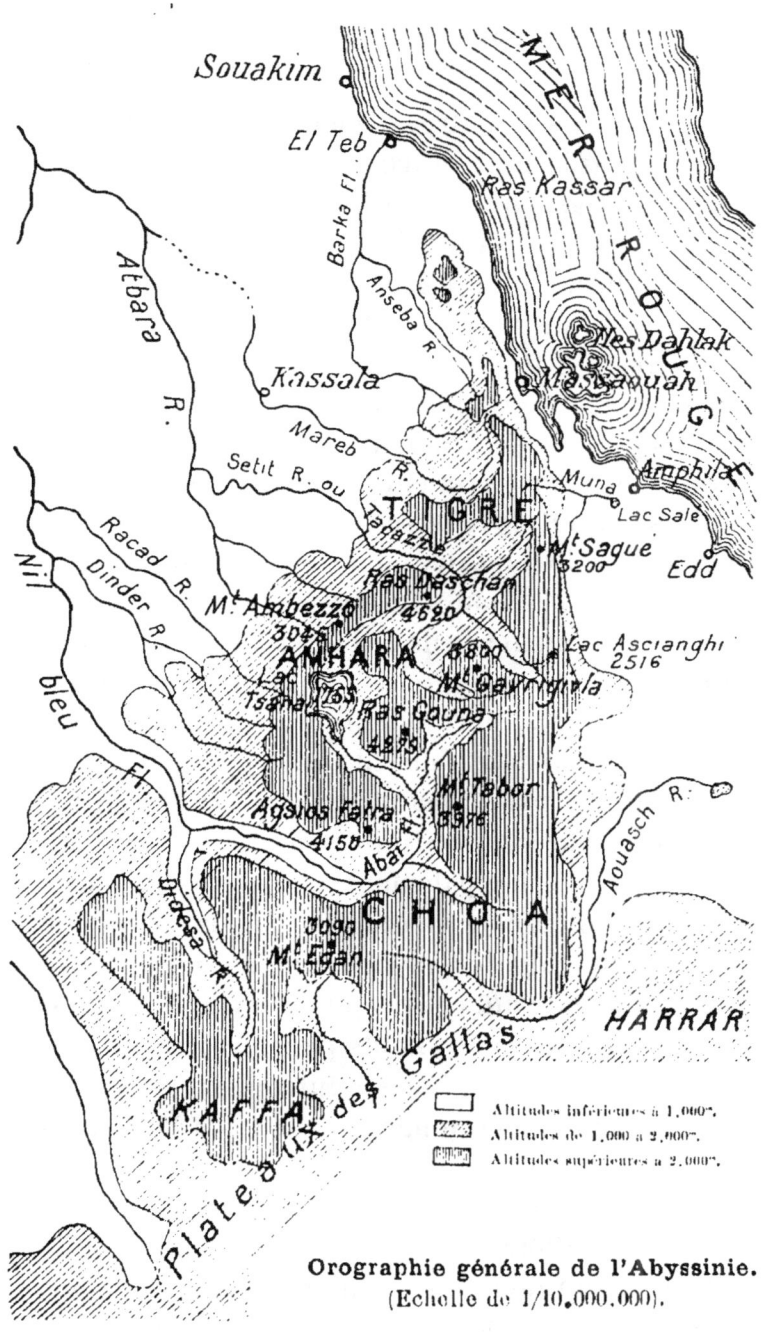

Orographie générale de l'Abyssinie.
(Echelle de 1/10.000.000).

sidérable, encaissé entre d'énormes escarpements schisteux. Plus bas, un autre affluent intermittent est le Mareb (ou Gasc) qui se perd dans les sables vers la fin de son parcours, sauf pendant les années de pluies exceptionnelles. Enfin l'Atbara se jette dans le Nil Blanc, un peu au-dessus de Berber.

L'histoire de cette région n'est pas enveloppée de moins d'étrangetés troublantes que sa géographie physique. Les Grecs la désignaient sous le nom d'Éthiopie, par lequel ils caractérisaient originairement tous les pays noirs et qu'ils localisèrent peu à peu. Elle semble avoir joué un rôle important dans la haute antiquité et a connu une civilisation assez avancée qui s'est développée parallèlement à celle de l'Égypte des Pharaons : le centre de cet empire préhistorique paraît avoir été l'île de Méroé, près du confluent de l'Atbara et du Nil. Entre les deux pays s'établirent des relations morales plus encore que politiques et commerciales ; on retrouve la trace de certaines influences qui s'exercèrent de l'un à l'autre, principalement en matière religieuse.

Après de nombreuses vicissitudes, nous voyons se constituer, au début de l'ère chrétienne, un puissant empire éthiopien ayant pour capitale la ville d'Axoum, située au cœur même des hauts plateaux ; il englobe peu à peu certaines provinces limitrophes et réussit à prendre jour sur la mer Rouge par une vaste étendue de côtes, où s'élèvent des ports florissants. Au IVe siècle, saint Frumence y introduit le christianisme qui ne tarde pas à subir les altérations des doctrines monophysites. Cet abandon de l'unité romaine devait entraîner une dégénérescence progressive de la religion. Néanmoins, malgré la déformation du dogme par la superstition et le relâchement de la morale, les principes fondamentaux du christianisme restèrent solidement implantés au cœur des populations éthiopiennes; celles-ci tinrent à honneur de conserver leur foi en dépit des progrès de l'Islam qui envahit promptement les côtes de la mer Rouge et la vallée du Nil. Et ce fut, pendant plusieurs siècles, avec des alternatives diverses, une lutte de deux races, de deux religions : le croissant ne réussit point à remplacer la croix qui continua à briller au sommet des *ambas* gigantesques; mais les tentatives d'expansion au delà du massif des montagnes furent peu à peu refoulées puis abandonnées à partir du XVIᵉ siècle. L'Éthiopie resta un bloc non entamé, mais isolé définitivement de la civilisation européenne.

C'est à cette époque qu'apparaît la dénomination d'Abyssinie, que les temps antérieurs n'avaient point connue et que rejettent les indigènes. Les Arabes avaient désigné, avec une intention méprisante, sous le nom d'Habeschi (mélangés), les peuples d'origine diverse et incertaine que leur conquête progressive avait refoulés dans le massif éthiopien. Les Portugais en firent, par corruption, Abexim qui se transforma en Abessinie puis Abyssinie (1).

Les conditions géographiques qui avaient favorisé

---

(1) Les Portugais firent, au XVIᵉ siècle, des tentatives éphémères et stériles pour implanter leur influence en Éthiopie et y ramener le catholicisme. Leur échec détermina une longue abstention des autres puissances européennes qui, pendant trois siècles, n'entretinrent pour ainsi dire aucuns rapports avec les États éthiopiens.

la résistance de l'Éthiopie aux tentatives de conquête extérieure la disposaient au morcellement politique aussitôt que le pouvoir ne serait point tenu par des mains assez fermes, que l'autorité centrale manquerait de la volonté ou du prestige nécessaires pour s'imposer à l'obéissance de tous.

Du XVIIe siècle au milieu du XIXe, ce pays traverse donc une période assez confuse de divisions intestines. Les chefs des principales provinces, le Tigré, l'Amhara, le Choa, affirment et défendent, les armes à la main, leur souveraineté indépendante. Tout au plus subsiste-t-il au profit du négus de l'Amhara (ou Éthiopie centrale) une suzeraineté, toute nominale, constamment méconnue. Et, dans chacune de ces régions, même anarchie : le pouvoir s'émiette, comme naguère dans l'Europe féodale ; il est, en définitive, exercé par un grand nombre de *ras* d'importance inégale, vassaux peu obéissants et turbulents, jaloux les uns des autres, trop faibles pour tenter de grandes entreprises, assez puissants pour tenir en échec l'autorité souveraine.

Après 1850, nous assistons à une tentative d'unification faite par un usurpateur d'extraction assez obscure, Kassa, *degiac* du Kouara. Il s'empare d'abord du pouvoir dans l'Amhara, puis réussit à imposer sa volonté aux ras du Tigré et du Choa. Entre temps, il s'est fait couronner *Négus Négust z'Aithiopiya*, roi des rois d'Éthiopie, sous le nom de Théodoros II. Il manifeste le dessein de faire entrer son empire dans le courant de civilisation européenne, d'en plier la constitution sociale aux nécessités modernes. Mais il manque des qualités supérieures qui seules auraient pu lui permettre de réussir en dépit des difficultés inhérentes aux circonstances mêmes de son avènement. Dans ses réformes, dans la répression des révoltes que provoquent parfois ses fautes de conduite, dans ses relations avec les représentants des puissances étrangères, il donne la preuve d'un esprit fantasque et mal équilibré, d'un caractère violent et farouche, d'une âme encore marquée au sceau de la barbarie. Après avoir accepté pendant plusieurs années l'influence des Anglais, il entre en lutte avec eux, lutte inégale qui lui coûte la vie. L'expédition britannique, commandée par sir Robert Napier, fut organisée avec ce soin minutieux, cette exacte appréciation des circonstances qui caractérisent toutes les entreprises coloniales des Anglais. Elle comprenait : 12.000 combattants et autant de gens de service ; de puissants moyens de transport (12.000 mulets ou poneys, 1.500 bœufs, 2.500 chameaux, 45 éléphants) ; tout le matériel nécessaire pour assurer aux troupes les meilleures conditions d'hygiène et de bien-être. L'expédition débarqua, vers la fin de 1867, dans la baie d'Adulis et atteignit à Sénafé la crête orientale du plateau abyssin. De là, elle se dirigea vers le sud, par Adigrat, Makallé, Antalo, le lac Ascianghi : son objectif était la forteresse de Magdala, située dans les hautes montagnes de l'Amhara, où Théodoros avait établi le siège de sa résistance et pouvait se croire inaccessible. Favorisés, il est vrai, par l'attitude du ras du Tigré, les Anglais ne mirent que trois mois pour franchir les 600 kilomètres qui séparent Magdala de la côte. Ils se présentèrent le 9 avril 1868 devant la position réputée inexpugnable des Abyssins et leur infligèrent un échec sanglant. Quatre jours plus tard, la ville était prise d'assaut et Théodoros se tuait pour ne pas tomber dans les mains des vainqueurs.

Remarquablement préparée, conduite avec beaucoup d'énergie et d'habileté, cette expédition avait obtenu un succès mérité. Elle avait en même temps éclairé les Anglais sur les difficultés considérables opposées par la nature du pays et le caractère de ses habitants à toute tentative de conquête. Satisfaits des résultats acquis, tant au point de vue du prestige de leurs armes que de leurs intérêts, les Anglais ne cherchèrent pas à implanter leur influence par la force et, se hâtant de regagner la côte, ils se rembarquèrent dès le mois de juin.

La mort de Théodoros fut le signal de luttes intestines, qui se prolongèrent pendant plusieurs années. Kassaï, roi du Tigré, Ménélik roi du Choa, Gobhésié, roi de l'Amhara, se disputèrent le pouvoir suprême. Grâce au concours des Anglais, qui lui fournirent armes et munitions, Kassaï réussit enfin à vaincre ses rivaux et à se faire reconnaître comme *négus négust*. Il reçut le sacre dans Axoum, la ville sainte, des mains du patriarche d'Éthiopie et prit le nom de Johannès (janvier 1872).

Le règne du nouvel empereur fut marqué par des luttes contre l'Égypte, qui, non contente d'avoir peu à peu reculé ses limites jusque vers les sources du Nil et le long de la mer Rouge, aurait voulu absorber cet État indépendant enclavé entre ses nouvelles possessions. En 1876, deux expéditions furent dirigées contre l'Abyssinie. Au sud, Münzinger-Pacha, partant du Harrar, essaya de pénétrer dans le Choa et fut complètement battu par le roi Ménélik. Au nord, le colonel Ahrendrap, officier danois au service du khédive, commandait l'expédition principale qui, de Massaouah s'avança jusqu'au Mareb ; il se heurta au négus Johannès qui, profitant des difficultés du terrain, réussit à envelopper deux colonnes égyptiennes et les anéantit entre Guda-Gudi et Gundet, sur la rive droite du Mareb.

L'année suivante une nouvelle tentative d'invasion ne fut pas plus heureuse. Les troupes égyptiennes, commandées par le prince Hassan, fils du khédive, furent encore battues à Goura, sur le Haut Mareb, et s'enfuirent précipitamment jusqu'à Massaouah. Les Abyssins firent un très grand nombre de prisonniers, parmi lesquels le prince Hassan lui-même : ils ne lui rendirent sa liberté que moyennant une rançon de 200.000 talaris. Ils recueillirent, en outre, près de 20.000 fusils Remington abandonnés par les fuyards égyptiens, 40 pièces de canon et d'importants approvisionnements en munitions.

Cette double campagne avait mis en évidence la vigueur de résistance dont les Abyssins étaient capables. Mais les conditions mêmes de leur organisation ne permettaient guère qu'ils complétassent ces succès en prenant à leur tour l'offensive contre leurs agresseurs. Les Égyptiens continuèrent à occuper les provinces de Bogos et de Mensa, situées au nord du Tigré, sur lesquelles ils avaient mis la main dès l'entrée en campagne. Après d'assez longues négociations ils acquirent, moyennant un tribut de 8.000 dollars, le droit de conserver ces territoires.

Toute vigoureuse action extérieure était interdite aux Abyssins par cette faiblesse du pouvoir central que nous avons déjà signalée. Empereur de nom, Johannès ne pouvait compter d'une façon certaine sur l'obéissance de ses vassaux dans les circonstances critiques, et, au lendemain même de sa dernière lutte contre les Égyptiens, il devait se retourner contre Ménélik, roi du Choa, qui avait essayé de secouer le joug du Tigré. Cette faiblesse aurait pu entraîner de graves conséquences en présence des périls qu'allaient faire naître les progrès rapides des mahdistes dans la vallée du Nil. Elle était de nature à faciliter les entreprises de la puissance européenne qui, par une diplomatie habile, chercherait à implanter son influence à la faveur de ces dissensions intestines.

Trois puissances étaient en mesure de prétendre à ce rôle : la France, l'Angleterre et l'Italie.

La France pouvait invoquer des relations anciennes avec l'Abyssinie et surtout l'œuvre accomplie par ses intrépides explorateurs : les Rochet d'Héricourt, les Ferret, les Galinier, les Soleillet, etc. Elle avait, à diverses reprises, paru disposée à des tentatives de colonisation sur la mer Rouge.

En 1840, le roi du Tigré, Oubié, avait offert de céder le territoire et la baie d'Amphila (1), mais M. Guizot

---

(1) Amphila paraît être le vestige d'une ancienne colonie égyptienne, Anti-Phila. Cette localité et celle d'Edd offrent une certaine importance

n'avait pas cru devoir accepter ces propositions. Vers la même époque une compagnie française avait acheté le port d'Edd, mouillage médiocre, mais autour duquel le sol, assez fertile, pouvait favoriser un établissement. En 1859, Négoussié, neveu et successeur d'Oubié sur le trône du Tigré, en lutte contre l'usurpateur Théodoros, avait sollicité le protectorat français. Le gouvernement impérial envoya une mission, commandée par le comte Russell, capitaine de frégate, pour entrer en relations avec lui, et surtout étudier la possibilité d'un établissement maritime sur la côte de la mer Rouge. Homme de mer expérimenté, esprit clairvoyant, le comte Russell put se rendre compte, en visitant le littoral depuis Massaouah jusqu'au détroit de Bab-el-Mandeb, des avantages relatifs offerts par l'occupation de tel ou tel point : il fixa ses préférences sur la baie d'Adulis, dont il explora en détail les abords; il y retrouva, près du petit village de Zoula, les vestiges de la vieille cité, naguère si florissante, depuis longtemps en ruines, mais qui reste, de par la géographie physique, le port naturel de l'Éthiopie septentrionale (1). Le comte Russell réussit à conclure avec le roi Négoussié un traité par lequel nous acquérions le port de Zoula ainsi que les petites îles d'Ouda et de

en raison de la proximité de la *plaine de sel* où vient s'alimenter presque toute l'Abyssinie.

(1) Adulis était situé vers le fond de la baie, à l'embouchure du torrent l'Haddas. Au début de l'ère chrétienne, quand florissait cet empire éthiopien dont nous avons parlé, Adulis eut une grande importance maritime et commerciale. Peu à peu cette prospérité déclina, le port fut comblé par le retrait de la mer et les dépôts d'alluvions de l'Haddas. Aujourd'hui le rivage est à trois lieues des ruines de l'ancienne cité éthiopienne.

Dessi, situées à l'entrée de la baie. Dans ses lettres au gouvernement, ainsi que dans l'intéressant récit qu'il a laissé de son voyage, il mettait parfaitement en lumière la nécessité pour la France de prendre pied sur la côte de la mer Rouge, en prévision de la prochaine ouverture du canal de Suez; il montrait que notre abstention serait funeste pour les intérêts français et catholiques, car elle aurait pour conséquence de laisser le champ libre à la propagande britannique et protestante. Périm et Aden étant déjà aux mains de nos rivaux, il pouvait dire que, dès lors : « le canal de Suez ne serait plus que le conduit d'une souricière anglaise ». Le traité conclu avec Négoussié resta malheureusement lettre morte. Cependant, le gouvernement français n'abandonnait pas entièrement ses projets, car, au mois de mars 1862, il achetait d'Aboubekr, sultan de Tadjoura, le territoire d'Obock.

Ce point était avant tout choisi comme escale sur la route de l'extrême Orient; à cet égard, sa position au débouché même du détroit de Bab-el-Mandeb offrait une réelle importance stratégique. On pouvait en outre espérer qu'il deviendrait un centre de commerce avec le Harrar et le Choa, c'est-à-dire la partie méridionale de l'Abyssinie. Ce fut seulement à partir de 1880 que la France songea à tirer parti de cette possession et que l'on commença les travaux indispensables pour permettre au port d'Obock de recevoir les navires de guerre ou de commerce d'un certain tonnage. L'organisation officielle de la colonie fut établie à la fin de 1884, au moment où l'expédition du Tonkin allait lui faire attribuer une importance considérable à ce point de vue. En demandant aux Chambres les crédits nécessaires pour établir un dépôt de charbon. M. Rousseau, sous-secrétaire d'État aux colonies, déclara formellement qu'aucune dépense ne serait engagée pour des travaux de colonisation, ni pour l'ouverture de routes vers le Choa. En présence de ces événements d'extrême Orient et des difficultés rencontrées à Madagascar, il ne pouvait être question pour la France d'assumer une nouvelle entreprise de pénétration politique ou commerciale en Abyssinie. Peut-être cette dernière eût-elle *a priori* été préférable à nos longues et onéreuses expéditions sur les deux autres points. Peut-être eussions-nous trouvé ainsi moyen de réparer l'échec diplomatique subi en Égypte, de faciliter notre expansion dans le nord du continent noir, où nous occupons déjà l'Algérie, la Tunisie, le Sénégal? Sans nous attarder à des regrets rétrospectifs, bornons-nous à constater que la France était trop engagée ailleurs pour ne pas laisser sur la mer Rouge le champ libre à d'autres ambitions.

L'Angleterre semblait davantage invitée par les circonstances à jouer un rôle actif. Depuis longtemps maîtresse d'Aden et des îles de Périm et de Moussah (à l'entrée de la baie de Tadjoura), elle avait plus récemment pris pied sur la partie de la côte Somal, comprise entre la baie de Tadjoura et le cap Gardafui. Ce littoral, habité par une population douce et accueillante, doué d'une assez grande fertilité naturelle, offrait, au point de vue du ravitaillement d'Aden et de Périm, de sérieux avantages que les Anglais se proposèrent d'utiliser en occupant les ports de Zeilah, puis de Berbera.

D'autre part, en occupant l'Égypte, en 1882, en profitant de notre effacement volontaire pour établir leur prépondérance exclusive, les Anglais avaient pris une situation dominante dans la mer Rouge, puisqu'ils substituaient leur autorité à celle que le khédive avait revendiquée, depuis cinquante ans, sur les principaux points du littoral. Il dépendait d'eux, par conséquent, d'ouvrir ou de fermer les relations du monde occidental avec l'Abyssinie, relations qui devaient avoir une influence capitale sur le développement de ce pays. Mais les souvenirs de l'expédition contre Théodoros ne les encourageaient pas à une intervention active. S'ils avaient triomphé, si la marche de Zoula sur Magdala reste un exemple instructif de préparation et d'exécution, ils avaient dû acheter le succès au prix d'efforts et de sacrifices pécuniaires considérables : leur diplomatie avait bien servi leur action militaire en obtenant la neutralité de la plupart des vassaux de Théodoros. Cette guerre leur avait permis d'apprécier le caractère de ces princes abyssins, astucieux comme tous les orientaux, profondément cupides, ne se considérant comme liés par la foi jurée que dans la mesure compatible avec leurs intérêts.

Une autre considération déterminait les Anglais à la prudence. Nous voulons parler du mouvement de fanatisme religieux qui, au moment de leur installation en Égypte, arrachait la haute vallée du Nil à la domination du khédive.

Sans prétendre raconter les origines et les péripéties

de cette révolte générale, rappelons qu'au début de 1884, Mohamed-Ahmed, le mahdi, était maître du Kordofan, du Darfour, du Sennaar. L'insurrection dépassait Khartoum, dans la vallée du Nil; elle menaçait Souakim, l'important port égyptien de la mer Rouge. Certains écrivains ont prétendu que les Anglais ont vu sans regret et même auraient laissé se développer l'insurrection mahdiste, avec l'arrière-pensée d'en prendre prétexte pour prolonger l'occupation de l'Égypte, puis conquérir à leur profit ces provinces soudanaises, qui, une fois arrachées au khédive, seraient devenues *res nullius*. Nous ne croyons guère à un tel raffinement de machiavélisme qui n'eût pas été sans danger. Si le cabinet de Saint-James a, depuis 1884, souvent mis en avant le péril mahdiste pour retarder l'évacuation promise de l'Égypte, ce serait faire injure à son ingéniosité que d'admettre qu'à défaut de ce prétexte il n'en eût pas trouvé d'autres, et nous ne voyons pas en quoi l'occupation du Soudan par les troupes khédiviales pouvait compromettre la réalisation de ses rêves ambitieux. Nous devons reconnaître, au contraire, que l'insurrection mahdiste fut, un instant, grosse de menaces pour l'Égypte elle-même et susceptible de remettre en question les résultats acquis, pour l'Angleterre, par les événements de 1882. Elle s'en préoccupa sérieusement. Comme d'ailleurs les ressources dont elle dispose pour des expéditions terrestres ne sont pas illimitées, elle s'efforça de trouver des auxiliaires plus ou moins bénévoles pour la défense de sa nouvelle conquête.

L'Italie était disposée à jouer le rôle d'auxiliaire de la politique britannique.

Pressentie au moment du bombardement d'Alexandrie, elle s'était, il est vrai, abstenue de répondre à la demande de coopération faite par l'Angleterre, mais celle-ci n'avait point gardé rancune de ce refus qui servait en définitive ses intérêts au point de vue de la prise de possession de l'Égypte (1).

Devant le développement de l'insurrection soudanienne, des négociations furent reprises dès le début de 1884. Elles avaient, cette fois, pour but, d'engager l'Italie à une diversion sur les côtes de la mer Rouge, diversion susceptible d'attirer et de neutraliser une partie notable des forces mahdistes. Il y avait là matière à satisfaire les patriotes italiens qui regrettaient le refus d'intervention en Égypte et le considéraient comme un acte de fâcheuse timidité; l'amour-propre national devait même être flatté davantage par une entreprise qui apparaissait comme purement italienne et non pas comme la collaboration subalterne à une œuvre où d'autres auraient tenu le principal rôle.

En approfondissant ainsi l'ensemble des événements et de leurs causes, nous voyons que la politique ita-

---

(1) Sir Garnet Wolseley, commandant en chef du corps expéditionnaire, était opposé à toute coopération avec une autre puissance européenne, estimant qu'elle entraverait sa liberté d'action, et susciterait peut-être des conflits fâcheux pour le succès de l'entreprise. Il ne dissimula pas sa satisfaction de voir la France, puis l'Italie, décliner les offres que le cabinet de Saint-James ne put s'empêcher de leur adresser.

lienne en Afrique est bien plutôt le résultat de faits et
de circonstances que l'expression de la volonté formelle de tel ou tel ministère, puisque, à cette époque,
le président du conseil, M. Depretis, était personnellement hostile à toute entreprise lointaine. L'écrivain
italien Vico-Mantegazza, qui a consacré plusieurs
volumes fort intéressants aux diverses phases de la
guerre d'Afrique, met en lumière cet enchaînement
presque fatal des événements. Il rappelle combien
l'opinion publique se montra, dès lors, unanime à
accueillir avec enthousiasme une politique qui paraissait si rationnelle. Il constate en même temps l'absence
complète, dans le pays, chez les hommes d'État, dans
l'armée, de la préparation nécessaire pour de telles
entreprises; il cite de véritables énormités géographiques ou économiques énoncées par des écrivains, des
parlementaires, des ministres de réelle valeur. Cette
ignorance première, ce défaut de préparation initiale
ont eu, croyons-nous, les plus fâcheuses conséquences
sur l'expédition érythréenne. Les Italiens ont été
dominés par les événements, au lieu de les conduire;
ils n'ont jamais agi en vue d'un but rationnel et déterminé. N'ayant pas su où ils allaient, quoi d'étonnant à
ce qu'ils ne soient point arrivés ?

Il est intéressant de signaler leur erreur; il serait
de mauvais goût d'en triompher. Car nous avons aussi
constaté des insuffisances, moins caractérisées, mais
analogues; la méthode, l'esprit de suite, la compétence
ont souvent manqué dans la direction générale de
notre politique coloniale, dans la conduite des entreprises poursuivies. Si, malgré tout, la fortune nous a

souri — en nous faisant chèrement payer sa clémence — méfions-nous de ses caprices.

L'exemple de nos voisins d'au delà les Alpes peut nous fournir des leçons précieuses; et si leur histoire nous suggère des critiques, il est plus d'une d'entre elles que nous devrons appliquer à nous-mêmes et dont nous tirerons bon profit.

CHAPITRE III

L'OCCUPATION DE MASSAOUAH

Siège de Khartoum par le mahdi. — Négociations de l'Angleterre avec le négus. — Traité Hewett. — Entente anglo-italienne. — Occupation de Massaouah. — Prise de Khartoum. — Occupation de nouveaux points de la côte. — *La Plaine de Sel.* — L'attitude du négus Johannès. — Mort du mahdi. — Première organisation de la colonie. — Soumission de diverses tribus musulmanes au protectorat italien.

Avant de faire appel au concours des Italiens contre les mahdistes, l'Angleterre avait songé à leur opposer cette nation à demi barbare, mais chrétienne, dont la foi avait résisté à tous les assauts de l'islamisme et se trouvait naturellement inquiétée par le réveil du fanatisme musulman.

Au mois de février 1884, Gordon-Pacha était arrivé à Khartoum, capitale du Soudan égyptien, avec ordre de recueillir et de ramener les garnisons khédiviales, échelonnées dans la haute vallée du Nil, qui, depuis plusieurs mois, étaient isolées, harcelées par les attaques des rebelles. Mais, presque aussitôt, il avait vu ses propres communications menacées et avait été réduit à subir un véritable siège. A ce même moment, le port de Souakim était menacé par Osman-Digma, un ancien marchand d'esclaves, devenu l'un des plus actifs lieutenants du mahdi.

L'amiral Hewett, commandant l'escadre de la mer Rouge, fut chargé de négocier avec le négus Johannès pour obtenir son concours en faveur des garnisons égyptiennes voisines de la frontière. L'intervention des Abyssins, prenant à revers les forces mahdistes, pouvait être extrêmement efficace. Pour l'obtenir, l'Angleterre n'hésita pas à offrir au négus, outre des avantages commerciaux, l'abandon par l'Égypte des territoires occupés après la guerre de 1876-1877, territoires dont la perte lui tenait toujours à cœur.

Ces négociations aboutirent au traité suivant, signé à Adoua le 3 juin 1884, par l'amiral Hewett et le négus :

Art. 1er. — A partir de la signature de ce traité, toutes les marchandises, y compris les armes et les munitions passant par Massaouah, venant de l'Abyssinie ou y allant, jouiront de la liberté du transit sous la protection britannique.

Art. 2. — A partir du 1er septembre 1884, le pays des Bogos sera restitué à S. M. le négus, et, quand les troupes de S. A. le khédive auront quitté les garnisons de Kassala, Amédib et Sanahit, les édifices, dans le pays des Bogos, qui appartiennent actuellement à S. A. le khédive, ainsi que les approvisionnements et les munitions de guerre qui se trouvent dans ces édifices, deviendront la propriété de S. M. le négus.

Art. 3. — S. M. le négus s'engage à faciliter la retraite des troupes de S. A. le khédive de Kassala, Amédib et Sanahit à travers l'Éthiopie jusqu'à Massaouah.

Art. 4. — S. A. le khédive s'engage à accorder à S. M. le négus toutes les facilités qu'elle pourra demander pour l'installation d'*abounas* dans l'Éthiopie.

Art. 5. — S. M. le négus et S. A. le khédive s'engagent mutuellement à accorder l'extradition des criminels de leur nationalité respective qui chercheraient un refuge dans l'un ou dans l'autre pays.

Art. 6. — S. M. le négus consent à soumettre à

S. M. britannique tous litiges qui pourront surgir avec S. A. le khédive après la signature du traité.

Art. 7. — Le présent traité devra être ratifié aussi bien par S. M. britannique que par S. A. le khédive.

La diplomatie anglaise, si habile en général à plier suivant ses intérêts la lettre des traités, fut cette fois mise en faute. Profitant de ce que la délivrance des garnisons égyptiennes n'était pas l'objet de stipulations formelles, le négus s'abstint d'aller à leur secours et commença par occuper les territoires cédés par le khédive. Il fallut de nouvelles négociations, la promesse de 10.000 fusils et de subsides importants pour le décider enfin à intervenir. Il délivra les places de Gallabat et de Ghera, situées dans le haut bassin de l'Atbara, à proximité de la frontière; mais il ne fit rien pour secourir Kassala, qui devait succomber l'année suivante.

Avec l'Italie, l'Angleterre pouvait compter sur un concours moins aléatoire. Aussi, dans le second semestre de 1884, reprit-elle des pourparlers en vue d'aboutir, sinon à une coopération militaire immédiate, du moins à une orientation commune des politiques coloniales qui pût assurer le succès des deux nations. Les cabinets britannique et italien ne conclurent pas de traité formel, mais convinrent d'un accord dont les bases principales peuvent être ainsi résumées, tant d'après les déclarations de lord Granville et de M. Mancini devant les parlements de Londres et de Rome, que d'après les dépêches insérées au *Blue Book* de 1885, sur les affaires égyptiennes.

L'Italie s'associait à la politique de l'Angleterre en

Égypte et lui promettait son suffrage dans les questions qui provoqueraient une consultation de l'Europe; en revanche l'Angleterre consentait aux entreprises italiennes sur la côte de la mer Rouge et dans l'intérieur du pays; elle s'engageait même à les favoriser.

Pour paraître sauvegarder les droits de la Porte, dont elle fait volontiers valoir les titres vis-à-vis des autres, l'Angleterre avait soin de prévenir le sultan que, l'Égypte ne pouvant plus occuper efficacement tout le littoral africain, il dépendait de lui d'en reprendre possession effective. Elle n'ignorait pas que ce conseil ne pouvait guère être suivi; mais elle se donnait ainsi, par avance, le droit de fermer l'oreille aux protestations que la Turquie formulerait après que l'occupation italienne serait un fait accompli (1).

Une fois décidée en principe, l'expédition fut préparée dans de bonnes conditions de promptitude et de secret. Le ministre de la guerre donnait, le 3 janvier 1885, des ordres pour la formation d'un corps expéditionnaire à destination d'Assab, disait-on, pour châtier les assassins de l'explorateur Bianchi. Le 14 janvier, l'embarquement des troupes se faisait à Naples, sur un cuirassé et un vapeur de commerce.

Le corps expéditionnaire, commandé par le colonel d'état-major Saletta, comprenait : un bataillon de bersaglieri, une compagnie d'artillerie de forteresse, un peloton du génie, enfin de petits détachements (carabiniers royaux et divers services accessoires, santé,

---

(1) Indépendamment des documents officiels cités plus haut, consulter sur ces négociations : *Le Armi italiane in Abissinia* par *Almerico Milani*.

vivres, etc.), en tout 800 hommes. L'amiral Caïmi, qui commandait les navires de transport, arrivait, le 5 février 1885, devant Massaouah, son objectif réel, y débarquait les troupes et en prenait possession au nom de l'Italie.

Massaouah a été bâti au xvi⁰ siècle par les Arabes, sur un îlot de corail très voisin de la côte, pour surveiller les agissements des Abyssins et des tribus environnantes. C'est l'un des rares ports de cette région sur lesquels a été maintenue presque constamment une garnison ottomane. Depuis l'acte du 27 mai 1866, par lequel le sultan abandonnait au vice-roi d'Égypte l'exercice de ses droits sur la mer Rouge, il avait été occupé par les troupes khédiviales (1).

L'île de Massaouah est reliée par une digue de 500 mètres à celle de Taoulout, plus rapprochée de la terre ferme et de laquelle on rejoint celle-ci par une seconde digue longue de 1.200 mètres. La ville est alimentée en eau par un long aqueduc venant de Monkullo, ainsi que par quelques puits à Otoumlo. Ces deux localités, situées sur la terre ferme, sont à faible distance de la mer. Pendant trois siècles les possesseurs de Massaouah n'ont guère cherché à étendre leur domination au delà de ces points indispensables en quelque sorte pour la vie journalière. Ils jugeaient inutiles ou trop aléatoires les tentatives d'expansion vers l'intérieur. Aussi, vers 1885, toute l'importance de Mas-

---

(1) En 1848, le gouverneur ottoman de Massaouah avait débarqué 300 soldats sur le littoral abyssin et pris possession d'Arkiko. Le chef indigène de cette localité (le *naïb*) ne s'y considérait pas moins comme indépendant et relevant seulement du roi du Tigré.

saouah consistait-elle dans le mouvement maritime dont elle était le centre et que favorisait sa position au milieu de la mer Rouge. On y comptait alors 5.000 habitants environ, dont à peine 150 Européens ; les maisons de commerce étaient peu nombreuses, la plupart italiennes ou grecques.

Devant les forces dont disposait l'amiral Caïmi, le gouverneur égyptien se borna à protester et ouvrit les portes des petits forts qui protégeaient la ville. Respectant la souveraineté nominale du khédive, les Italiens laissèrent flotter son drapeau à côté du leur ; mais ils tinrent à affirmer dès le début leur souveraineté effective en entreprenant la construction de magasins, de baraques, de fortifications, d'un réseau télégraphique.

Au moment où s'effectuait cette prise de possession, il se passait dans le Soudan un grave événement qui devait, pour quelques années, modifier la politique britannique. Khartoum était tombé aux mains des Derviches, le 26 janvier 1885, deux jours avant l'intervention de la colonne anglaise envoyée à son secours. Après des hésitations regrettables, des lenteurs qu'il eût été facile d'éviter, le cabinet anglais s'était décidé à diriger sur Khartoum une expédition commandée par lord Wolseley. Préparée avec soin, conduite avec vigueur, cette entreprise offrait des chances sérieuses de succès, qui furent malheureusement compromises par le temps perdu au début. Les mouvements de troupes n'avaient commencé que vers la fin d'octobre, époque bien tardive eu égard à la distance à franchir, au temps depuis lequel Gordon-Pacha était déjà assiégé dans Khartoum. Après avoir remonté le Nil jusqu'à Korti, le corps expéditionnaire s'était divisé en deux colonnes dont l'une, sous les ordres du général Earle, devait continuer à suivre le fleuve le long de la grande boucle de Berber, tandis que l'autre, commandée par le général Stewart, couperait au court à travers le désert de Bayuda. Cette dernière rejoignit le Nil à Metemmeh, le 21 janvier 1885, et y prit contact avec quatre steamers que Gordon avait envoyés à sa rencontre. Il semblait que ce fût le salut assuré. Mais quand, le 28 janvier, les Anglais se présentèrent enfin devant Khartoum, ils trouvèrent la ville au pouvoir des Derviches ; elle avait été prise d'assaut l'avant-veille et Gordon massacré avec la plupart des défenseurs.

Du moment que le but de l'expédition était manqué, le gouvernement anglais se décida à ne pas prolonger davantage les opérations dans le Soudan et à conserver une attitude défensive, sans dépasser vers le sud la ville de Ouady-Halfa, voisine de la seconde cataracte, qui marque à peu près la séparation de la Haute et de la Basse Nubie. Grâce aux importantes ressources militaires dont il disposait sur ce point, il pouvait recevoir dans de bonnes conditions l'attaque des mahdistes si elle venait à se produire.

Cette décision rendait aux Italiens leur liberté d'action. Ils n'avaient plus à se préoccuper d'une intervention militaire immédiate contre les Derviches (1). Ils

---

(1) Quand le gouvernement anglais résolut d'envoyer une expédition au secours de Gordon, il avait hésité entre les trois lignes d'opération, Souakim-Berber, Massaouah-Berber et Ouady-Halfa-Berber, mesurant

pouvaient attendre les événements et subordonner leur conduite ultérieure aux nécessités du développement de leur politique coloniale.

En tout état de cause, les envois de troupes n'étaient point interrompus. Le 12 février, le lieutenant-colonel Leitneritz, du service d'état-major, quittait Naples avec un détachement à peu près égal au premier, soit un bataillon d'infanterie, une compagnie d'artillerie de forteresse, une compagnie de sapeurs du génie, un détachement de télégraphistes et du personnel des services auxiliaires. Il arrivait à Massaouah le 24 février. Ce même jour, un nouvel envoi de 1.600 hommes partait de Naples, sous le commandement du lieutenant général Ricci, sous-chef du corps d'état-major; il comprenait : deux bataillons d'infanterie de ligne, une section d'artillerie de forteresse, un peloton du génie, une brigade de carabiniers royaux et divers détachements.

L'Italie disposait ainsi, dès le commencement de mars, de forces assez importantes qui lui permettaient d'asseoir et d'étendre son occupation, tout au moins sur la côte. Elle n'avait à craindre aucune complication internationale. Les puissances européennes

---

respectivement 394, 971 et 1.000 kilomètres. Il avait rejeté les deux premières à cause des difficultés de marche et de ravitaillement.

L'occupation de Massaouah par les Italiens n'avait donc jamais été considérée (ainsi qu'on l'a dit quelquefois) comme devant servir de base à une action concordante avec les colonnes du général Wolseley. Elle permettait seulement d'opérer une diversion susceptible de faire modifier les projets du mahdi, ainsi que la répartition de ses forces. C'est à ce point de vue qu'elle aurait pu exercer une influence indirecte sur les opérations exécutées dans la vallée du Nil.

avaient accueilli sans observation la notification de la prise de possession de Massaouah, faite en vertu et dans les formes de l'acte de Berlin ; seules, la France avait formulé certaines réserves ; la Russie s'était refusée à en donner acte. Mais cette opposition, toute platonique, ne constituait pas une entrave aux projets actuels de l'Italie.

Ces projets semblaient, d'ailleurs, devoir rester assez modestes. En réponse à une interpellation, le général Ricotti, ministre de la guerre, déclarait, le 17 mars, que le moment n'était pas venu de faire des expéditions dans l'intérieur du pays ; il manifestait l'intention de consolider simplement les postes déjà établis en étendant peu à peu la zone d'occupation. Il ajoutait qu'en cas de nécessité il serait possible de prélever sur l'armée métropolitaine de 15 à 20.000 hommes sans compromettre la mobilisation.

Ce programme fut fidèlement suivi pendant plusieurs mois.

Dès les premiers envois de troupes, on avait envoyé une compagnie à Assab et l'on avait occupé le petit port de Beilul qui se trouve à quelques lieues plus au nord.

Le 10 avril, un détachement débarqua à Arafali, bourgade située à 65 kilomètres au sud de Massaouah, au fond de la baie d'Adulis ; la petite garnison égyptienne fut ramenée à Suez. Cette prise de possession aurait pu soulever les protestations de la France, car elle violait les droits concédés par le traité conclu, en 1859, avec le roi du Tigré, Négoussié. Ces droits avaient naguère été reconnus par l'Angleterre, qui avait démandé notre assentiment avant de prendre Zoula pour base de sa campagne contre Théodoros. L'Italie prétendait, de son côté, que la concession, pour être valable, aurait dû être faite par le négus lui-même et non par un de ses vassaux en guerre avec lui ; elle invoquait en outre notre abstention pendant vingt-cinq ans. M. Mancini eut d'ailleurs la précaution de présenter la mesure comme provisoire et justifiée par la nécessité d'élargir la base d'opérations éventuelles contre l'Abyssinie. Il y aurait certainement eu matière à une controverse diplomatique. Mais nous avions à ce moment d'autres préoccupations plus immédiates avec la guerre du Tonkin, de sorte que l'Italie bénéficia de notre abstention forcée.

Successivement, l'escadre italienne vint débarquer des troupes et prendre possession de divers points de la côte : Arkiko, grosse bourgade voisine de Massaouah, où les Égyptiens avaient construit un fortin ; les îles Houakil, situées au sud de la baie d'Adulis, et qui étaient un centre important pour la pêche de la nacre et des perles ; Edd, sur lequel nous aurions pu revendiquer des droits ; Mader, au fond de la baie d'Amphila. Ce dernier point offrait un intérêt particulier ; à deux jours de marche vers le sud-ouest, on rencontre, en effet, la *Plaine de sel*, immenses mines de sel gemme qui sont la principale source d'approvisionnement des habitants des hauts plateaux. Ces mines ont donné lieu à des luttes fréquentes entre les Abyssins et les habitants des côtes, les uns et les autres voulant se réserver le profit de cette précieuse exploitation. On y taille le sel en morceaux oblongs ayant 23 centimètres de longueur, 5 de largeur et 4 d'épaisseur : c'est l'*amola* qui est employée comme monnaie divisionnaire dans une grande partie de l'Abyssinie ; sa valeur varie du reste suivant les localités ; tandis qu'elle n'est que de 1/17 de thaler sur la côte, elle atteint jusqu'à 1/4 ou 1/2 thaler dans les villes les plus éloignées.

Cette occupation de la côte africaine était de nature à soulever le mécontentement du négus qui se rappelait avec amertume les anciens droits exercés naguère sur le littoral par les souverains du Tigré. Ces princes n'étaient-ils pas qualifiés alors du titre de *Bahr-el-négus*, roi de la mer ? L'ambition de Johannès était de faire revivre ce passé si lointain ; il avait cherché, dans ses négociations avec l'Égypte et l'Angleterre, à obtenir la concession d'un port qui pût devenir le débouché de son empire. Ses espérances se trouvaient fort contrariées du jour où une puissance européenne prenait la place de l'Égypte. Il répondit à l'occupation de Massaouah en envoyant des troupes à Kéren et dans le pays des Bogos, pour affirmer les droits que le traité Hewett lui avait concédés.

Pour atténuer ce mécontentement, le gouvernement italien multiplia les protestations d'amitié vis-à-vis du négus ; et, en lui notifiant l'occupation de Massaouah, il ne manqua pas d'ajouter qu'il entendait maintenir les meilleurs rapports d'amitié et respecter, en ce qui le concernait, les avantages que le traité Hewett assurait à l'Abyssinie.

Une mission composée de MM. Ferrari et Nerazzini fut, en même temps, envoyée au négus pour aplanir les difficultés qui pourraient se produire. Elle reçut bon accueil et revint à Massaouah au mois de juin 1885, rapportant les bases d'un arrangement.

1° L'Italie accordait, dans le port de Massaouah, pleine liberté de commerce à l'Abyssinie; elle exemptait de tout droit de douane les importations et exportations de ce pays;

2° De son côté, le négus reconnaissait à l'Italie le droit d'occuper les territoires cédés à l'Abyssinie par le traité Hewett, c'est-à-dire le pays des Bogos et le territoire de Kassala. Toutes facilités étaient concédées pour l'ouverture de routes allant de Massaouah au Soudan.

Il était entendu qu'une nouvelle mission italienne, commandée par un général et composée d'officiers supérieurs, serait envoyée en Abyssinie au mois d'octobre, après la saison des pluies. Elle serait chargée de ratifier solennellement les bases de l'accord et d'en arrêter tous les détails.

Ce *modus vivendi* semblait écarter, au moins pour le moment, les craintes de complications avec l'Abyssinie. D'un autre côté, dans ce même mois de juin 1885, le mahdi mourait à Omdurman, sa capitale, qu'il avait fait construire, sur la rive gauche du Nil, en face de Khartoum. Son successeur, Abdullah, un nègre de la tribu des Bagaras, n'héritait pas de son prestige et n'était pas en mesure de continuer la série de ces succès foudroyants qui avaient brutalement séparé le Soudan de l'Égypte. La prise de Kassala, qui succombait le 30 juillet après un héroïque siège de 20 mois, n'était qu'un incident secondaire dans la grande lutte engagée (1).

Il allait donc forcément se produire un temps d'arrêt dans la marche de l'insurrection mahdiste, répit également utile à l'Angleterre, qui pouvait établir à loisir les lignes de défense de l'Égypte méridionale, et à l'Italie qui ne risquait pas de voir compromettre par des expéditions prématurées et précipitées l'organisation de sa nouvelle colonie africaine.

Tout était à faire sur les différents points occupés. Il fallait assurer à des troupes européennes une installation toute différente de celle qui avait suffi pour les faibles garnisons ottomanes ou égyptiennes établies naguère. Les quelques fortifications existantes n'avaient aucune valeur et demandaient un remaniement complet. Il y avait, avant tout, lieu de pourvoir à l'alimentation en eau potable, à l'aménagement des ports et des moyens de débarquement, au traitement des malades.

Plusieurs mois furent nécessaires pour l'exécution des premiers travaux. Ceux-ci étaient entravés ou retardés par les hésitations du début, par l'inexpé-

---

(1) Kassala avait été construite en 1840 par les Égyptiens pour protéger, contre les incursions des Abyssins, la province du Taka, dont ils s'étaient emparés. Cette ville fut assiégée, dès le mois d'octobre 1883, par Osman-Digma. Elle fut héroïquement défendue par 1.500 hommes de troupes égyptiennes qui durent supporter toutes les horreurs de la disette. Quand les vivres furent épuisés, la garnison fit, le 15 juillet 1885, une sortie désespérée dans laquelle elle tua 3,000 mahdistes et s'empara de quelques troupeaux de bétail. Ces ressources permirent à la résistance de se prolonger jusqu'au 30 juillet. A cette date, il fallut se résoudre à une capitulation qu'Osman-Digma ne respecta point. Il fit mourir le gouverneur et les principaux chefs et imposa au reste des défenseurs l'obligation de s'enrôler dans son armée.

rience initiale des divers services. Cette inexpérience avait entraîné d'étranges et regrettables erreurs. Les premiers soldats envoyés à Massaouah avaient emporté leurs képis et leurs capotes ordinaires ; on n'avait pas songé à expédier les médicaments correspondant aux affections les plus fréquentes. L'acclimatement des troupes fut donc très pénible ; elles furent durement éprouvées par la maladie et la mort.

A l'automne, le gouvernement italien se décida à fortifier, à régulariser l'organisation de sa possession africaine. Un décret du 6 septembre conféra au général Géné le titre de *commandant supérieur en Afrique*, en remplacement du colonel Saletta ; ses fonctions furent définies par un nouveau décret du 5 novembre. Il avait sous ses ordres toutes les forces de terre et de mer de la colonie ; un commissaire civil lui était adjoint pour les affaires civiles. Au point de vue de la politique extérieure, il relevait du seul ministre des affaires étrangères ; pour les divers services, il correspondait directement avec les ministres compétents ; aucune disposition entraînant l'emploi des troupes ne pouvait être prise sans l'assentiment des ministres de la guerre et de la marine.

Entre temps, la tribu des Habab (1), qui s'étend sur le littoral au nord de Massaouah, s'était montrée disposée à entrer en relations avec les Italiens et à accepter

---

(1) Cette tribu est formée d'un mélange d'Arabes et d'Abyssins. Elle se trouve dans la zone où les deux races se sont peu à peu fondues ; comme plusieurs autres de ces parages, elle a, tour à tour, subi la domination politique du Tigré et de l'Égypte. En 1885, ces petites peuplades jouissaient, en fait, d'une indépendance presque complète.

leur protectorat. Des négociations eurent lieu avec Hamed, *kantibaï* (chef) de cette tribu ; et moyennant quelques cadeaux, la promesse de subsides, on l'amena à accepter le protectorat (7 octobre). Leur exemple devait être bientôt suivi par les Assaortins, qui habitent les environs immédiats de Massaouah, et par les Beni-Amer, dont le territoire s'étend plus au nord, en se rapprochant de Souakim. Les uns et les autres virent, dans la présence des Italiens, la possibilité de réaliser certains bénéfices et d'échapper aux exactions des représentants plus ou moins autorisés du gouvernement khédivial.

Le général Géné, arrivé à Massaouah dans les derniers jours de novembre, tint à inaugurer sa prise de possession en mettant fin au régime provisoire conservé depuis huit mois, en affirmant solennellement la souveraineté définitive de l'Italie. Il mit la main sur les douanes, dont le service était resté confié aux agents du khédive ; il fit disparaître le drapeau égyptien, vestige d'une autorité désormais détruite. Le 2 décembre 1885, le détachement de troupes et tous les fonctionnaires égyptiens étaient embarqués, abandonnant Massaouah à ses nouveaux maîtres.

La fiction, maintenue au début, disparaissait à partir de ce jour. L'Italie avait le champ libre et l'on allait pouvoir juger à l'œuvre ses hommes d'État, ses administrateurs, ses diplomates, ses généraux et ses soldats.

CHAPITRE IV

LE MASSACRE DE DOGALI

Nécessité, pour les Italiens, de prendre pied sur le plateau abyssin.— Massacre de la mission Porro. — Les *bachi-bouzouks* égyptiens passent au service de l'Italie.— Mesures de police pour la sécurité de Massaouah et de ses abords. — Protestation du ras Aloula. — Attaque du poste de Saati.—Massacre de Dogali.— Émotion produite à Rome par la nouvelle.— Envoi de renforts dans la colonie.— Libération de la mission Salimbeni. — Organisation du commandement de la colonie.— Le programme du général Saletta.— Création du corps spécial d'Afrique.— Travaux de défense autour de Massaouah.

Les premiers mois d'occupation avaient mis en évidence l'impossibilité, pour les Italiens, de se maintenir strictement sur les côtes de la mer Rouge. Les conditions climatériques sont trop pénibles, pour des Européens, avec une température qui dépasse parfois 50 degrés et que l'absence de toute brise rend encore plus étouffante. Les nécessités de la vie matérielle ne sauraient également être satisfaites, vu la sécheresse et la stérilité de ces rivages.

Pour vivre, pour trouver de l'air, de la fraîcheur, de l'eau, des subsistances, il faut franchir la zone basse, étouffante, et prendre pied sur les hauts plateaux. La crête qui limite ceux-ci court à peu près parallèlement au rivage; les villes d'Asmara et d'Halaï, qui la couronnent, ne sont guère qu'à 50 ou 60 kilomètres de Massaouah; elles atteignent une altitude de plus de 2.400 mètres. On conçoit qu'avec de semblables différences de niveau, les relations soient difficiles à établir et que l'accès des plateaux ne soit pas possible sans l'assentiment de leurs habitants ou la mise en jeu de forces très supérieures.

C'est en vue d'une solution pacifique que, dès le début, MM. Ferrari et Nerazzini avaient été envoyés auprès du négus. Pour compléter leur œuvre, et conformément aux dispositions convenues par eux, on organisa une nouvelle mission, commandée par le général Pozzolini, qui arriva à Massaouah le 23 janvier 1886. Mais, quand il s'agit de fixer le lieu de rencontre avec le négus, on apprit que ce dernier, occupé dans le sud de son empire par la répression de révoltes, avait choisi comme rendez-vous la ville de Boru-Mieda, au delà de Magdala, à cinquante journées de marche de la côte. Ce choix parut dénoter peu d'empressement à entrer en relations, peut-être même dissimuler un guet-apens. En conséquence, le général Pozzolini s'abstint de se rendre à une invitation aussi suspecte et rentra en Italie à la fin de février, sans avoir pu remplir sa mission.

Vers la même époque un intrépide voyageur, le comte Porro, président de la Société milanaise d'exploration, était parti de Zeilah, avec une petite expédition, pour étudier les voies commerciales à établir au sud de l'Abyssinie, entre la côte des Somalis, le Choa et le Harrar. Il se dirigea d'abord sur Gildessa, qui était occupé par un détachement de Somalis et d'Indiens à la solde de l'Angleterre; mais, quand il eut atteint Artu, à deux heures de Gildessa, il apprit que la garnison de cette ville venait d'être surprise par les soldats de l'émir de Harrar. Il essaya de négocier pour obtenir passage; mais, après avoir manifesté des intentions pacifiques, les indigènes l'attaquèrent par surprise et le massacrèrent ainsi que ses compagnons (9 avril).

Cet événement s'étant produit en dehors de la zone de son action actuelle, le gouvernement italien renonça à en tirer vengeance; il n'aurait pu le faire qu'en entreprenant contre le Harrar une expédition à fond, qui eût exigé au moins 6 à 7.000 hommes et 25 millions. De pareils sacrifices ne parurent pas justifiés par l'intérêt engagé.

Aux environs de Massaouah, tout le premier semestre de 1886 se passa tranquillement et permit aux Italiens de continuer à loisir leurs travaux d'installation. S'étant, dès cette époque, rendu compte de la dureté des conditions climatériques pour les soldats européens, ils s'efforcèrent de les suppléer dans une large mesure par des auxiliaires indigènes. Précisément, à la suite du renvoi des garnisons égyptiennes, un assez grand nombre de *bachi-bouzouks* se montrèrent disposés à passer du service du khédive à celui de l'Italie. On en conserva ainsi un millier, en respectant presque entièrement leur organisation traditionnelle.

Ces auxiliaires étaient répartis en *boulouks* (pelotons) de 24 hommes, commandés par un *boulouk-bachi*. Quatre *boulouks* constituaient une unité, analogue à la compagnie, placée sous les ordres d'un chef de centaine, ou *jus-bachi*. Les groupements supérieurs avaient pour chefs des *bim-bachis*.

Les questions administratives furent fort simplifiées par l'attribution à chaque homme d'une solde de

40 francs par mois, moyennant laquelle il devait pourvoir à tous ses besoins. Médiocrement instruits, parfois indisciplinés, mais braves et pleins de zèle, ces *bachi-bouzouks* étaient en mesure de rendre de bons services, surtout pour de petites opérations. Ils furent répartis de préférence dans les postes extérieurs avec mission de protéger les caravanes qu'on s'efforçait d'attirer vers Massaouah.

Il y avait là un rôle de police essentiel à exercer. A la faveur des guerres civiles et étrangères, il s'était formé des bandes de pillards qui infestaient les confins de l'Égypte et de l'Abyssinie, échappant de part et d'autre à toute répression. Elles étaient une menace continuelle pour la sécurité des communications, et ne subsistaient que des rançons imposées aux villages et aux caravanes. Parmi les plus importantes de ces bandes était celle que commandait le chef Debeb, originaire du Tigré, d'où il avait été proscrit pour raisons politiques. Plein d'audace, il tenait sans cesse la campagne, profitant des nombreux accidents du pays pour préparer ses coups de main et mettre ensuite son butin à l'abri. Au cours de ses expéditions, il eut plusieurs escarmouches avec les postes de bachi-bouzouks installés autour de Massaouah.

Les déprédations de ce genre n'étaient pas seulement le fait des compagnons de Debeb et autres aventuriers. Le ras Aloula, qui commandait au nom du négus dans les provinces septentrionales du Tigré, se livrait à des excès analogues. Manquant de ressources pour l'entretien de son armée, il en demandait à des razzias ou au pillage des caravanes; c'est ainsi que, dans le courant d'août 1886, il saccagea le pays des Habab.

Le général Géné résolut de réprimer ces désordres en fortifiant l'organisation défensive de la colonie et en étendant le rayon d'action des troupes italiennes. Déjà les anciens forts égyptiens de Ras-Mudur, de Taoulout et de Ghérar avaient été remis en état; on les avait complétés par de nouveaux ouvrages établis dans l'intérieur des terres, à Otoumlo et Monkullo, où ils assuraient la protection des puits et de l'aqueduc alimentant la ville. Le général Géné se décida à aller plus loin encore et à installer un poste fortifié à 40 kilomètres au sud de Massaouah, au village de Ua-a : position importante, car elle surveillait la vallée de l'Haddas qui aboutit dans la baie d'Adulis et forme l'une des voies de pénétration en Abyssinie. Une petite garnison de 100 bachi-bouzouks fut chargée de garder ce nouveau poste (octobre 1885).

Cette occupation excita le mécontentement du négus, qui protesta avec énergie contre pareil empiètement de territoire. Il est certain, en effet, que la vallée de l'Haddas avait toujours été considérée comme dépendant du Tigré et que l'Égypte n'y avait jamais exercé de souveraineté quand elle possédait Massaouah. Pour appuyer ces représentations diplomatiques, le ras Aloula concentra ses troupes sur la frontière du Tigré, s'avança de sa personne jusqu'à Ghinda (à 60 kilomètres à l'ouest de Massaouah) et s'apprêta à intervenir à main armée.

Coup sur coup, il adressa au général Géné une protestation contre l'occupation de Ua-a (10 janvier), puis sommation d'évacuer cette ville avant le 21 janvier et Zoula avant le 6 février : il réclamait ainsi l'abandon de toute la vallée de l'Haddas (12 janvier). En même temps, il retint prisonniers trois voyageurs italiens, le comte Salimbeni, le major Piano et le lieutenant Savoiroux, qui se proposaient de faire une exploration dans le Godjam et qu'il avait d'abord accueillis favorablement. Il donna avis au général Géné qu'il considérait ces prisonniers comme des otages qui paieraient de leur tête la résistance des Italiens.

Le général répondit qu'il avait occupé Ua-a pour assurer la tranquillité du pays et était résolu à y maintenir ses troupes. Il saurait faire respecter le gouvernement de son pays et se tenait prêt à repousser toutes attaques.

Il eut soin de faire renforcer les postes avancés, dirigea sur Ua-a deux compagnies d'infanterie, deux sections d'artillerie et quelques irréguliers, poussa jusqu'à Saati un petit détachement qui occupait Arkiko (deux compagnies d'infanterie, une section d'artillerie et 150 irréguliers). En même temps, ayant reçu des offres de service d'un certain nombre de chefs assaortins, il leur fit distribuer des armes et se trouva ainsi disposer de 5 à 600 nouveaux auxiliaires. Enfin le lieutenant-colonel de Cristoforis vint occuper Monkullo avec des troupes tirés de Massaouah (trois compagnies d'infanterie, une section d'artillerie et deux boulouks d'irréguliers) : dans cette position, il formait en quelque sorte réserve pour les postes avancés.

Le 25 janvier, le ras Aloula attaqua le poste de

Saati, commandé par le major Boretti. Celui-ci sut habilement attirer les Abyssins sous les feux du fort ; il les laissa arriver jusqu'à 300 mètres, puis les accabla sous une pluie de balles. Après un combat de quatre heures, les Abyssins se retirèrent avec des pertes considérables.

Le lendemain, le colonel de Cristoforis se porta de Monkullo sur Saati, avec son détachement, pour escorter les approvisionnements nécessaires aux défenseurs de ce poste. Soudain, à mi-chemin environ, près de Dogali, il fut attaqué par les troupes abyssines, dont la marche avait pu être dissimulée à la faveur des accidents du terrain. Il était 8 heures du matin quand l'affaire commença. Les Italiens résistèrent héroïquement ; mais ils n'étaient que cinq cents contre des ennemis dont le nombre augmentait à chaque instant et qui, les débordant sur les flancs, finirent bientôt par les entourer. Ils avaient deux mitrailleuses qui, au bout d'une demi-heure de feu rapide, se trouvèrent encrassées, hors d'état de tirer. Privés d'artillerie, ils se défendirent à coups de fusil, puis, une fois leurs munitions épuisées, à l'arme blanche. Jusqu'au bout ils luttèrent, sans reculer, se maintenant sur leur position, y recevant le choc furieux de vingt mille ennemis, tombant sur place les uns après les autres. Le lieutenant-colonel de Cristoforis fut l'un des plus longtemps épargnés. Vers la fin, quoique blessé, il continuait encore à commander aux quelques hommes valides qui l'entouraient. Il leur donna l'ordre de rendre les honneurs militaires aux camarades couchés sur le sol ; ce pieux devoir accompli, tous attendirent le dernier assaut et tombèrent à leur tour, en présentant les armes. 23 officiers tués et 1 blessé, 407 hommes tués et 81 blessés, tel était le bilan de cette journée triste, mais pourtant glorieuse.

Le comte Salimbeni, prisonnier du ras Aloula au moment du combat de Dogali, put en suivre les péripéties, des hauteurs où était installé le camp abyssin. Il en a donné une narration qui mérite d'être reproduite, car, en dehors des détails relatifs à l'affaire du 26 janvier, elle ouvre des aperçus qui ne seront pas inutiles pour bien apprécier certains événements ultérieurs :

« Je ne sais si les Italiens avaient la trop grande confiance qu'ils avaient à combattre un ennemi sans aucune valeur, mais il est certain que c'était là une fausse et fatale opinion que je n'ai jamais réussi à faire abandonner. On peut dire que l'Abyssin naît guerrier ; la guerre est ce qui lui fournit sa subsistance ; il sait faire de longues marches sans boire ni manger ; il est très agile, souple, rusé, prêt à se détendre comme un ressort et à se lancer à l'attaque en volant plutôt qu'en courant. Aux premiers coups de fusil, le ras Aloula fit avancer sa cavalerie qui rencontra la tête de la colonne italienne près du fleuve.

» Nos soldats prirent position sur une hauteur à droite de la route, puis, par échelons, ils en gagnèrent une autre plus élevée qu'ils ne quittèrent plus. A ce moment, tout le camp se porta sur le lieu du combat, auquel on voulut me faire assister, tandis que mes compagnons étaient retenus au camp. De la hauteur isolée où je fus conduit, toujours enchaîné, je pus voir comment les Abyssins, qui arrivaient comme des fourmis, se disposaient à tourner la position des Italiens, en formant deux immenses cercles presque concentriques. J'ai pu juger qu'ils étaient environ 20.000, dont la plus grande partie n'étaient armés que de bâtons et de pesantes épées avec un bouclier. Il m'a semblé que le feu des Italiens avait été ouvert à trop grande distance et qu'il faisait peu de mal à l'ennemi. Un peu après midi, les hommes du ras Aloula avaient accompli leur mouvement tournant. Les mitrailleuses ne fonctionnaient plus depuis les premières heures. Il pouvait être un peu plus de 1 heure quand le ras donna le signal de l'attaque; les tambours et les tambourins ne cessaient de battre et, à l'improviste, de tous côtés, comme s'ils sortaient de terre, un ouragan d'hommes se lançait à l'attaque, la cavalerie chargeait sur le flanc de la hauteur et en peu de minutes tout était fini. On ne fit aucun quartier aux blessés, qui, par ordre du ras Aloula, furent tous massacrés et affreusement mutilés.

» Après le combat, le ras, fort irrité des pertes éprouvées par les siens, donna l'ordre de me couper le cou; son échanson, Asalafi-Ailu, l'en dissuada, en le pressant de faire couper à chacun de nous une main ou un pied et de nous renvoyer ainsi mutilés à Massaouah.

» Les Abyssins firent main basse sur tout, dépouillant les morts et se couvrant la tête des casques et des képis qu'ils avaient ramassés. »

Ce fut véritablement l'écrasement sous le nombre. Dès l'instant où il se vit surpris, le lieutenant-colonel de Cristoforis envoya demander des secours à Massaouah, mais ils n'arrivèrent que le lendemain. Peut-être fut-il mal inspiré en maintenant sa petite troupe immobile sur une position, forte sans doute, mais où finalement elle fut accablée par un ennemi quarante fois supérieur. N'eût-il pas eu plus d'avantage à manœuvrer, à essayer de gagner du terrain vers Monkullo, avant que le cercle fatal ne fût refermé ? Ne pouvait-il pas, pendant les quatre ou cinq heures qui précédèrent ce moment, obtenir des résultats partiels, grâce à la puissance d'armement de ses troupes, au courage qui les animait ? Quand, le lendemain, les renforts envoyés de Massaouah arrivèrent sur le lieu du massacre, ils trouvèrent les combattants de la veille tombés dans le rang, sans s'être désunis, sans une défaillance ; au milieu des monceaux de cadavres on retrouva environ 80 blessés qui purent être évacués.

Les Abyssins s'étaient retirés, emportant leurs propres morts, emmenant comme trophées les deux mitrailleuses de la colonne italienne ; trop éprouvés eux-mêmes par ce combat sanglant, ils n'avaient pas cherché à en compléter les résultats par une marche vigoureuse contre Massaouah.

Le premier soin du général Géné fut de concentrer ses forces, pour éviter tout nouvel écrasement des postes avancés. Le détachement de Saati réussit à gagner Monkullo par une habile marche de nuit, en ramenant son artillerie ; ceux de Ua-a et d'Arafali furent également rappelés. La ligne de défense la plus avancée se trouva ainsi reculée jusqu'à Otoumlo. Monkullo et Arkiko : on se préoccupa surtout de fortifier le point de Monkullo qui faisait face à la direction par laquelle pouvaient venir les ennemis.

Mais le ras Aloula n'osa pas tenter une nouvelle attaque, qui, dirigée contre une position préparée et connue, risquait de ne pas avoir la même issue que la précédente. Il revint donc, le 30 janvier, à Ghinda, et, le 31, rentra dans le Tigré, à Asmara.

Le massacre de Dogali produisit en Italie une vive et cruelle sensation. Ce fut une stupeur générale dans l'opinion qui s'était jusqu'à ce jour superficiellement intéressée aux choses d'Afrique, qui surtout n'avait jamais prévu que des obstacles sérieux pussent entraver le développement des ambitions coloniales. A la douleur se joignit une explosion de colère contre le cabinet Depretis, que ses adversaires rendirent responsable de la catastrophe, l'accusant d'avoir cherché dans ces périlleuses et lointaines expéditions un dérivatif aux difficultés intérieures.

Cependant, avant de déterminer les responsabilités, il fallait parer aux dangers qui menaçaient la colonie de Massaouah, et tout d'abord renforcer le corps d'occupation. La Chambre vota donc, le 3 février, un crédit de cinq millions. Le rapporteur était M. Crispi, qui attaquait vivement le ministère et, tout en concluant à l'allocation des crédits, puisque le drapeau était engagé, se déclarait hostile au système des expéditions coloniales. Profession de foi intéressante à rapprocher de la politique que lui-même suivit bientôt après, une fois au pouvoir.

Immédiatement et jusqu'à la fin de mars, d'importantes expéditions d'hommes et de matériel furent dirigées sur Massaouah. Ces troupes comprenaient : deux bataillons d'infanterie de ligne, un bataillon d'alpins à trois compagnies, deux sections d'artillerie de montagne, un détachement d'artillerie de forteresse, etc., soit 2.100 hommes environ. On expédiait en même temps le matériel de toute nature nécessaire à l'installation des troupes, à l'organisation défensive de Massaouah et de ses abords. On décidait l'immersion d'un câble reliant Massaouah et Assab à Périm, de façon à assurer des relations télégraphiques directes entre la colonie et l'Europe. Rapidement menés, ces travaux étaient terminés le 29 mars.

L'inaction du ras Aloula permit heureusement aux envois et aux travaux de défense de se terminer sans encombre. Les pertes éprouvées par son armée, la conviction de son impuissance à jeter les Italiens à la mer l'avaient décidé à se tenir sur l'expectative; il cherchait maintenant à compléter par la diplomatie les avantages déjà obtenus. Un missionnaire français de Massaouah, le père Colbeaux, vint le trouver à Asmara et lui demander la mise en liberté des prisonniers qu'il retenait à son camp. Le ras ne se refusa pas à cette concession... mais sous des conditions qui servaient à la fois son intérêt et ses rancunes. Il fit donc savoir au général Géné qu'il délivrerait les membres de la mission Salimbeni à condition qu'on lui livrât cinq chefs assaortins soi-disant coupables de vols, mais dont le crime réel était d'avoir abandonné son armée pour rejoindre les Italiens; il demandait en outre qu'on lui remît un millier de fusils achetés par l'intermédiaire d'un commerçant suisse, nommé Vogt, et interceptés par la douane de Massaouah. Le général Géné souscrivit à ces conditions. Mais le ras Aloula, soulevant de nouvelles discussions, prétendit ne mettre en liberté que le comte Salimbeni et le major Piano; quant au lieutenant Savoiroux, il réclama en échange cinq nouveaux réfugiés assaortins et 600 fusils Remington.

De semblables compromis étaient regrettables à tous égards. Peu conformes à la dignité d'un peuple civilisé, ils offraient en outre l'inconvénient de produire la plus mauvaise impression sur les peuplades indigènes. Quelle confiance pouvaient-elles témoigner aux Italiens, puisque ceux-ci livraient des hommes qui étaient venus leur demander asile? puisqu'ils les condamnaient ainsi à une mort certaine, ou à une mutilation plus cruelle encore !

Le gouvernement italien se montra fort mécontent de l'attitude du général et le lui témoigna par une lettre de blâme, signée, au nom du cabinet, par M. de Robilant (18 mars 1887). Comme sanction, il fut relevé de ses fonctions et remplacé par son prédécesseur, devenu le général Saletta. Ce changement de personnes fut accompagné d'une réorganisation du commandement supérieur, de façon à assurer plus d'unité dans les divers services et de continuité dans leur direction (1).

---

(1) Voici le résumé des dispositions arrêtées, à cet égard, par le décret du 27 avril 1887 :

1° Le général de l'armée de terre, commandant supérieur en Afrique, a le commandement des troupes et des forces de mer en station dans la mer Rouge; il a la direction supérieure de tous les services qui y

Le général Saletta arriva à Massaouah à la fin d'avril. Il avait comme instructions de ne prendre pour l'instant l'initiative d'aucune opération importante; si les circonstances ne le forçaient pas absolument à agir, il attendrait la saison favorable, c'est-à-dire l'automne; il se bornerait à préparer les rassemblements de chameaux, les approvisionnements, les moyens de transport, de façon à pouvoir entreprendre vers les mois d'octobre ou novembre des tentatives d'expansion plus ou moins limitées suivant les événements.

Les 5 millions votés en février étant insuffisants pour remplir ce programme, le gouvernement proposa de nouveaux crédits s'élevant à 20 millions. Cette fois, pour désarmer une partie de l'opposition, le ministère Depretis avait, dès le 11 avril, ouvert ses portes à M. Crispi qui, oubliant au pouvoir ses principes de la veille, s'exprimait ainsi dans la séance du 3 juin :

« Nous n'avons pas, nous n'avons jamais eu l'idée de faire la conquête de l'Abyssinie; mais nous n'en-

---

sont constitués, de quelque administration de l'État qu'ils fassent partie;

2° Le commandant supérieur en Afrique dépend exclusivement du ministre de la guerre, duquel il reçoit ses ordres et auquel il se réfère pour toutes les branches du service général ou spécial. Pour les affaires d'ordre essentiellement technique, administratif ou comptable, les chefs de service qui ne font pas partie de l'administration de la guerre correspondent avec leur ministère respectif, mais toujours par le canal du commandement supérieur;

3° Le ministre de la guerre défère aux délibérations du conseil des ministres toutes les questions d'ordre général et il conforme son action directive à ces mêmes délibérations.

Il communique aux autres ministres, chacun en ce qui le concerne, les demandes, propositions, ou informations du commandant supérieur en Afrique, et il transmet à celui-ci les réponses, décisions et instructions des divers ministres.

tendons pas pour cela rester dans une inaction qui pourrait être plus dangereuse que l'action... Notre but n'est autre que d'affirmer le nom de l'Italie sur le sol de l'Afrique et d'apprendre aux barbares à connaître notre puissance. N'oublions pas que l'Italie est une grande nation, et il faut un idéal aux grandes nations. Les massacres de nos compatriotes ne peuvent rester impunis et nous ne devons pas permettre à la barbarie africaine de nous fermer les portes de ces lointaines régions... » Il continuait son discours en proclamant la communauté d'intérêts entre l'Angleterre et l'Italie, communauté qui lui paraissait devoir déterminer sinon une alliance formelle, du moins une action concordante en Égypte et dans la Méditerranée.

Dans le vague volontaire de ces déclarations perçait déjà la politique qui allait guider M. Crispi pendant plusieurs années. Converti à l'idée de l'expansion coloniale, il devait encore accentuer ses opinions nouvelles le jour prochain où la mort de M. Depretis (29 juillet 1887) l'appela à la présidence du conseil. En attendant, son adhésion avait entraîné celle de toute une fraction de la gauche, et le crédit de 20 millions, impliquant la volonté de ne point enrayer la politique coloniale, fut voté par 188 voix contre 38.

Le général Saletta déploya beaucoup d'activité et d'intelligence pour réaliser le programme du gouvernement. Dès son arrivée à Massaouah, il avait fait proclamer l'état de siège (2 mai), et prescrit à l'escadre de maintenir un sévère blocus sur toute la côte des Danakils, de façon à empêcher les importations d'armes et de munitions destinées aux Tigrins.

Il disposait de forces relativement importantes : un bataillon de bersaglieri, un bataillon alpin, sept bataillons d'infanterie (tous ces bataillons étaient groupés en trois régiments), trois compagnies d'artillerie de forteresse, deux sections de montagne, trois compagnies de sapeurs, un escadron de cavalerie, enfin le corps des *bachi-bouzouks*. C'était assez pour garantir la sécurité de la colonie pendant la période d'été, peu favorable aux opérations militaires.

Mais si les effectifs étaient suffisants, l'organisation des troupes laissait à désirer. Pour les premiers envois on avait fait appel aux volontaires, recrutés un peu partout, par prélèvement sur les corps métropolitains : il en était résulté un affaiblissement regrettable pour ceux-ci, un défaut d'homogénéité pour les unités envoyées en Afrique.

En vue de remédier à cet inconvénient, un décret du 14 juillet 1887 institua *un corps spécial d'Afrique* comprenant :

Un commandant supérieur, avec son état-major et le personnel des divers services auxiliaires ;

Deux régiments de chasseurs à pied (à trois bataillons de quatre compagnies, dont un bataillon de bersaglieri) ;

Un escadron de chasseurs à cheval ;

Quatre compagnies ou batteries d'artillerie (dont deux de forteresse, une de campagne et une de montagne) ;

Une compagnie du génie ;

Une compagnie de santé ;

Une compagnie des subsistances ;

Une compagnie du train.

L'effectif total atteignait 5.000 hommes (dont 240 officiers) et 400 chevaux ou mulets.

Ce corps spécial d'Afrique devait se recruter uniquement au moyen d'engagements volontaires de 4 ans et de rengagements de 2 ans, donnant droit à des primes de 2.000 et de 1.000 francs. Les cadres étaient prélevés sur ceux de l'armée active; toutefois, la moitié des officiers subalternes pouvaient être pris parmi les officiers de complément ou des milices. Cette réorganisation (qui fut réalisée seulement à l'automne, au moment de l'envoi des troupes de renfort) permettait d'assurer l'occupation permanente de la colonie d'une manière plus solide, tout en diminuant les charges de l'armée métropolitaine.

Quant aux troupes irrégulières, on s'était déjà efforcé d'en améliorer la valeur, en y introduisant quelques cadres européens choisis avec soin, ayant la vigueur nécessaire pour maintenir une stricte discipline. Elles atteignaient un effectif de 2.000 hommes environ. Elles furent divisées en trois *orde*, réunies sous les ordres d'un colonel : la *orda intérieure*, spécialement chargée du service de la place de Massaouah ; la *orda extérieure* concourant avec les autres troupes à l'ensemble des services ; la *orda mobile*, placée dans les postes les plus avancés, pour assurer le service d'informations et les reconnaissances.

Le général Saletta se préoccupa, en outre, de se constituer des auxiliaires dans les peuplades indigènes des environs de Massaouah. Il obtint d'un grand nombre de chefs des promesses de concours, ainsi que des facilités pour l'enrôlement de volontaires. Il reçut en même temps la soumission des chefs de bande Debeb et Kafel qui s'offrirent à l'appuyer en cas d'attaque des Abyssins.

Les préparatifs de défense furent multipliés autour de Massaouah : les anciens ouvrages furent renforcés et on en construisit de nouveaux. Un chemin de fer Decauville, des lignes télégraphiques assurèrent la liaison des forts entre eux et avec le corps de place : on entreprit même l'étude d'une voie ferrée de 95 centimètres entre Massaouah et Saati. Des appareils de télégraphie optique furent établis dans les principaux forts pour assurer d'une façon plus certaine les communications.

Les moyens d'embarquement furent améliorés à Massaouah; on en créa au petit port d'Arkiko, ce qui permettait de faire, par mer, certains mouvements de troupes et de matériel.

Au moment de leur débarquement, les Italiens avaient trouvé dans les vieux forts égyptiens une cinquantaine de pièces de siège de types fort surannés. On expédia, pour les remplacer et armer les nouveaux ouvrages, 32 canons des modèles les plus récents. Enfin, on installa de puissants projecteurs électriques pour éclairer les abords des ouvrages en cas d'attaque nocturne.

Afin de faciliter l'action extérieure du corps expéditionnaire on fit venir d'Angleterre deux ballons captifs, cubant 200 et 140 mètres avec tout un attirail de cylindres à gaz comprimé transportables à dos de chameau. Enfin on commanda aux établissements métallurgiques de Terni, Castellamare et Savone des plaques de blindage du système Spaccamela, permettant la construction très rapide de retranchements à l'épreuve du feu de l'infanterie. Ces engins pouvaient rendre de grands services dans la défense d'une position comme Massaouah, puisqu'il suffisait de trois ou quatre heures pour élever un retranchement susceptible d'abriter de mille à quinze cents hommes.

Grâce à ces travaux considérables, l'occupation de Massaouah était désormais à l'abri de toute tentative des Abyssins, qui, malgré leur supériorité numérique et leur courage individuel, ne pouvaient, faute de moyens matériels suffisants, espérer vaincre des éléments si perfectionnés de résistance. Cette occupation était, en outre, susceptible de former une base solide pour des opérations ultérieures : il dépendait maintenant du gouvernement italien d'apprécier dans quelle mesure les véritables intérêts du pays commandaient le développement de l'entreprise qui jusqu'à ce jour n'était qu'amorcée.

CHAPITRE V

L'INTERVENTION ARMÉE DU NÉGUS

Envoi de nouveaux renforts à Massaouah. — Médiation infructueuse de l'Angleterre. — Les forces du négus. — Négociations avec Ménélik, roi du Choa. — Dispositions défensives du général San Marzano. — Arrivée du négus. — Les deux armées restent en présence pendant un mois sans s'attaquer. — Reprise et rupture des négociations. — Retraite du négus. — Rapatriement du corps expéditionnaire italien. — Réorganisation militaire de la colonie. — Prise de Keren. — Le chef Debeb. — Echec de Saganeiti. — Difficultés du négus avec les Derviches et le roi Ménélik. — Guerre contre les Derviches. — Mort de Johannès.

A l'automne, le gouvernement italien prit le parti d'envoyer des renforts importants dans la colonie. Ce fut d'abord le *corps spécial* dont nous avons donné la composition et qui était destiné à former ultérieurement la garnison permanente; ensuite une brigade supplémentaire forte de huit bataillons d'infanterie, deux batteries (dont une de campagne et une de montagne), deux compagnies de génie. Avec les troupes déjà stationnées en Afrique, l'effectif total atteignait près de 20.000 hommes (1).

---

(1) Une fois ces envois effectués, les troupes italiennes comprirent les éléments suivants : 13 bataillons d'infanterie de ligne, 4 de bersagliers, 1 d'alpins, 5 de chasseurs ; 2 escadrons de cavalerie ; 5 compagnies d'artillerie de forteresse, 2 batteries de campagne, 2 batteries de montagne; 3 compagnies du train; 5 compagnies du génie; 2 compagnies de santé; 2 compagnies des subsistances; en tout, avec les états-majors, 710 officiers et 17.630 hommes. Il faut y ajouter 2.000 bachi-bouzouks.

Le lieutenant général Asinari di San Marzano, désigné pour commander en chef, arriva à Massaouah le 8 novembre; le général Saletta resta simplement chargé du commandement de la place de Massaouah et de la défense du camp retranché.

Le corps expéditionnaire devait être divisé en quatre brigades, sous les ordres des généraux Géné, Cagni, Baldissera et Lanza : les deux premières constituées par les troupes qui se trouvaient déjà à Massaouah, la troisième par le corps spécial, la quatrième par la brigade supplémentaire de renforts.

Les transports s'effectuèrent dans des conditions de rapidité et d'ordre fort remarquables. Du 27 octobre au 16 novembre on embarqua à Naples environ 11.000 hommes, 1.800 chevaux ou mulets et des quantités considérables de matériel pour les services de l'artillerie, du train, de l'administration. Dès le 2 décembre, les dernières troupes avaient pris pied sur la terre d'Afrique, prêtes à entrer en opérations.

A ce moment, l'Angleterre intervint en vue d'empêcher la lutte qui paraissait imminente. Tout en encourageant la politique coloniale des Italiens, elle avait conservé d'assez bons rapports avec le négus Johannès et ne voyait pas sans inquiétude un conflit qui, annihilant les deux adversaires, laissait le champ libre aux Derviches. Ceux-ci, n'étant plus retenus par la crainte d'une intervention sur le Nil Bleu ou vers la mer Rouge, essayeraient peut-être d'exercer une nouvelle poussée vers l'Égypte.

Le gouvernement anglais envoya donc sir Gérald Portal et le major Beech en mission auprès du négus pour lui proposer sa médiation. Débarqués à Massaouah le 29 octobre, ils pénétrèrent sans difficulté dans le Tigré et rejoignirent le négus tout au sud de cette province, auprès du lac Ascianghi. Ils le trouvèrent décidé à n'accepter aucun arrangement et, devant sa volonté inébranlable, durent regagner Massaouah, où ils rentrèrent le 25 décembre. Ils purent rendre compte au général San Marzano des importants préparatifs de guerre dont ils avaient été témoins : de nombreux contingents étaient rassemblés dans les camps de Faras-Mai et d'Adoua et se préparaient à marcher sur Massaouah.

Les forces que les Italiens allaient avoir à combattre étaient considérables, mais de valeur fort inégale. Devant eux l'armée d'Hamacen, commandée par le ras Aloula, à laquelle ils s'étaient déjà heurtés ; elle comptait 40.000 fantassins, dont moitié pourvue de fusils se chargeant par la culasse, et de 8 à 10.000 cavaliers. Pour soutenir ces premières troupes, le négus amenait en personne l'armée du Tigré et de l'Amhara, forte de 50.000 hommes, dont 10.000 seulement armés de fusils se chargeant par la culasse. Il disposait également de l'armée du Godjam, moins nombreuse puisqu'elle ne comptait que 20.000 hommes (dont 5.000 armés de fusils), mais composée peut-être des meilleurs éléments de l'Abyssinie. Au mois de janvier 1887, le roi du Godjam, Técla Aimanot, avait complètement battu les Derviches à Galabat, leur infligeant des pertes énormes. Mais, vers le mois de novembre, de nouvelles incursions ayant eu lieu contre la frontière du Godjam, les troupes de cette province ne purent fournir qu'un faible appoint au négus Johannès. Une quatrième armée sur laquelle celui-ci était en droit de compter était celle du Choa : forte de 80.000 hommes, bien organisée, pourvue de 20.000 fusils de modèles récents, elle était susceptible de jouer un rôle prépondérant dans la lutte qui se préparait. Mais la diplomatie italienne avait su, depuis quelques années, habilement circonvenir le roi du Choa, Ménélik ; à ce vassal, plus puissant que son suzerain, elle avait ouvert des vues ambitieuses, que la défaite de Johannès était de nature à favoriser. La victoire de l'Italie pouvait être pour Ménélik l'affranchissement d'un lien en réalité peu onéreux, mais humiliant pour sa fierté ; ce pouvait être aussi l'accession au pouvoir suprême, à cet empire que l'ancienneté de sa race lui permettait d'ambitionner. Ces considérations le décidèrent à conclure avec l'Italie un traité de neutralité (20 octobre 1887) (1), qui fut conservé secret, car il jugea préférable de ne point jeter le masque; et quand le négus l'invita à fournir les contingents dus en vertu de la loi de l'empire, il dissimula sa désobéissance préméditée par des lenteurs, des prétextes divers, si bien que la fin des événements arriva bien avant que ses troupes eussent bougé.

Dès les derniers jours de l'année 1887, les Italiens étaient prêts, soit à recevoir l'attaque du négus, soit à marcher à sa rencontre. Ce second parti leur parut imprudent : il leur aurait fait perdre le bénéfice des grands travaux défensifs exécutés autour de Mas-

---

(1) En échange, les Italiens lui promettaient 5.000 reminglons livrables dans un délai de six mois.

saouah. Ils préférèrent donc se maintenir sur l'expectative, utilisant les jours de répit que leur laissait la lente concentration des Abyssins pour améliorer leur camp retranché. C'est ainsi que pour suppléer au chemin de fer de Massaouah à Saati, dont la construction n'était pas finie, ils établirent une route carrossable allant jusqu'à cette localité.

L'organisation défensive de Massaouah comprit définitivement deux lignes de forts permanents : 1° à proximité de la place, le fort Abd-el-Kader, la batterie de la presqu'île Ghérar, les forts de Taoulout et de Ras-Mudur ; 2° à l'extérieur, le fort Arkiko, le fort Humbert sur la hauteur de Kanfour, le fort de Monkullo, le fort Victor-Emmanuel (le plus puissant de tous), le fortin de la Reine-Marguerite, enfin la redoute d'Otoumlo. Sur une hauteur dominant le champ de bataille de Dogali, le génie avait établi quatre fortins en plaques de blindage transportables. Enfin le poste de Saati, situé en avant de la ligne, avait été entouré de retranchements.

Au moment du débarquement, les troupes avaient été installées dans deux camps près d'Otoumlo et dans la péninsule d'Abd-el-Kader. Elles furent successivement portées en avant et, le 1er février, le quartier général s'installait à Saati. Indépendamment des forces occupant les ouvrages ou formant la réserve du camp retranché, le commandant en chef avait sous la main, pour entreprendre des opérations extérieures, deux brigades d'infanterie, plus trois batteries d'artillerie, un escadron de chasseurs à cheval et deux compagnies du génie.

Les bachi-bouzouks et les bandes de Kafel et de Debeb battaient l'estrade en avant du front de la position, entre Ua-a et Saati, de façon à signaler les mouvements des ennemis. Vers le milieu de février, ces irréguliers occupèrent la vallée d'Ailet, située entre la position italienne et le pied des hautes montagnes ; de là ils poussèrent des reconnaissances sur Sabarguma, Ghinda et Agametta. On apprit bientôt que le négus atteignait la province d'Hamacen ; le ras Aloula se portait à sa rencontre au sud d'Asmara.

A ce moment (2 mars), le chef Debeb, changeant encore une fois de parti, abandonna la cause des Italiens et fit sa soumission à Johannès. Cette défection n'eut d'ailleurs que peu d'importance, les autres irréguliers étant restés fidèles.

Pendant tout le mois de mars, les deux armées demeurèrent en présence, immobiles, s'observant, chacune d'elles étant prête à marcher contre celle qui prendrait l'initiative. Les forces du négus étaient concentrées entre Ghinda et Asmara, garnissant les crêtes qui, par étages, s'élèvent de la plaine jusqu'aux hauts plateaux. Il se souciait peu d'abandonner les avantages stratégiques et tactiques de sa position pour descendre vers les Italiens et chercher à enlever de vive force le formidable camp retranché de Massaouah. Il cherchait au contraire à provoquer l'initiative de ses adversaires, à les attirer au moyen de démonstrations partielles, de razzias exécutées contre plusieurs villages assaortins. Mais le général di San Marzano ne se laissa point détourner de sa résolution et, malgré l'impatience de certains de ses lieutenants, il

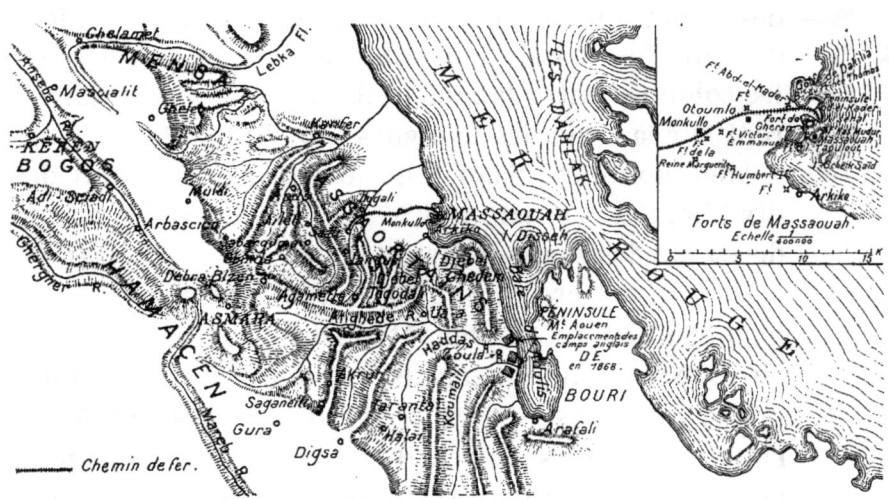

Opérations autour de Massaouah (Echelle : 1/1.600.000).

persista à se maintenir dans les lignes ; cette prudence lui était formellement commandée par les instructions du cabinet de Rome qui, faisant grand fond sur l'action diplomatique entamée auprès de Ménélik, voulait avant tout ne rien compromettre et jugeait plus avantageux, pour ses intérêts politiques, de prolonger le *statu quo* que de courir les risques d'un échec.

A la fin, le négus Johannès parut décidé à en finir et à prendre l'initiative de l'attaque. Le 26 mars, il fit descendre son armée tout entière dans la direction de Saati. Les masses abyssines débouchèrent en quatre colonnes entre Jangus et Sabarguma et s'installèrent sur la crête des hauteurs qui, limitant la vallée d'Ailet, dominent Saati. Elles occupaient un front de dix kilomètres environ et n'étaient guère qu'à portée de canon des avant-postes italiens.

On pouvait croire à une attaque générale pour le lendemain. Mais, en venant ainsi au contact avec la position ennemie, le négus en apprécia sans doute mieux la puissance et reconnut l'impossibilité de l'aborder avec les moyens dont il disposait. Peut-être, aussi, voulut-il gagner du temps et détourner l'attention des Italiens par des négociations plus ou moins sincères. Quoi qu'il en soit, il faisait porter, le 27 mars, au général di San Marzano, la lettre suivante, dans laquelle, rappelant ses griefs contre l'Italie, il posait ses dernières conditions :

« Envoyée par le prophète de Dieu, Johannès, roi de Sion, roi des rois d'Éthiopie, adressée au respectable général San Marzano, chef d'armée. Comment te portes-tu ? Je ne te connais que de nom.

» Moi et mon armée, par la bonté de Dieu et la foi en Sion, par les prières au Suprême des Saints (qu'il soit respecté et loué) nous nous portons bien. La bonté de Dieu est éternelle.

» Par le passé, j'écrivais toujours des lettres d'amitié au roi d'Italie Humbert et lui aussi m'écrivait.

» Nous étions tous deux amis. Le gouverneur Branchi vint à Assab et il passa avec moi la saison des pluies. Il me parla de cette amitié et d'autres choses importantes ; nous avons parlé d'ouvrir un débouché pour Assab aux marchands qui viennent à moi et à ceux qui vont au Choa, de façon que les marchands italiens et abyssins fussent libres d'aller dans ces contrées et que ces derniers pussent aussi aller jusqu'en Italie pour faire leur commerce.

» Je désirais que moi et vous autres pussions combattre ensemble les populations barbares que nous aurions dominées ensemble, comme si nous fussions un seul corps. Moi et Branchi avions arrangé toutes ces choses dans le temps des pluies. Le jour de notre séparation j'ai pensé qu'il était un serviteur de mon ami, je l'ai décoré, je l'ai bien traité, puis je l'ai congédié.

» Après lui, est venu M. Bianchi ; nous avons aussi parlé de ces choses et je lui ai remis des lettres d'amitié, ainsi que des décorations pour les officiers qui sont sous le respectable roi d'Italie.

» A Bianchi aussi j'ai donné des lettres pour le roi et je l'ai décoré. Il me fit demander la permission d'aller par le chemin de Ahro ; je consentis, je lui donnai un guide pour l'accompagner jusqu'à Assab ;

mais il prit un autre chemin peu sûr et ainsi il fit une triste fin.

» Quelque temps après, une personne est venue à Ambasciaria m'apporter des présents du roi. Cette personne aussi je l'ai décorée et je lui ai remis une belle lettre pour faire amitié avec vous autres et je l'ai fait accompagner.

» Pendant que nous étions ainsi en bons rapports, vous n'avez pas maintenu le traité que les Anglais m'avaient fait faire avec les Égyptiens.

» Par ce traité, les marchands abyssins qui allaient à Massaouah ne devaient pas payer de douane, et les pays qui ont toujours été sous le roi d'Abyssinie, et que les Égyptiens ont occupés ensuite, devaient lui être rendus. Mais vous n'avez pas maintenu ce traité.

» Cette Éthiopie qui m'a été donnée par Dieu est mon royaume; quittez donc mon pays et restez dans le vôtre.

» Si Dieu me donne la force, vous d'un côté et moi de l'autre, nous pourrons combattre les Derviches sauvages et nous les détruirons en agrandissant notre pays. Cela serait préférable. Je suis chrétien comme vous, nous sommes frères; notre discorde sert à faire rire les autres.

» Ras Aloula a fait ce qu'il a fait sans m'écrire, et vous-même non plus vous ne m'avez rien dit. Ce qui est arrivé est l'œuvre du diable. La vie de ceux qui moururent, de notre part aussi bien que de la vôtre, était arrivée à son terme comme Dieu l'avait destiné.

» Contre la volonté de Dieu, on ne pouvait rien. Je suis roi et Humbert aussi est roi, et si au-dessus de nous il y avait quelqu'un qui nous commandât, je serais celui qui aurait le droit de faire entendre des plaintes. Je dis cela parce que vous êtes venus combattre dans mon pays; moi, je ne suis pas allé dans le vôtre.

» Maintenant, je ne suis pas venu pour combattre avec vous autres; je suis venu parce qu'on m'a dit que mon pays a été envahi; je suis venu pour garder mes frontières.

» Retournez donc dans votre pays, restons chacun dans le nôtre; que le port de Massaouah soit ouvert comme avant, que les pauvres et les marchands qui sont auprès de nous puissent librement gagner leur pain.

» La réponse, envoyez-la vite.

» Écrit du camp d'Ailet, le 26 mars 1888. »

A cette lettre, le général di San Marzano répondit par des contre-propositions toutes différentes. Il exigeait pour faire la paix :

1° La reconnaissance du protectorat italien sur les Habab et les Assaortins;

2° L'annexion de Ua-a et Saati, avec une bande de terrain large d'une journée de marche; Ghinda deviendrait ville frontière de l'Abyssinie, et la vallée d'Ailet appartiendrait à l'Italie ou tout au moins serait soumise à son protectorat;

3° La conclusion d'un traité de commerce et d'amitié entre les deux puissances.

Le négus s'étant énergiquement refusé à accepter ces conditions, les Italiens espérèrent un moment qu'il se déciderait à une attaque. Leur attente fut déçue quand, le 3 avril au matin, ils s'aperçurent que l'armée abyssine avait évacué ses positions ; elle avait profité de la nuit pour lever le camp et commencer une retraite en bon ordre dans la direction de Ghinda ; son écoulement ne dura pas moins de 28 heures. Le moment pouvait paraître favorable pour tenter quelque vigoureuse action contre les arrière-gardes abyssines. L'armée du négus avait souffert pendant son long stationnement en face de Saati ; les maladies, l'insuffisance des moyens de transport et des subsistances l'avaient affaiblie. Les Italiens, impatients d'avoir été si longtemps contenus derrière des retranchements, ne demandaient qu'à marcher de l'avant, qu'à voir enfin le feu. A condition de s'entourer de renseignements suffisants et de ne pas s'aventurer témérairement, le général di San Marzano aurait certainement pu inquiéter la marche du négus et obtenir des résultats susceptibles d'effacer le douloureux souvenir de Dogali. Mais lui-même fut surpris par cette brusque retraite, dont les causes restaient inexpliquées et qui pouvait dissimuler un piège ; ses propres sentiments de combativité durent céder aux instructions formelles de prudence que le cabinet de Rome lui avait tant de fois renouvelées.

Ainsi se terminait cette campagne où les adversaires s'étaient provoqués un peu à la façon des héros d'Homère, sans en venir aux mains. Elle restait également stérile pour les Italiens, qui n'avaient pas vengé leurs morts, et pour les Abyssins, qui laissaient leurs ennemis maîtres du territoire en litige. M. Crispi, toujours habile à donner le change, affecta de considérer cette douteuse issue comme un succès et de déclarer que la nouvelle colonie, définitivement conquise, allait pouvoir entrer dans la voie du développement pacifique. Comme d'ailleurs le séjour de Massaouah était très pénible pendant l'été, on décida de rapatrier immédiatement la majeure partie du corps expéditionnaire. Les embarquements furent exécutés du 13 avril au 14 mai ; on ne laissa que le *Corps Spécial*, destiné à former la garnison permanente, plus un bataillon de bersaglieri, 3 compagnies du génie, une compagnie d'artillerie, sans parler des corps irréguliers.

En raison de ces réductions d'effectif, le général di San Marzano fut relevé de son commandement et remplacé par le général Baldissera qui commandait la brigade d'avant-garde du corps expéditionnaire. Avant de partir, il tint à inaugurer les forts permanents construits sur la position de Saati : « Cet acte, dit-il, consacre la prise de possession de l'Italie sur le territoire occupé par l'armée et qu'elle a transformé en position inexpugnable, de sorte que l'ennemi, quoique venu en grand nombre, n'a pas osé l'attaquer après avoir prétendu qu'il nous empêcherait de l'occuper ou d'y rester. »

Cette mutation dans le commandement supérieur coïncidait avec une interruption momentanée dans les opérations militaires (1). Tout péril immédiat avait disparu ; il s'agissait maintenant de poursuivre avec

---

(1) A la fin d'une interpellation (12 mai), M. Crispi déclarait formellement que l'honneur de l'Italie commandait de rester à Massaouah,

méthode l'organisation de la colonie, l'établissement des divers services civils et militaires. Ancien capitaine d'état-major dans l'armée autrichienne, jusqu'en 1866, le général Baldissera avait fait presque toute la suite de sa carrière dans les bersaglieri : il était doué, à un haut degré, des qualités du commandement et d'une grande ampleur d'idées ; il laissa des traces profondes de son passage à Massaouah et c'est à son initiative que l'on doit attribuer plusieurs des mesures d'organisation les plus appréciées.

Il comprit, en particulier, l'immense intérêt qu'avait l'Italie à utiliser largement les éléments indigènes pour la défense d'une colonie dont le climat était si funeste aux Européens. L'un de ses premiers soins fut de réorganiser le corps des bachi-bouzouks, dont l'effectif se trouva bientôt porté à 3.000 hommes. Ce corps constitua une *orda*, commandée par un colonel ou lieutenant-colonel et composée de quatre bataillons. Chacun de ceux-ci était formé de quatre compagnies à quatre pelotons, lesquels se subdivisaient en deux *boulouks* de 25 hommes. Tous les officiers supérieurs et les capitaines devaient être italiens. Dans les compagnies il y avait deux lieutenants italiens et deux sous-lieutenants indigènes (*jusbachi*). Enfin, pour servir d'instructeurs, on prélevait un certain nombre de sous-officiers dans l'armée métropolitaine. Ces diverses mesures devaient beaucoup améliorer les troupes irrégulières et surtout les discipliner.

---

mais qu'on y garderait une attitude prudente et attentive. Quelques députés ayant alors demandé l'évacuation de l'Afrique, cette proposition fut rejetée par 302 voix contre 40.

Vers le milieu de l'été eurent lieu quelques petites opérations destinées à élargir un peu la zone d'occupation, à donner de l'air au corps expéditionnaire.

Le chef de bande Kafel fut autorisé à tenter un coup de main contre Kéren, avec ses irréguliers. Parti d'Otoumlo le 20 juillet, il arrivait le 26 juillet dans la capitale des Bogos et s'y installait sans résistance. C'était un pas important fait pour la prise de possession des hauts plateaux au nord-ouest de Massaouah.

Au sud, au contraire, on avait à lutter contre Debeb, cet autre irrégulier, dont nous avons signalé la défection au mois de mars. Rentré en grâce auprès du négus, il avait été nommé gouverneur de la province de l'Okulé-Kusaï, qui domine la vallée de l'Haddas. Il avait établi son quartier général à Saganeiti, d'où il se livrait à de continuelles incursions contre les villages assaortins. Le général Baldissera prépara, dans les premiers jours d'août, une petite expédition destinée à enlever Saganeiti par surprise.

Le capitaine Cornacchia, avec quatre lieutenants italiens et 400 irréguliers, fut chargé de cette mission. Il devait partir de Ua-a le 3 août au matin, remonter rapidement la vallée de l'Haddas et se diriger sur Saganeiti, par Akrur, en réglant sa marche de façon à arriver environ une heure avant le jour, moment le plus propice pour une surprise. Adam-Aga, chef indigène tout dévoué à l'Italie, devait, avec une bande de 300 hommes, suivre la petite colonne à une journée de marche pour la soutenir en cas de retraite et assurer des communications avec Arkiko. Le général Baldissera avait recommandé au capitaine Cornacchia d'agir

Italiens. 7

dans les conditions de secret et de promptitude nécessaires au succès et de ne point risquer un combat inutile si par hasard Debeb était sur ses gardes.

Mal renseigné sur les forces de l'ennemi et sur la situation topographique de Saganeiti, le capitaine Cornacchia crut devoir retarder son départ de 24 heures afin que sa marche pût être soutenue par la troupe d'Adam-Aga. Il eut également le tort d'exposer aux officiers et soldats de la colonne le but et les conditions de l'expédition projetée.

En apprenant cette double faute, le général Baldissera jugea prudent de remettre le coup de main. Mais le télégraphe de Massaouah à Arkiko ne fonctionnant pas ce jour-là, le contre-ordre arriva quand déjà le capitaine Cornacchia était parti.

Les appréhensions du général Baldissera n'étaient que trop fondées. Debeb, prévenu par quelque émissaire, se tenait sur ses gardes. Le 8 août, avant le lever du soleil, la troupe italienne atteignit Saganeiti et réussit à y pénétrer; mais surprise à son tour par les indigènes, elle dut se défendre dans les conditions les plus défavorables. Presque au début de l'action, les cinq officiers italiens furent tués. Leur mort fut le signal d'une débandade complète des bachi-bouzouks qui, laissant une centaine d'entre eux sur le terrain, s'enfuirent précipitamment jusqu'à Massaouah.

Enhardi par ce succès, Debeb prit lui-même l'offensive, et vint, au commencement de septembre, attaquer la ville de Kéren, avec un millier d'hommes. Il fut repoussé par Kafel, qui, en récompense, reçut l'investiture officielle du gouvernement de cette province, avec le titre de degiac (décembre 1887). La domination italienne se trouva ainsi consolidée sur le pays des Bogos, et plusieurs tribus musulmanes, naguère soumises à l'Égypte, demandèrent spontanément le protectorat de l'Italie.

Pendant que le général Baldissera poursuivait ainsi son œuvre, le négus Johannès se débattait contre de graves difficultés extérieures et intérieures. Les Derviches avaient recommencé leurs incursions au mois de mars et c'est l'annonce de leurs progrès qui avait déterminé cette brusque retraite devant Saati, restée d'abord inexpliquée. Le négus avait jugé préférable de négliger des adversaires que la chaleur allait immobiliser dans quelques semaines et de reporter ses forces contre le terrible et sauvage adversaire signalé à l'ouest de son empire. Mais la difficulté des communications ne lui permit pas d'arriver à temps pour arrêter l'invasion. Il trouva la capitale du Godjam, Gondar, incendiée et saccagée par les Derviches, qui s'étaient ensuite retirés sur Omdurman avec leur butin.

La distance à franchir et la saison ne lui permettaient point de songer à une revanche immédiate. Il ne put que faire des préparatifs en vue d'une campagne prochaine contre les Derviches.

Il dut songer aussi à la consolidation de son autorité impériale. L'attitude de Ménélik, roi du Choa, au moment de la campagne de l'hiver précédent, avait été fort suspecte. Ce prince s'était arrêté avec son armée à Boru-Miéda, c'est-à-dire trop loin soit pour soutenir les troupes qui étaient en contact avec les Italiens, soit pour empêcher quelque nouvelle incursion des

Derviches. La retraite du négus, qui était au moins un aveu d'impuissance, l'encourageait dans ses velléités de rébellion. Il écrivit au roi Humbert pour lui offrir sa coopération active contre Johannès, moyennant le prêt d'une somme d'argent suffisante pour payer 10.000 fusils Remington et 400.000 cartouches. En même temps, au lieu de revenir directement de Boru-Miéda à Antotto, sa capitale, il passa par le Godjam et y échangea avec le roi Técla-Aimanot des protestations d'amitié, des assurances d'hostilité contre leur commun suzerain.

Menacé ainsi sur ses frontières orientale et occidentale par deux ennemis puissants, tenu en échec par ses vassaux rebelles, Johannès résolut, au mois d'octobre 1888, de s'attaquer d'abord à ceux-ci. Il pénétra dans le Godjam où, suivant l'usage, il procéda à de nombreuses razzias.

Ménélik leva alors définitivement le masque et ne dissimula plus son intention de chercher un point d'appui auprès des Italiens. Les 5.000 fusils Remington, prix de sa neutralité convenue l'année précédente, lui arrivèrent le 13 octobre, apportés par une caravane venue d'Assab. Il renouvela ses propositions d'alliance et insista pour qu'au moment où il serait aux prises avec le négus les Italiens fissent une pointe sur Kéren et Asmara, de façon à opérer une diversion. Le 23 octobre 1888, il écrivait au ministre des affaires étrangères à Rome, pour lui annoncer le prochain envoi, en mission extraordinaire, de son neveu le *degiac* Makonnen. Il ajoutait : « L'empereur Johannès avec le ras Aloula, le ras Mikael et toute l'armée du Tigré est dans le Godjam et le saccage. Si, après avoir abandonné ce pays, ils viennent dans le Choa, je défendrai nos frontières. Le Choa et le Godjam sont amis et bien d'accord. »

Après avoir châtié la rébellion du Godjam, Johannès se dirigea, en effet, contre Ménélik. Mais il le trouva solidement installé sur la rive gauche de l'Abaï et n'osa l'attaquer. Il entama des négociations qui traînèrent en longueur : le roi du Choa, ayant conscience de sa force, se refusait à toute concession.

Sur ces entrefaites, le négus reçut avis d'une nouvelle attaque des Derviches. Remettant à plus tard la solution de la querelle avec Ménélik, il alla au devant de ce nouveau péril qui menaçait l'existence même de toute l'Éthiopie chrétienne. Il rencontra l'armée ennemie établie dans un camp retranché près de Métammah, non loin de la frontière du Soudan, et, malgré la force de sa position, n'hésita pas à l'attaquer (10 mars 1889). Un fort brouillard occasionna quelque désordre dans l'offensive des Abyssins; cependant, ils semblaient devoir obtenir le succès, quand Johannès fut tué vers la fin de la journée. Cette mort, jetant la consternation dans l'armée, détermina une déroute complète, qui fut encore accentuée, le surlendemain, par une nouvelle défaite sur les bords de l'Atbara. Heureusement les Derviches, fort éprouvés eux-mêmes par leurs pertes, ne tentèrent pas de pousser à fond leur invasion : l'Abyssinie leur eût, en effet, été livrée sans défense, par suite des conditions troublées dans lesquelles allait s'effectuer la transmission des pouvoirs.

Cette mort imprévue du négus Johannès devait être grosse de conséquences pour les Italiens. Jusqu'à ce jour, leur action militaire s'était dirigée contre le Tigré, et ils avaient habilement exploité l'ambition de Ménélik, excité son hostilité sourde contre le négus. Désormais, le centre politique de l'Abyssinie va être déplacé. A la prépondérance du Tigré va succéder celle du Choa. Les Italiens salueront comme un succès l'avènement au trône impérial de leur allié de la veille; mais leurs empiètements territoriaux ne trouveront plus chez le négus les mêmes condescendances que chez le prétendant. Ils ne pourront plus continuer le jeu politique qui consistait à profiter des divisions intestines de l'Abyssinie; ils auront contribué à cimenter l'unité de ce pays et se heurteront dès lors à plus forte partie. Pareil résultat ne pouvait-il être prévu par la simple méditation des enseignements que fournit l'histoire de tous les pays, y compris l'Italie?

CHAPITRE VI

LE TRAITÉ D'UCCIALI

La succession de Johannès. — Ménélik, roi du Choa. — Ses relations avec l'Italie. — La mission du marquis Antinori. — Rôle du comte Antonelli. — Conquête du Harrar. — Attitude à la mort de Johannès. — Traité d'Ucciali. — Mission du degiac Makonnen. — Convention additionnelle au traité d'Ucciali. — La colonie de l'Érythrée.

La mort de Johannès, comme celle de Théodoros, devait ouvrir le champ aux compétitions pour l'empire. Il ne laissait pas d'héritier légitime, ayant perdu son fils Aréa-Sallasieh au mois de juin 1888. Avant de mourir, il désigna cependant, comme successeur, le ras Mangascia, son fils naturel.

Mais les princes qui, la veille, s'insurgeaient contre l'autorité du négus, étaient peu disposés à accepter celle qui prétendait s'imposer à eux dans des conditions irrégulières. Ménélik protesta contre cette désignation et revendiqua pour lui-même le pouvoir suprême, auquel ses origines et surtout sa puissance lui donnaient des titres sérieux.

D'après la légende, sa filiation remontait jusqu'à la fameuse reine de Saba qui aurait eu, de Salomon, un fils, Ménélik Ier, empereur d'Éthiopie. Ce qui est certain, c'est que son grand-père Sella-Sellassié régna pendant de longues années sur le Choa, en développa la gloire, la prospérité et laissa, parmi ses sujets, un souvenir très populaire. Ce prince avait trois fils : Ailu, Séfou et Darghié. L'aîné, Ailu, n'eut point d'enfant légitime, mais l'une de ses concubines, esclave remarquablement belle, lui donna un fils (né en 1842), que le roi Sella-Sellassié voulut reconnaître et auquel il donna le nom de Ménélik, en raison d'une prédiction que lui avait faite un moine éthiopien ; le porteur de ce nom prédestiné était appelé à devenir le maître de toute l'Éthiopie et le plus illustre souverain du pays.

En attendant la réalisation de ces oracles, Ménélik traversa des années de dures épreuves. Après un règne éphémère, son père Ailu fut vaincu par Théodoros et ne survécut guère à la défaite. Lui-même fut, pendant dix ans, prisonnier du prince farouche qui s'était proposé l'unification de l'Éthiopie. Ayant réussi à s'échapper, il se fit proclamer roi du Choa, le 19 août 1865. Il eut d'abord à rétablir un certain ordre dans ce pays, affaibli par une longue anarchie ; peu à peu, il parvint à accroître son autorité et put bientôt aspirer à une indépendance presque complète. La mort de Théodoros, la période subséquente de luttes intestines, les guerres de Johannès contre les Égyptiens, toutes ces circonstances favorisèrent les vues ambitieuses de Ménélik, qui, affermissant son pouvoir, développant ses forces militaires, put bientôt se poser comme le rival du négus et son successeur éventuel.

L'Italie avait grand intérêt à encourager ces visées d'indépendance. Dès l'année 1872, grâce à l'intervention de Mgr Massaia, vicaire apostolique des Gallas, des lettres avaient été échangées entre Ménélik et le roi Victor-Emmanuel. En 1876, les relations des deux pays se multiplièrent à l'occasion de l'envoi d'une mission organisée par la Société géographique italienne pour étudier les voies d'accès vers les lacs équatoriaux en partant de la mer Rouge. Le marquis Antinori, chef de cette mission, reçut un excellent accueil de Ménélik et gagna bientôt sa confiance. Diverses circonstances l'ayant empêché de poursuivre le programme primitif, il prolongea son séjour au Choa et le roi lui concéda le terrain nécessaire pour établir une station scientifique internationale à Let-Marefia, tout près de sa capitale Ankober. Jusqu'à sa mort (fin 1882), le marquis Antinori dirigea cette station d'une manière également profitable à la science et à son pays, car il sut acquérir une influence considérable, dont les intérêts italiens bénéficièrent largement. Lui disparu, son rôle fut repris et développé par le comte Pierre Antonelli (1), qui, amené en Abyssinie par le goût des voyages, y devint, à partir de 1882, le représentant officieux puis officiel de l'Italie auprès de Ménélik. Diplomate habile, le comte Antonelli sut prendre peu à peu une très grande influence sur le roi du Choa; il s'efforça d'accentuer ses aspirations à l'indépendance; il lui démontra l'utilité d'ouvrir un débouché à son pays, avec le concours des Italiens, en utilisant la voie d'Assab. Il lui fit miroiter la possibilité de secouer ainsi le joug économique et politique du Tigré.

Ménélik était naturellement disposé à suivre ces

---

(1) Il était neveu du cardinal Antonelli, le célèbre ministre de Pie IX. La société *noire* de Rome (c'est-à-dire les partisans du pouvoir temporel) se scandalisa de cette adhésion à la monarchie de Savoie qui reçut, au contraire, les applaudissements du parti libéral.

conseils. Il voyait, surtout, dans l'ouverture de routes commerciales, la possibilité d'augmenter ses ressources en armes et en munitions ; il estimait que le meilleur appoint pour ses rêves d'ambition politique était la possession d'une armée solidement constituée ; il ne négligea rien pour y arriver. Quand, par une série de réformes méthodiques, il se vit à la tête de 80.000 hommes bien exercés, il en profita pour soumettre le royaume de Kaffa, qui borde la frontière sud-ouest du Choa. Puis, à l'automne de 1887, il envahit le pays de Harrar, où les Égyptiens, à la suite des événements de 1882 et 1883, n'avaient plus entretenu que des effectifs insuffisants. Cette conquête s'effectua sans résistance sérieuse et lui procura un butin de 20.000 fusils Remington et de munitions abondantes.

L'occupation du Harrar n'offrait pas seulement l'avantage de le rendre maître d'un territoire riche et assez peuplé. Elle entraînait aussi ce double résultat d'éliminer définitivement les Égyptiens de la frontière choane et de faciliter l'accès vers la mer Rouge, condition essentielle du développement de son royaume. C'est, en effet, vers la ville d'Harrar que se dirigeaient jusqu'alors la plupart des caravanes provenant du Choa ; de là se produisait ensuite un commerce avec la côte des Somalis atteignant plusieurs millions de francs par an.

L'action du comte Antonelli s'exerça surtout au moment où le massacre de Dogali rendit inévitable un conflit armé entre les Italiens et le négus. Il était de la plus haute importance d'obtenir le concours, ou tout au moins la neutralité du Choa. Nous avons dit dans quelle mesure la diplomatie italienne parvint à ses fins et comment l'attitude de Ménélik contribua, pour une large part, à l'issue de la campagne de Saati.

La mort imprévue de Johannès vint enfin fournir à Ménélik l'occasion si longtemps attendue et préparée. Il déclara irrégulière la désignation du ras Mangascia et se proclama lui-même *roi des rois* d'Ethiopie. Cette initiative, que tout le monde attendait, rencontra presque partout des adhésions : Técla-Aimanot, roi du Godjam, le ras Mikael, chef des Wollo-Gallas, la plupart des chefs abyssins, les plus hauts représentants du clergé reconnurent le nouveau négus. Mangascia ne conserva pour soutenir ses droits que les chefs tigrins, dont le plus fameux de tous, le ras Aloula.

Pour venir à bout de son compétiteur, Ménélik n'hésita pas à invoquer l'assistance de l'Italie. Le 26 mars, il écrivait au roi Humbert pour lui notifier la mort de Johannès et son propre avènement; il lui demandait, en même temps, d'empêcher toute importation d'armes dans le Tigré par la voie de Massaouah et d'exécuter une diversion contre les derrières du ras Mangascia par la prompte occupation d'Asmara.

Le comte Antonelli profita de ces dispositions de Ménélik pour lui faire signer un traité fixant d'une façon formelle les frontières de la colonie italienne. Jusqu'à ce jour, en effet, les déclarations favorables obtenues de ce prince restaient assez vagues ; il importait maintenant de les préciser et de donner à l'occupation des environs de Massaouah les bases d'une convention absolument régulière. Ces négociations donnèrent lieu à la signature du traité d'Ucciali, en date du 2 mai 1889.

En raison de l'importance de ce document au point de vue des événements ultérieurs, nous le reproduisons intégralement.

TRAITÉ D'UCCIALI

S. M. Humbert Ier, roi d'Italie, et S. M. Ménélik, roi des rois d'Éthiopie, dans le but de rendre profitable et durable la paix entre les deux royaumes d'Italie et d'Éthiopie, ont décidé de conclure un traité d'amitié et de commerce.

S. M. le roi d'Italie, représenté par le comte Pierre Antonelli, commandeur de la couronne d'Italie, chevalier des saints Maurice et Lazare, son envoyé extraordinaire auprès de S. M. le roi Ménélik, lequel est muni de pleins pouvoirs; et S. M. le roi Ménélik, agissant en son propre nom comme roi des rois d'Éthiopie, ont arrêté et conclu les articles suivants :

Art. I. — Il existera paix perpétuelle et amitié constante entre S. M. le roi d'Italie et S. M. le roi des rois d'Éthiopie, ainsi qu'entre leurs héritiers respectifs, successeurs, sujets et populations soumises à leur protectorat.

Art. II. — Chacune des parties contractantes pourra être représentée par un agent diplomatique accrédité auprès de l'autre; elle pourra nommer des consuls, des agents et des agents consulaires dans les États de l'autre.

Ces fonctionnaires jouiront de tous les privilèges et immunités, conformément aux usages des gouvernements européens.

Art. III. — Pour écarter toute équivoque au sujet des limites des territoires sur lesquels les deux parties contractantes exercent des droits de souveraineté, une commission spéciale composée de deux délégués italiens et de deux délégués éthiopiens tracera sur le terrain, au moyen de signaux placés d'une façon permanente, une ligne de démarcation, dont les points de repère seront établis de la manière suivante :

a) La ligne du haut plateau marquera la frontière italo-éthiopienne ;

b) En partant de la région d'Arafali, les villages d'Halaï, Saganeiti et Asmara seront compris dans le territoire italien ;

c) Dans le pays des Bogos, Adi-Nefas et Adi-Johannès appartiendront à l'Italie ;

d) A partir d'Adi-Johannès, une ligne droite tracée de l'est à l'ouest marquera la frontière italo-éthiopienne.

Art. IV. — Le couvent de Debra-Bizen, avec toutes ses possessions, restera propriété du gouvernement éthiopien qui ne pourra cependant pas s'en servir dans un but militaire.

Art. V. — Les caravanes de et pour Massaouah paieront sur le territoire éthiopien un seul droit de douane de 8 p. 100 de la valeur des marchandises transportées.

Art. VI. — Le commerce des armes de et pour l'Éthiopie, par Massaouah, sera libre pour le seul roi des rois d'Éthiopie.

Quiconque voudra obtenir l'autorisation d'effectuer un transport de cette nature devra, chaque fois, adresser aux autorités italiennes une demande régulière, revêtue du sceau royal.

Les caravanes transportant des armes et des munitions voyageront sous la protection et avec l'escorte des soldats italiens jusqu'à la frontière de l'Éthiopie.

Art. VII. — Les sujets de chacune des parties contractantes pourront librement passer d'un pays dans l'autre, y voyager, en sortir avec leurs bagages et leurs marchandises ; ils jouiront de la plus grande protection du gouvernement et de ses agents.

Il est pourtant sévèrement interdit à des gens armés de l'une ou de l'autre partie contractante, de se réunir en troupe nombreuse ou armée pour franchir les frontières respectives dans le but de s'imposer aux populations ou de tenter de se procurer de vive force des vivres ou des bestiaux.

Art. VIII. — Les Italiens en Éthiopie et les Éthiopiens en Italie ou dans les possessions italiennes pourront acheter ou vendre, prendre ou donner à bail et disposer de leurs propriétés de toute manière, dans les mêmes conditions que les indigènes.

Art. IX. — Entière liberté est accordée aux sujets de l'un des États de pratiquer, dans l'autre, leur religion respective.

Art. X. — Les contestations et litiges entre les Italiens en Éthiopie seront réglés par l'autorité italienne de Massaouah ou l'un de ses délégués.

Les litiges entre Italiens et Éthiopiens seront réglés par l'autorité italienne de Massaouah et un délégué de l'autorité éthiopienne.

Art. XI. — Quand un Italien mourra en Éthiopie, ou un Éthiopien en territoire italien, les autorités locales prendront soigneusement en garde toutes ses propriétés et les tiendront à la disposition du gouvernement auquel appartenait le défunt.

Art. XII. — En tout cas et en toutes circonstances, les Italiens prévenus d'un crime seront jugés par l'autorité italienne.

En conséquence, l'autorité éthiopienne devra immédiatement livrer à l'autorité italienne à Massaouah les Italiens prévenus d'avoir commis un crime.

Pareillement, les Éthiopiens prévenus d'un crime commis sur le territoire italien seront jugés par l'autorité éthiopienne.

Art. XIII. — S. M. le roi d'Italie et S. M. le roi des rois d'Éthiopie s'obligent à se livrer réciproquement les coupables qui, pour se soustraire à une peine, pourraient s'être réfugiés du territoire de l'un dans le territoire de l'autre.

Art. XIV. — La traite des esclaves étant contraire aux principes de la religion chrétienne, S. M. le roi des rois d'Éthiopie s'engage à empêcher de tout son pouvoir le passage des caravanes d'esclaves à travers ses États.

Art. XV. — Le présent traité est valable pour tout l'empire éthiopien.

Art. XVI. — Si, au bout de cinq ans, à partir de la date de la signature, l'une des deux parties contractantes voulait introduire quelques modifications dans le présent traité, elle pourra le faire, mais elle devra prévenir l'autre un an d'avance, toute concession en nature de territoire demeurant immuable.

Art. XVII. — S. M. le roi des rois d'Éthiopie *consent* à se servir du gouvernement de S. M. le roi d'Italie pour traiter toutes les affaires qu'elle pourra avoir avec les autres puissances et gouvernements.

Art. XVIII. — Dans le cas où S. M. le roi des rois d'Éthiopie aurait l'intention d'accorder des privilèges spéciaux à des nationaux d'un tiers État, pour établir un commerce ou une industrie en Éthiopie, la préférence sera toujours accordée aux Italiens, à égalité de conditions.

Art. XIX. — Le présent traité étant rédigé en langue italienne et en langue amharique, les deux textes seront considérés comme officiels et feront également foi sous tous les rapports.

Art. XX. — Le présent traité sera ratifié.

En foi de quoi le comte Pierre Antonelli, au nom de S. M. le roi d'Italie, et S. M. Ménélik, roi des rois d'Éthiopie, en son nom propre, ont apposé leur signature et leur sceau sur le présent traité fait au campement d'Ucciali, le 25 miaza 1881, correspondant au 2 mai 1889.

(Sceau impérial d'Éthiopie.)   *P. S. M. le roi d'Italie* :

(L. S.) Piétro Antonelli.

Le degiac Makonnen fut envoyé en mission auprès du roi d'Italie pour lui présenter les compliments du nouveau négus et obtenir la ratification du traité. Accompagné d'une suite nombreuse, il débarqua à Naples le 21 août 1889 et fut reçu par le roi avec un très grand cérémonial, un déploiement de pompe susceptible de laisser une impression profonde dans ces esprits demi-civilisés. On prodigua en son honneur les fêtes, les cérémonies de toutes sortes, parmi lesquelles une grande revue de la garnison de Rome. On lui fit visiter les principales villes d'Italie; partout il appliqua spécialement son attention aux choses militaires, sur lesquelles il se montra appréciateur judicieux, plein de finesse. Entre temps, M. Crispi, président du conseil, conduisait d'actives négociations avec l'envoyé du négus, en vue de compléter l'œuvre inaugurée par le traité d'Ucciali et d'assurer aux Italiens un complément d'avantages en rapport avec les progrès territoriaux qu'ils venaient d'accomplir (ainsi que nous le verrons tout à l'heure), à la faveur des troubles qui agitaient le Tigré.

Deux jours après que le roi eut solennellement ratifié le traité d'Ucciali (29 septembre) M. Crispi et Makonnen signaient à Naples une convention additionnelle dont voici le texte intégral :

CONVENTION ADDITIONNELLE

Au nom de la Très Sainte Trinité ;
S. M. le roi d'Italie et S. M. l'empereur d'Éthiopie, désirant conclure une convention additionnelle au traité d'amitié et de commerce signé au camp d'Ucciali, le 2 mai 1889, ont nommé comme plénipotentiaires,
S. M. le roi d'Italie :
Le chevalier François Crispi, président du conseil des ministres et son ministre secrétaire d'État à l'intérieur pour les affaires étrangères, etc...
S. M. l'empereur d'Éthiopie :

Le degiac Makonnen, son ambassadeur auprès de S. M. le roi d'Italie ;

Lesquels, munis de pleins pouvoirs, ont établi ce qui suit :

Art. Ier. — Le roi d'Italie reconnaît Ménélik comme empereur d'Éthiopie.

Art. II. — Le roi Ménélik reconnaît la souveraineté de l'Italie sur les colonies qui sont comprises sous la dénomination de Possessions italiennes de la mer Rouge.

Art. III. — En vertu des précédents articles, il sera fait une rectification des deux territoires, en prenant pour base *la possession de fait actuelle*, et par les soins des délégués qui, aux termes de l'article III du traité du 2 mai 1889, seront nommés par le roi d'Italie et par l'empereur d'Éthiopie.

Art. IV. — L'empereur d'Éthiopie pourra créer pour ses États une monnaie spéciale dont le poids et la valeur seront à établir d'un commun accord. Elle sera frappée par les soins des établissements monétaires du roi d'Italie, et aura cours légal dans les territoires possédés par l'Italie.

Art. V. — Si le roi d'Italie frappe une monnaie pour ses possessions africaines, elle devra avoir cours légal dans tous les royaumes de l'empereur d'Éthiopie.

Un emprunt de quatre millions de lires devant être contracté par l'empereur d'Éthiopie auprès d'une banque italienne avec la garantie du gouvernement italien, il reste établi que l'empereur d'Éthiopie donne de son côté au dit gouvernement, comme garantie pour le paiement des intérêts et pour l'extinction de la dette, les droits d'entrée de douane du Harrar.

Art. VI. — L'empereur d'Éthiopie, s'il vient à manquer au paiement régulier de l'annuité à établir avec la banque qui fera le prêt, donne et concède au gouvernement italien le droit d'assurer l'administration des douanes susdites.

Art. VII. — Moitié de la somme, c'est à-dire deux millions de lires italiennes, sera versée en monnaie d'argent ; l'autre moitié sera déposée dans les caisses de l'État italien pour servir aux acquisitions que l'empereur d'Éthiopie a l'intention de faire en Italie.

Art. VIII. — Il reste entendu que les droits de douane dont il est question à l'article V du traité du 2 mai 1889 s'appliqueront non seulement aux caravanes provenant de Massaouah ou s'y rendant, mais à toutes celles qui gagneront par toute autre voie un pays placé sous l'autorité de l'empereur d'Éthiopie.

Art. IX. — Le troisième paragraphe de l'article XII du traité précité est abrogé et remplacé par le suivant :

Les Éthiopiens qui commettraient un délit en territoire italien seront toujours jugés par les autorités italiennes.

Art. X. — La présente convention est obligatoire non seulement pour l'empereur actuel d'Éthiopie, mais encore pour les héritiers de la souveraineté sur tout ou partie des territoires placés actuellement sous la domination du roi Ménélik.

Art. XI. — La présente convention sera ratifiée et les ratifications seront échangées le plus tôt posssible.

En foi de quoi le chevalier François Crispi, en nom de S. M. le roi d'Italie, et le degiac Makonnen, au nom de S. M. l'empereur d'Éthiopie, ont signé et ont scellé de leurs sceaux la présente convention faite à Naples le 1ᵉʳ octobre 1889 (22 mascarram 1882 de la date éthiopienne).

MAKONNEN. CRISPI.

Cette convention additionnelle augmentait, d'une manière sensible, les avantages matériels et moraux du traité d'Ucciali. C'était le prix de l'emprunt, dont Ménélik avait besoin, mais qu'il n'aurait pu contracter sans l'intervention amiable d'une puissance européenne. La *Banque Nationale italienne* lui consentit l'avance prévue de 4 millions de lires, moyennant le taux modéré de 5,5 pour 100; le remboursement devait être effectué en 20 annuités.

Le 11 octobre, l'Italie notifiait aux puissances signataires de l'acte général de la conférence de Berlin l'article 17 du traité d'Ucciali, en le présentant comme l'affirmation de son protectorat sur l'Abyssinie. La France, l'Angleterre, l'Autriche-Hongrie, l'Allemagne, l'Espagne, les États-Unis, le Portugal, la Suède et la Norvège, le Danemark, les Pays-Bas, la Belgique, donnèrent acte de la notification ; la Russie persistant dans l'attitude prise après l'occupation de Massaouah, garda seule le silence.

Le degiac Makonnen restait encore quelques semaines en Italie pour les arrangements financiers avec la Banque Nationale et pour la conclusion de certains marchés. Et quand, le 4 décembre, il s'embarqua pour l'Afrique, M. Crispi put croire au succès définitif de sa politique ; il put se figurer que Ménélik serait l'instrument complaisant de la puissance coloniale de l'Italie, un monarque d'apparat dont tous les actes resteraient conformes à l'inspiration venue de Rome. Déjà, il faisait préparer la fabrication d'une monnaie à l'usage de l'Éthiopie, avec l'effigie du roi Humbert et, sur la tranche, remplaçant les trois *Fert* traditionnels, une légende rappelant le protectorat exercé par l'Italie. Il soumettait, le 1er janvier 1890, à la signature du roi, un décret qui donnait aux possessions africaines le nom pompeux de colonie *de l'Érythrée* ... Les événements allaient bientôt lui démontrer l'inanité de ses rêves, lui rappeler que l'avenir n'est à personne, sauf à Dieu, et qu'on s'expose à faire piteuse figure en se proclamant le maître d'un pays qui ne veut point se laisser conquérir et qu'on n'est pas en mesure de prendre de force.

CHAPITRE VII

L'OCCUPATION DE KÉREN ET D'ASMARA

Occupation de Kéren. — Nouvelle défection de Debeb. — Occupation d'Asmara. — Retraite du ras Aloula. — Rappel du général Baldissera. — Le général Orero entre à Adoua. — Le ras Mangascia reconnaît la suzeraineté de Ménélik. — Organisation du Tigré.

Pendant que la diplomatie accomplissait son œuvre, le général Baldissera s'était efforcé de mettre à profit les troubles intérieurs de l'Abyssinie pour reculer progressivement les limites de la colonie. D'après l'accord conclu avec Ménélik, l'Italie devait occuper le nord du Tigré de manière à entraver la résistance du ras Mangascia. Le général Baldissera ne se hâta point d'exécuter cette diversion. Il jugeait préférable, dans l'intérêt même de la colonie, de laisser prendre de l'ampleur aux luttes soutenues par le ras Mangascia à la fois contre le négus et une partie des populations du Tigré. Le développement de l'anarchie dans ce pays ne pouvait que faciliter et, dans une certaine mesure, légitimer l'entrée en scène de l'Italie. Il avait eu de bonne heure un sentiment exact de la situation, demeurant sourd aux exhortations de M. Crispi, qui depuis plusieurs mois l'excitait à agir sur les hauts plateaux ; et c'est avec beaucoup de bon sens que, le 20 avril 1889, il lui répondait : « Attendons le moment où les Abyssins auront brûlé entre eux leurs dernières cartouches et où les populations imploreront d'elles-mêmes l'intervention italienne. »

Tout d'abord, le général Baldissera résolut d'occuper définitivement Kéren. Cette ville était depuis dix mois aux mains du chef Kafel, qui, après avoir reçu l'investiture officielle du gouvernement italien, semblait vouloir se rendre indépendant ; il avait exécuté des razzias sur des territoires soumis au protectorat et entamé, avec le ras Aloula, des négociations, prélude d'une défection nouvelle.

A ce moment le général Baldissera reçut des offres de coopération de la part du chef Debeb, gouverneur de l'Okulé-Kusaï qui, orientant son attitude suivant ses intérêts du jour, était disposé à employer ses forces au service de l'Italie. Sans lui tenir rigueur de sa précédente trahison, le général Baldissera jugea avantageux le concours des 2.000 hommes que Debeb pouvait mettre en ligne, d'abord pour soumettre Kafel, puis pour agir contre le ras Mangascia.

On combina une action concordante contre Kéren. Le 26 mai, deux colonnes de 1.000 hommes, commandées par le major di Maio et le major Escard, marchèrent sur Kéren, l'une par Asus et Maldi, l'autre par Chelamet et Mescialit, de façon à attaquer la ville par l'est et par le nord. Elles arrivèrent, le 2 juin, devant leur objectif, en même temps que la bande de Debeb débouchait, en descendant la vallée de l'Anseba, et coupait aux défenseurs toute retraite vers le Tigré.

Surpris par ce déploiement de forces supérieures, Kafel se rendit à discrétion. Il fut conduit et interné à Assab, où il devait mourir quelques mois plus tard.

Cette fois les Italiens s'établissaient, à titre définitif, sur le plateau abyssin, à l'endroit où il commence à s'abaisser vers le nord, mais offre encore un climat salubre. La ville de Kéren présentait en outre une certaine importance comme point de passage des caravanes venant de Khartoum par Kassala et se dirigeant vers la mer Rouge. Il y existait un petit fort, dont les défenses furent développées et améliorées. Le général Baldissera le fit occuper par une garnison, tandis que le reste de la colonne regagnait Massaouah et que Debeb ramenait ses irréguliers dans l'Okulé-Kusaï.

Il s'agissait maintenant d'occuper Asmara, le second point d'accès dans le Tigré concédé par le traité d'Ucciali. L'opération présentait certaines difficultés : distante de 80 kilomètres de Massaouah, à vol d'oiseau, cette ville est à une altitude de 2.400 mètres ; on ne pouvait, en 1889, y accéder que par des sentiers escarpés, impraticables aux convois, ce qui eût rendu très précaires les conditions d'occupation et de ravitaillement. Le premier soin du général Baldissera fut de faire entreprendre d'importants travaux pour rendre muletière la portion de route de Sabarguma à Asmara par Ghinda.

Pendant l'exécution de ce travail, Debeb se laissa encore une fois séduire par les propositions du ras Aloula et consentit à abandonner les Italiens. Il vint à Makallé vers le milieu de juillet pour y recevoir une nouvelle investiture de son gouvernement au nom du ras Mangascia ; mais celui-ci n'eut rien de plus pressé que de le faire arrêter et emprisonner sur l'Amba-Salama. A la suite de ce guet-apens, les bandes commandées par Debeb se dispersèrent, de sorte que les Italiens se trouvèrent découverts du côté du sud-ouest.

Le général Baldissera résolut alors de brusquer les choses. A la tête d'une petite colonne de deux bataillons italiens, deux bataillons indigènes et deux batteries, précédés d'un peloton d'explorateurs, il se porta de Ghinda sur Asmara par Arbarob. De son côté, le major di Maio, avec une bande d'irréguliers, exécuta un mouvement tournant par Dorfu. Le 3 août, Asmara était occupée sans résistance ; la population faisait le meilleur accueil aux Italiens, dont la venue paraissait devoir marquer la fin d'une trop longue période de troubles.

Comme à Kéren, le général Baldissera tint à assurer solidement l'occupation italienne. Il fit construire deux forts dominant les abords de la ville ; on les arma de canons. On s'occupa en même temps d'établir des magasins, de réunir des approvisionnements de toute espèce, de façon à avoir une place susceptible d'opposer une résistance sérieuse et de servir de point d'appui aux opérations tentées sur les plateaux tigrins.

Devant ces progrès, le ras Mangascia essaya d'un moyen, souvent employé par le négus Johannès, pour gagner du temps : l'ouverture de négociations dissimulant des entreprises militaires. Il écrivit, le 26 août, au général Baldissera pour faire des offres de paix, en même temps que le ras Aloula s'avançait de Godofelassi sur Gura pour barrer la route qui d'Asmara pénètre dans l'intérieur du Tigré.

Le général italien, ne se laissant point tromper par ces illusoires manifestations pacifiques, dirigea contre le ras Aloula le major di Maio avec deux compagnies indigènes et 600 irréguliers; cette petite colonne fut renforcée, à Hilabo, par les bandes qui, après l'arrestation de Debeb, s'étaient reformées dans l'Okulé-Kusaï, sous les ordres de Bath-Agos et autres chefs indigènes. Le ras Aloula, se voyant prévenu, battit en retraite en arrière de la Belesa (affluent de gauche du haut Mareb) et se replia jusqu'à Adoua, d'où il renouvela, auprès du général Baldissera, les propositions de paix antérieures.

Tandis que les Italiens lui enlevaient ainsi ses provinces du nord, le ras Mangascia était menacé, du côté du sud, par un lieutenant de Ménélik, le degiac Séjum, envoyé avec mission de soumettre le Tigré : toutefois, l'insuffisance des forces mises à la disposition de Séjum ne lui avait pas permis de pousser une action à fond, et tout se borna de ce côté à quelques engagements de peu d'importance. Plus redoutables pour Mangascia étaient les défections que suscitait, parmi les chefs locaux, l'habile diplomatie du général Baldissera. Après l'Hamacen et l'Okulé-Kusaï ce fut au tour de l'Agamé, dont le chef, le ras Sébath, se déclara en faveur des Italiens : pour le soutenir, le major di Maio fut poussé jusqu'à Entiscio avec des bandes indigènes. Le drapeau italien était ainsi porté à 180 kilomètres au sud de Massaouah ; le Seraé et le Mai-Tsade, c'est-à-dire toute la rive droite du Mareb, étaient occupés sans résistance. L'Italie allait donc pouvoir invoquer la possession de fait pour réclamer, comme frontière de sa colonie, la ligne formée par le Mareb, son affluent le Belesa et la vallée de la Muna, qui, prolongeant la précédente, descend vers la mer Rouge, dans la direction d'Amphila. Cette ligne présentait des propriétés défensives avantageuses pour la protection de la colonie italienne ; nous étudierons plus loin les vives et longues discussions dont sa revendication fut l'objet.

Le général Baldissera estimait, avec raison, que les résultats ainsi acquis suffisaient à satisfaire, au moins pour l'instant, toutes les ambitions italiennes, et qu'il y avait intérêt à consolider ces premières conquêtes avant d'en entreprendre de nouvelles. Dans ce but, il se proposait de conclure des arrangements particuliers avec les différents chefs locaux du Tigré : ne pouvait-on pas les considérer comme dégagés, de par la mort de Johannès, des anciens liens de suzeraineté et attribuer à l'Italie, par une sorte de droit de déshérence, les pouvoirs exercés naguère par le négus d'Abyssinie ? Cette façon d'agir ne fut pas approuvée par le cabinet de Rome qui, persistant à espérer dans Ménélik un instrument docile et fidèle de sa politique, jugeait préférable de poursuivre le développement de l'entreprise africaine grâce à l'affirmation du protectorat soi-disant concédé par le traité d'Ucciali, grâce à une mainmise de plus en plus rigoureuse sur le gouvernement même de l'empire éthiopien. Ces dissentiments amenèrent le rappel du général Baldissera, qui d'ailleurs était assez éprouvé par une maladie des yeux. Il eut pour successeur le général Orero (14 décembre 1889).

Le nouveau gouverneur estima que, du moment qu'on se maintenait sur le terrain de l'entente directe avec Ménélik, il y avait intérêt à l'aider vigoureusement dans la soumission du Tigré, de façon à acquérir des titres sérieux à sa reconnaissance et à pouvoir tirer parti, pour des rectifications ultérieures de frontières, des territoires ainsi provisoirement occupés sous prétexte d'action commune contre le ras Mangascia. C'est dans ce but qu'au mois de janvier 1890 il dirigea sur Adoua une petite expédition composée d'un escadron d'explorateurs, un bataillon de bersaglieri, un bataillon indigène, une batterie d'artillerie de montagne, une compagnie du génie et quelques bandes irrégulières, en tout 6.000 hommes environ. La colonne pénétra dans Adoua, sans coup férir, le 26 janvier 1890. Elle y fut accueillie avec un réel enthousiasme par la population et les chefs abyssins ; parmi ceux-ci, plusieurs agissaient par prudence politique, s'inclinant devant la manifestation de la force, mais d'autres saluaient volontiers dans l'occupation italienne la fin prochaine des troubles et de l'anarchie qui désolaient le pays. En quelques jours, plusieurs milliers de volontaires indigènes vinrent offrir leurs services, demandant à s'enrôler dans les bandes irrégulières entretenues par l'Italie. Profitant de ces heureuses dispositions et du découragement des rebelles, le capitaine Toselli, à la tête de l'escadron d'explorateurs, poussa une hardie reconnaissance jusqu'à la ville de Makallé, c'est-à-dire presque à la frontière méridionale du Tigré.

A ce moment, se trouvait à Massaouah le comte Antonelli dont l'influence avait beaucoup contribué à faire adopter par le gouvernement italien la politique d'entente avec Ménélik. Il fit ressortir les inconvénients que pourrait avoir, à ce point de vue, une extension trop rapide de la zone d'occupation ; sur ses conseils, ordre fut envoyé au général Orero de ne pas dépasser la ligne du Mareb.

La retraite des Italiens en deçà de la frontière fixée par la convention additionnelle du 1er octobre 1889 coïncida à peu près avec la marche en avant de Ménélik. Celui-ci avait été absorbé, pendant plusieurs mois, par l'affermissement de son autorité sur les provinces méridionales de l'Abyssinie ; il s'était contenté, ainsi que nous l'avons dit, d'envoyer dans le Tigré un de ses lieutenants, Séjum, avec des forces peu importantes. Le 3 novembre 1889, il s'était fait couronner à Antotto, l'une des villes principales et longtemps la capitale du Choa. Quelques semaines plus tard, ayant résolu les difficultés qui l'avaient retenu dans son royaume patrimonial, il s'apprêta à venir, en personne, achever la soumission du Tigré. Il atteignit Makallé dans les derniers jours de février 1890 avec une petite armée, dont l'apparition suffit à décourager les dernières résistances du ras Mangascia. Celui-ci se décida à abandonner la lutte et à reconnaître la suzeraineté du négus Ménélik, seul moyen pour lui de conserver au moins une partie de l'héritage paternel.

Les négociations poursuivies entre les deux princes aboutirent à l'arrangement suivant. Le ras Mangascia devait gouverner toute la partie ouest du Tigré, sous la suzeraineté du négus ; la partie est de ce royaume devait être confiée à Séjum. Enfin le territoire d'Adoua et d'Axoum était spécialement réservé à Mesciascia-Workié, l'un des lieutenants favoris de Ménélik. C'est pendant ce séjour à Makallé que Ménélik ratifia, le 25 février 1890, la convention du 1er octobre précédent, additionnelle au traité d'Ucciali. Il adhéra aux extensions territoriales assez importantes consenties par cet acte, mais fit observer qu'à la date du 1er octobre, l'occupation italienne n'avait pas dépassé Asmara, dans la direction du sud. Il se refusa donc à accepter la ligne Mareb-Belesa-Muna, revendiquée comme frontière méridionale de la colonie; tout au plus, sur les insistances des négociateurs, se résigna-t-il à faire l'abandon de toute la province d'Hamacen, de sorte que la délimitation des frontières communes se trouva réservée et dut donner lieu à de nouvelles négociations dont nous exposerons les péripéties.

De Makallé, Ménélik se proposait d'aller jusqu'à Axoum, pour se faire sacrer dans cette ville qui, déchue de son rang de capitale, conservait depuis des siècles le souvenir des traditions et des gloires de l'antique Éthiopie. Il attribuait une grande importance politique à cette cérémonie, qui devait attacher à son autorité un prestige religieux prépondérant aux yeux des populations. Mais l'hostilité des chefs tigrins le fit renoncer à cette démarche; vaincus, ils avaient pu abandonner la lutte, se soumettre extérieurement, mais ils conservaient leurs sentiments d'indépendance, ils ressentaient le dépit de voir la suprématie exercée naguère par leur pays, dévolue maintenant au Choa. Ils proclamaient hautement que Ménélik ne reviendrait pas vivant d'Adoua, et l'agitation de tous les esprits permettait de penser qu'ils ne reculeraient pas devant la réalisation de leurs menaces.

En présence de cette attitude, Ménélik jugea prudent de ne pas compromettre les résultats obtenus. Il s'arrêta à Hausen, à mi-chemin entre Makallé et Adoua, et reprit, le 19 mars 1890, la route du Choa. Il dut, en même temps, modifier ses projets d'administration du Tigré, en ce qui concernait la partie orientale de cette province. Le ras Sébath, l'un des plus puissants, se montrait décidé à maintenir son indépendance dans la riche province de l'Agamé, refusant de reconnaître l'autorité de Séjum, gouverneur désigné par le négus. Celui-ci ne jugea pas opportun de recourir à la force pour vaincre cette résistance et se contenta de laisser Mesciascia-Workhié pour affirmer et sauvegarder les intérêts de la politique choane, comme chef de la province d'Adoua.

Si incomplète que fût la pacification du Tigré, elle marque cependant la prise de possession définitive de l'empire éthiopien par le négus Ménélik. Elle coïncide avec le terme, au moins provisoire, de l'extension territoriale des Italiens. Ceux-ci, après avoir longtemps lutté pour la défense immédiate de Massaouah, ont enfin réussi à englober d'assez vastes régions. Ils n'ont pas encore une colonie. La tâche de leurs gouverneurs va donc consister à compléter l'œuvre entreprise, à consolider les résultats acquis, à imprimer un caractère définitif à l'organisation, jusqu'alors un peu improvisée suivant les besoins de chaque jour. Ils vont continuer à bénéficier de certains faits acquis; mais entre eux et le négus Ménélik subsiste une cause de dissentiment, qui aura, dans l'avenir, de lointaines et dangereuses répercussions. Il ne s'agit de rien moins que du fondement même de leur droit souverain, de la limite dans laquelle ils peuvent prétendre l'exercer. Les incertitudes, les divergences d'opinion à ce sujet vont provoquer de longs débats qui conserveront, pendant plusieurs années, un caractère pacifique. Mais les négociations seront impuissantes à dissiper l'équivoque initiale dont, par imprévoyance ou par un calcul déjoué, la diplomatie italienne a enveloppé son action et ses ambitieuses visées.

CHAPITRE VIII

PREMIÈRES DIFFICULTÉS AVEC MÉNÉLIK

Les intérêts français sur la mer Rouge. — Tendances de l'Eglise russe orthodoxe. — Les projets d'Atchinoff. — Préparatifs de son expédition. — Embarquement à Odessa. — Débarquement dans la baie de Tadjoura. — Le bombardement de Sagallo. — Dissentiments de l'Italie avec Ménélik à la suite du traité d'Ucciali. — La question des frontières. — Controverse au sujet de l'article 17. — Lettre de Ménélik au roi Humbert. — Mission Antonelli. — Négociations longues et infructueuses. — Rupture des négociations. — Arrangements avec les chefs tigrins. — Convention du Mareb.

Aujourd'hui que les événements d'Afrique sont à peu près connus dans tous leurs détails et qu'il est possible d'en apprécier l'enchaînement, on peut dire que la préoccupation dominante de M. Crispi, vers l'époque du traité d'Ucciali, était de soustraire l'Abyssinie à toute influence étrangère autre que celle de l'Italie. Il voulait assurer à celle-ci la compensation des sacrifices déjà accomplis en lui procurant le monopole des relations que Ménélik semblait disposé à nouer avec le monde occidental. L'Angleterre lui laissait carte blanche à cet égard ; dans le léonin partage du continent noir, elle avait volontiers attribué à son alliée méditerranéenne un morceau qu'elle dédaignait, après y avoir une fois porté les dents. L'Allemagne, l'Espagne, le Portugal et la Hollande, dirigeant vers d'autres régions leurs ambitions coloniales, n'avaient aucune raison de contrarier le développement de l'influence italienne sur la mer Rouge.

Vis-à-vis de la France et de la Russie, la situation n'était pas identique. Indépendamment des considérations générales de sa politique extérieure, la France avait acquis dans la baie de Tadjoura des intérêts susceptibles de devenir l'origine d'une action parallèle à celle des Italiens. Toutefois, la petite colonie d'Obock restait encore, en 1889, ce qu'elle était depuis sept ans, c'est-à-dire l'escale de nos vaisseaux de guerre allant en extrême Orient. Si quelques publicistes préconisaient la recherche de débouchés commerciaux dans le Choa et surtout le Harrar, si quelques tentatives individuelles avaient été poursuivies dans ce sens, le gouvernement français ne s'était pas écarté du programme formulé à la tribune, dès 1885, par le sous-secrétaire d'État, M. Rousseau. S'il avait voulu modifier sa ligne de conduite, c'est au moment de l'occupation de Zoula qu'il aurait dû maintenir les droits acquis, en 1859, du roi Négoussié. Les circonstances étaient désormais modifiées à notre désavantage, nos efforts d'expansion coloniale portés sur des points du globe fort éloignés, de sorte que l'opinion n'eût guère admis un conflit franco-italien à propos de l'Érythrée. Pour éviter toute difficulté de ce côté, il eût suffi à M. Crispi d'agir avec une diplomatie franche et dégagée des allures agressives que nous avons trop souvent constatées.

Du côté de la Russie, il y avait une situation plus complexe, moins facile à définir. Il est permis d'en chercher le point de départ dans la tendance des tsars à se poser comme les protecteurs ou même les chefs religieux des communions chrétiennes, mais non catholiques de l'Orient. La religion copte diffère assurément beaucoup de la religion grecque, qui a son origine dans un schisme bien postérieur à celui d'Eutychès ; elle a, de plus, subi en Abyssinie de profondes altérations. Mais l'Église orthodoxe ne professe pas au même degré que l'Église romaine le respect absolu de l'unité de dogme et des principes fondamentaux de la discipline. Le catholicisme est un bloc indivisible dans lequel il n'est point permis à chacun de se tailler une religion suivant ses convenances. Si grand que soit leur désir de ramener les dissidents, les papes n'ont jamais pu consentir qu'à des concessions de pure forme, en matière non essentielle, comme ils l'ont fait pour les Arméniens. L'impératif de la religion grecque est moins catégorique et les tsars en ont volontiers profité pour effectuer une sorte d'annexion spirituelle, parfois prélude de l'annexion politique. Sans doute, la Russie n'était guère outillée de façon à pouvoir ambitionner le protectorat de l'Abyssinie ni même établir avec elle des relations commerciales de quelque importance. Néanmoins elle pouvait espérer, à la faveur du rapprochement religieux, englober ce pays dans sa politique générale, en faire, pour ainsi dire, une sentinelle avancée, couvrant, au delà du fossé de la mer Rouge, son expansion vers le golfe Persique. Bien que depuis plusieurs années les visées de la Russie se soient plus manifestement tournées vers l'extrême Orient, il ne semble pas qu'elle ait renoncé à se donner jour sur une mer libre en atteignant les rives les plus rapprochées de l'océan Indien par la vallée de l'Euphrate. Il n'est pas indifférent pour le succès de ce mouvement que l'Abyssinie soit dominée par une influence sympathique ou hostile à la Russie.

Ces tendances vers un rapprochement religieux entre les deux Églises se sont manifestées à plusieurs reprises. Au mois de mai 1885, le patriarche copte d'Alexandrie fit savoir au négus Johannès que l'Église orthodoxe russe offrait à l'Église d'Abyssinie l'appui de ses ressources matérielles. Le négus se montra très touché de cette communication et décida d'envoyer à Athènes et à Saint-Pétersbourg des représentants du clergé éthiopien pour exprimer remerciements et sympathies au tsar et au Saint-Synode.

Quelques mois plus tard, le Cosaque Atchinoff (1) effectuait son premier voyage en Abyssinie. Il venait en avant-coureur de l'idée slave, sans mission officielle, sans même de projet bien défini. Débarqué à Massaouah, au mois de novembre 1885, il était fort bien reçu par le ras Aloula, puis par Johannès (janvier 1886), visitait une partie du Tigré et de l'Amhara, enfin, après un séjour de trois mois, revenait à Cons-

---

(1) Nicolas Ivanovitch Atchinoff appartenait à l'une des tribus de Cosaques libres établis entre le Volga et le Terek, sur les bords de la mer Caspienne. Né en 1856, il se signala de bonne heure par son tempérament aventureux et fut proclamé essaoul (chef de sotnia) dès l'âge de vingt ans. En 1883, il fut autorisé à fonder une colonie de Cosaques dans l'Abkhasie (entre Kars et Batoum, près de la frontière d'Arménie), mais il échoua dans cette entreprise. C'est alors qu'il se rendit à Constantinople et conçut le projet d'un voyage d'exploration en Abyssinie, où la vague communauté des doctrines religieuses semblait devoir ouvrir un champ favorable à de nouvelles tentatives aventureuses.

tantinople avec la mission d'acheter en Europe des armes pour les troupes du négus.

Elu *attaman* des Cosaques libres, le 11 juin 1886, il se trouvait, grâce à cette dignité, en mesure de poursuivre avec plus d'activité et d'autorité le double projet précisé dans son esprit par le voyage antérieur : resserrer les liens des deux Églises, trouver en Abyssinie un débouché pour les hardis pionniers, ses compagnons des plaines du Volga. Il associa à son entreprise un prêtre orthodoxe, le père Païsi, russe d'origine, établi depuis longtemps à Constantinople, où sa haute vertu, son zèle ardent, son inépuisable charité, lui avaient acquis une vénération générale. Pendant deux ans, tous deux travaillèrent activement aux préparatifs ; le père Païsi se consacrant d'une façon spéciale à la propagande et aux questions religieuses ; Atchinoff s'occupant des négociations politiques, des arrangements financiers ou commerciaux nécessaires au succès de l'entreprise. Il rencontrait à la fois un certain appui dans l'entourage même du tsar et peu de bonne volonté chez les agents du gouvernement. Semblable discordance entre l'attitude officielle et les sympathies intimes n'est pas exceptionnelle dans la politique russe ; elle s'est parfois manifestée dans les affaires de la péninsule des Balkans, dans celles de l'extrême Orient, déroutant les calculs de certains hommes d'État improvisés.

Sans entrer dans le détail de ces intrigues de cour, bornons-nous à dire qu'au début de 1888 Atchinoff se rendit de Constantinople à Tadjoura. Il s'y rencontra avec des agents du négus, pour arrêter les dernières dispositions de l'entreprise définitive (mars 1888). Après ces pourparlers, il revint par Jérusalem ; il s'y aboucha avec des moines abyssins, dont une communauté est entretenue, dans cette ville, pour représenter auprès du tombeau du Christ les croyances de leur secte. Il décida quelques-uns de ces religieux à le suivre en Russie, à jouer le rôle d'envoyés du négus.

Bref, il réussit à déterminer un vif courant d'opinion dans la presse, dans la société, en faveur de l'expédition projetée, à obtenir d'importantes souscriptions, des dons d'armes et de munitions ; on a dit (sans que la chose ait été démentie) qu'Alexandre III lui avait donné une mitrailleuse.

Il y eut encore quelques tergiversations au moment du départ. Après avoir consenti à fournir un bateau-transport et à le faire escorter, le ministre de la marine se désintéressa de l'expédition, de sorte que l'embarquement dut se faire définitivement sur un bateau marchand, *le Korniloff*.

Le 10 décembre 1888, la mission quittait Odessa aux acclamations de 20.000 personnes saluant les apôtres de l'idée slave et de la religion orthodoxe. Elle comptait 60 Cosaques, vigoureux et hardis soldats, armés, capables de surmonter bien des obstacles, puis environ 90 personnes, prêtres, artisans, femmes et enfants, qui représentaient l'élément de colonisation pacifique. Atchinoff déclarait hautement agir en vertu d'un accord formel conclu avec le négus, aux termes duquel celui-ci aurait offert de céder Massaouah à la Russie, en échange de son concours contre les Italiens.

En passant à Port-Saïd, Atchinoff fit secrètement transborder personnel et matériel de l'expédition sur un vaisseau du Lloyd autrichien, *l'Amphitrite*, pour être plus certain de déjouer la surveillance des navires italiens qui cherchaient à empêcher toute introduction d'armes en Abyssinie. Le 18 janvier, il arrivait sans encombre dans la baie de Tadjoura et débarquait auprès du village de Sagallo. Il y avait là un petit fortin abandonné, construit naguère par les Égyptiens ; Atchinoff s'y installait, hissait le pavillon russe et déclarait vouloir attendre l'arrivée d'un nouveau bateau chargé d'armes avant de prendre la route de l'Aoussa et de l'Amhara.

Sagallo, comme toute la baie de Tadjoura, étant possession française, ce débarquement ne constituait pas seulement une violation de territoire, sur laquelle un gouvernement avisé aurait pu fermer les yeux. Il risquait de provoquer les protestations de l'Italie, contre laquelle étaient en définitive dirigés les efforts d'Atchinoff. Il détermina donc entre les cabinets de Saint-Pétersbourg et de Paris un échange de communications rapides, un peu sommaires et surtout trop tardives : les débats qui eurent lieu quelques semaines plus tard, devant la Chambre des députés, firent ressortir que notre diplomatie aurait dû se préoccuper en temps voulu de la conduite à tenir dans l'hypothèse, très vraisemblable, d'un débarquement en terre française.

Le fait accompli rendait difficile un accord officieux entre les deux puissances. Atchinoff fut désavoué par la Russie, ce qui le mettait en posture de vulgaire flibustier, coupable de s'être installé les armes à la main en territoire neutre. En conséquence, le contre-amiral Olry, commandant en chef de la station navale du Levant, reçut l'ordre d'expulser, au besoin par la force, la mission Atchinoff.

Après des sommations et des pourparlers qui, au bout de plusieurs jours, aboutirent à un refus formel de quitter Sagallo, le contre-amiral Olry, montant le croiseur *le Seignelay*, procéda, le 17 février, au bombardement du fort. Dès les premiers coups de canon, Atchinoff comprit l'impossibilité de la résistance et fit hisser le drapeau blanc. Il fut, ainsi que ses compagnons, pris à bord des bâtiments français et reconduit à Suez.

Malheureusement le feu, malgré sa brièveté, avait fait d'assez nombreuses victimes : 1 homme, 2 femmes et 3 enfants tués, et environ 20 personnes blessées. Cette douloureuse issue provoqua, en France et en Russie, une vive émotion, qui aurait pu avoir un regrettable contre-coup sur les rapports des deux nations. L'amiral Olry n'avait fait que se conformer aux instructions formelles reçues de Paris; c'est au ministre des affaires étrangères, M. Goblet, qu'incombe la principale responsabilité de l'événement (1). Le

---

(1) Voir, au *Journal officiel*, le compte rendu *in extenso* de l'interpellation du 2 mars 1889, adressée à M. Spuller, qui, entre temps, avait remplacé M. Goblet au quai d'Orsay. Cette interpellation mit en évidence le détail suivant qui fixe bien les responsabilités. Après le désaveu d'Atchinoff par la Russie, notre ambassadeur à Saint-Pétersbourg avait demandé que le rapatriement de la mission eût lieu par les soins d'un représentant du gouvernement russe; cette

Messager officiel de l'empire russe, tout en reconnaissant le bon droit de la France, ajoutait : « Cela justement ne saurait empêcher le public d'être péniblement impressionné par ce qui vient de se passer. On a trouvé bien expéditive la manière dont l'amiral français a agi contre les compagnons d'Atchinoff; et, si intolérable qu'ait été la conduite de cet aventurier, nous croirons toujours quand même qu'on aurait pu agir avec plus de ménagements. »

Pour être juste, il faut reconnaître que la chancellerie russe n'avait pas toujours conservé une attitude suffisamment nette à l'égard de la mission Atchinoff; de sorte que notre diplomatie avait pu se méprendre sur la véritable situation. Ce partage des responsabilités et la façon formelle dont se manifestèrent les sentiments du Parlement et du pays, eurent pour effet heureux d'effacer bientôt la fâcheuse impression produite. Il n'en demeura qu'une leçon, bonne à méditer.

A la suite de ces divers éléments, il était naturel que les Italiens cherchassent à écarter de l'Abyssinie les influences étrangères susceptibles de faire concurrence à la leur.

La mort de Johannès leur offrait une circonstance favorable, unique pour ainsi dire. Ils pouvaient faire payer cher leur appui qui donnait à Ménélik la certitude de recueillir la succession impériale; le traité

---

proposition, la plus opportune pour éviter toute difficulté, donna lieu à des pourparlers dont M. Goblet n'attendit pas l'issue. La dépêche de M. Laboulaye annonçant l'adhésion du chancelier russe arriva à Paris 12 heures après le bombardement de Sagallo.

d'Uccialli leur accorda, en échange, des avantages territoriaux, matériels et moraux qu'ils n'auraient pu acquérir à d'autres époques sans des luttes coûteuses et prolongées.

Dans le texte que nous avons donné plus haut, conforme à la version italienne, il convient de remarquer l'article 17, aux termes duquel le négus Ménélik *consentait* à se servir de l'Italie comme intermédiaire avec toutes les puissances étrangères. La version en langue ahmarique, conservée par Ménélik, spécifiait au contraire que celui-ci *pouvait* recourir à l'Italie pour ses relations internationales.

Cette simple substitution de mots entraînait une différence fondamentale au point de vue de la situation respective des deux États. Dans le premier cas, c'était la main mise par l'Italie sur la politique extérieure de l'Éthiopie et, pour ainsi dire, l'équivalent d'un protectorat. Dans le second, la *faculté* laissée au négus de recourir aux bons offices de l'Italie se réduisait à une simple marque d'amitié; le champ restait ouvert aux ambitions d'autres nations européennes, les résultats acquis étaient à la merci d'un caprice du souverain ou d'une intrigue de cour.

La divergence des deux textes a naturellement été rejetée par chacune des parties contractantes sur l'autre, de sorte qu'ayant d'égales raisons de suspecter leur sincérité, il est impossible d'attribuer les torts avec certitude. Il paraît cependant inadmissible que l'Italie ait tenté de résoudre à son profit, par une substitution de mots, cette question capitale des rapports de Ménélik avec l'Europe. Elle avait trop d'intérêt à se réserver la surveillance de ces rapports pour ne pas insister vivement sur ce point dans les négociations; dès lors pouvait-elle essayer de réparer l'échec de sa diplomatie par une supercherie condamnée à être bientôt découverte? Semblable manœuvre eût constitué une suprême maladresse, susceptible de compromettre l'influence enracinée dont elle jouissait auprès du roi du Choa. D'autre part, à en juger par les autres concessions formulées dans le traité d'Ucciali, on s'expliquerait mal l'intransigeance de Ménélik sur ce point. Il avait besoin des Italiens pour acquérir la possession incontestée de l'empire, pour se procurer des ressources financières, du matériel de guerre; pour obtenir ce concours, se serait-il obstinément refusé à l'établissement d'une sorte de contrôle, presque théorique, sur les relations, bien rares jusqu'alors, qu'il entretenait avec les puissances européennes? Aussi, croirions-nous volontiers soit à un malentendu dans la rédaction des textes, soit à une substitution volontaire de termes dans la version amharique; intentionnelle ou non dans son principe, cette rédaction servit plus tard de prétexte à Ménélik pour rejeter l'ingérence de l'Italie quand il jugea n'avoir plus besoin de celle-ci. L'habileté de Machiavel fut déroutée par l'astuce éthiopienne.

Après son couronnement à Antotto, le négus Ménélik fit part directement, aux principales puissances européennes, de son avènement au trône (14 décembre 1889). Cette communication pouvait être considérée comme un acte de courtoisie personnelle plutôt que de politique internationale. Le 14 mars suivant, peu de jours après avoir ratifié la convention additionnelle au traité d'Uccialí, le négus demandait à l'Italie de le représenter à la conférence de Bruxelles, où devaient être précisément discutées les questions de la traite des esclaves et du commerce des armes dans les pays non civilisés.

A ce moment, il ne soulevait aucune contestation à propos de l'article 17. En ratifiant la convention additionnelle, il avait simplement protesté contre les empiètements de l'Italie depuis le 1er octobre précédent, date qui devait être prise pour base de la délimitation des territoires. Tout le débat semblait devoir porter sur cette seule question des confins.

L'Italie, avons-nous dit, insistait pour s'étendre jusqu'à la ligne Mareb-Belesa-Muna, qui assurait dans de bonnes conditions la défense du haut plateau. Ménélik voulait tout au plus lui concéder l'Hamacen. En quittant le Tigré pour revenir dans le Choa, il nomma les membres éthiopiens de la commission de délimitation prévue par le traité d'Uccialí (art. 3). Mais quand ses délégués furent mis en rapports avec ceux de l'Italie, ils se trouvèrent dans l'impossibilité d'accomplir leur mission, en raison de la divergence fondamentale qui subsistait sur le principe même des frontières. Au bout de quelques jours les négociations furent définitivement rompues (22 mars 1890).

C'est quelques mois plus tard que devaient surgir les controverses au sujet de l'article 17. A la notification de l'avènement de Ménélik, l'Angleterre et l'Allemagne répondirent que pareille communication aurait dû être faite par l'intermédiaire de l'Italie; l'Allemagne accentuait encore son appréciation en qualifiant le négus du simple titre d'*altesse*.

Ménélik prit prétexte de cet incident pour protester contre le texte italien de l'article 17 et revendiquer la pleine indépendance de sa souveraineté. Il s'adressait en ces termes au roi d'Italie (27 septembre 1890) :

« Lion vainqueur de la tribu de Juda, Ménélik II, élu du Seigneur, roi des rois d'Ethiopie, à notre ami et frère S. M. le roi Humbert Ier, roi d'Italie, — Salut !

» Ayant envoyé, à l'occasion de la fête de mon couronnement, la nouvelle de mon avènement au trône aux puissances amies de l'Europe, j'ai trouvé dans leurs réponses quelque chose d'humiliant pour mon royaume. Le motif provient de l'article XVII du traité d'Ucciali, du 25 miaza 1881. Ayant étudié de nouveau le dit article, nous avons constaté que le contenu en langue amharique et la traduction des Italiens ne sont pas conformes.

» Quand j'ai fait ce traité pour l'amitié de l'Italie, pour que nos secrets soient gardés et que nos affaires ne soient pas compromises, j'ai dit qu'en amitié nos affaires en Europe pouvaient être traitées avec l'aide du royaume d'Italie, mais je n'ai fait aucun traité qui m'y oblige. Qu'une puissance indépendante ne recherche pas le secours d'une autre, si ce n'est en amitié, Votre Majesté le comprend bien.

» Du reste, veuillez bien porter votre attention sur l'article XIX du traité d'Ucciali du 25 miaza 1881, dans lequel il est stipulé que, pour pouvoir servir de témoignage, les textes des deux langues doivent être exactement conformes. L'article XVII dit que je *peux* me servir de l'intermédiaire de l'Italie, mais il ne dit pas que je *consens* à me servir de l'Italie dans toutes les affaires que j'aurai à traiter avec l'Europe.

» Quand, en causant avec le comte Antonelli, au moment de la stipulation de ce traité, je l'ai interrogé bien sérieusement et qu'il m'a répondu : « Si cela vous » convient, vous pouvez vous servir de notre intermé- » diaire; sinon, vous êtes libre de vous en dispenser ». je lui dis : « Du moment que c'est à titre d'amitié, » pourquoi me servirais-je d'autres gens pour mes rela- » tions ? » Mais je n'ai accepté, à cette époque, aucun engagement obligatoire, et encore aujourd'hui, je ne suis pas homme à l'accepter et vous également vous ne me diriez pas de l'accepter.

» A présent, j'espère que, pour l'honneur de votre ami, vous voudrez bien faire rectifier l'erreur commise dans l'article XVII et faire part de cette erreur aux puissances amies, auxquelles vous aviez fait communication dudit article.

» Je prie Dieu de vous accorder une longue vie et de préserver votre amitié de tout trouble.

» Fait à Antotto, le 19 nahassié, l'an 1882 de la Miséricorde. »

En même temps, dans une autre communication adressée au président du conseil, il renouvelait ses protestations au sujet des frontières, déclarant ne pouvoir concéder la ligne Mareb-Belesa-Muna.

Le roi d'Italie répondit, le 28 octobre, en annonçant le départ pour le Choa du comte Antonelli, chargé de reprendre les négociations en vue d'un arrangement amiable. Les instructions données par M. Crispi étaient d'insister sur la question des frontières, en vue d'obtenir tout au moins l'acceptation de l'article 17; ce dernier point était, non sans quelque raison, considéré comme le plus important, l'avantage de telle ou telle limite étant peu de chose auprès de la mainmise sur les relations extérieures de l'Abyssinie.

En passant à Massaouah, le comte Antonelli s'entendit avec le général Gandolfi, gouverneur de l'Érythrée (1), pour établir un tracé transactionnel englobant Saganeiti, Gura et Adi-Baro, c'est-à-dire assurant, au sud de l'Hamacen, une ligne de défense avantageuse.

Il arriva, le 17 décembre, à Addis-Abeba, nouvelle résidence du négus (2), et eut avec lui de longues et pénibles négociations. La diplomatie fuyante et cauteleuse de Ménélik, l'opposition manifeste de l'impératrice Taïtou (3), rendaient difficile la tâche de l'envoyé italien. Sur la question territoriale, il put faire admettre le tracé transactionnel, sauf en ce qui concernait la cession de Gura, dont Ménélik se refusait à entendre parler. La résistance fut encore plus énergique à propos de l'article 17. De part et d'autre,

---

(1) Le général Gandolfi avait, au mois de juin 1890, remplacé le général Orero, rappelé à la suite des dissentiments avec le comte Antonelli que sa marche sur Adoua avait provoqués.

(2) En langue ahmarique, Addis-Abeba signifie *Nouvelle fleur*. Ce point, situé un peu au sud d'Antotto, à une altitude de 300 mètres plus bas, fut choisi comme résidence par Ménélik qui, depuis 1892, en a fait sa capitale officielle.

(3) En 1887, Ménélik avait répudié sa première femme, Bafana, pour épouser Taïtou.

on reconnaissait que la représentation obligatoire de l'Abyssinie équivalait presque à sa soumission au protectorat de l'Italie; le négus ne voulait pas se résigner à pareille déchéance, maintenant qu'il était maître incontesté de l'empire et en mesure de faire respecter ses droits.

Le comte Antonelli proposa vainement un contre-projet ainsi conçu :

« Art. 1er. — L'article 17 du traité italo-éthiopien du 2 mai 1889 est abrogé.

» Art. 2. — Le gouvernement de S. M. le roi d'Italie déclare ne point prétendre au protectorat de l'empire d'Éthiopie.

» Art. 3. — L'empereur d'Éthiopie ne permettra pas que d'autres nations mettent l'Éthiopie sous leur protectorat.

» Art. 4. — L'empereur d'Éthiopie donne qualité au gouvernement italien pour garantir les droits, l'intégrité et l'indépendance de l'empire d'Éthiopie vis-à-vis de toutes les puissances. »

Après des lenteurs calculées, des réticences, Ménélik refusa d'admettre toute compromission et réclama formellement soit la suppression pure et simple de l'article 17, soit le maintien exclusif du texte amharique. Ces deux solutions offraient l'inconvénient d'ouvrir l'Abyssinie aux influences rivales que le traité d'Ucciali avait précisément eu pour objet d'écarter. Cependant le comte Antonelli s'y fût résigné afin d'éviter une rupture diplomatique plus désavantageuse que toute autre solution; comme ses instructions formelles liaient à cet égard sa liberté, il en référa donc au gouvernement, conseillant d'abroger le fâcheux article 17 et d'attendre une époque plus favorable pour reprendre les négociations.

En définitive, grâce à sa position acquise, grâce aux services que Ménélik pouvait encore attendre d'elle, l'Italie était en mesure d'exercer sur lui une influence prépondérante, sinon exclusive. Avec un choix heureux de ses agents, une habile direction de sa diplomatie, elle avait ainsi la faculté de recueillir à peu près tous les bénéfices que l'article contesté aurait pu lui assurer. Pourquoi risquer de compromettre ces résultats effectifs par une obstination exagérée, condamnée d'avance à un échec?

Sur ces entrefaites, un revirement parut se produire dans l'esprit du négus, qui proposa le maintien intégral de l'article 17 tel qu'il était rédigé dans les deux textes. Le comte Antonelli s'empressa d'accepter cette offre nouvelle et signa le 6 février :

1° Une convention rédigée en italien et en amharique, réglant la question des confins sur les bases précédemment convenues ;

2° Un accord en langue amharique, stipulant, croyait-il, le maintien de l'article 17.

Or, après signature, le comte Antonelli s'aperçut qu'il avait été joué par Ménélik et que ce dernier accord stipulait, au contraire, l'abrogation de l'article 17. Devant cette attitude, l'envoyé italien comprit l'inutilité de prolonger des négociations sans issue possible. Après une entrevue mouvementée, dans laquelle il reprocha à Ménélik sa mauvaise foi et déclara considérer comme nulle la signature donnée par surprise, il se décida à partir (11 février 1891). Accompagné du comte Salimbeni et du docteur Traversi, il prit la route de Zeilah par le Harrar, consommant ainsi la rupture avec le négus.

Cette décision coïncidait à peu près avec la chute du ministère Crispi, que remplaçait, le 9 février, un cabinet présidé par le marquis di Rudini. Elle marquait la fin de l'une des phases de la politique italienne en Afrique. Il fallait désormais renoncer à voir dans Ménélik un complaisant instrument d'expansion coloniale. Cependant il ne s'affirmait pas encore comme un ennemi et semblait disposé à accepter, en fait, d'assez bonne grâce, la situation territoriale acquise, dès l'instant que son indépendance souveraine restait hors de discussion (1). La chute de M. Crispi, qui s'était

---

(1) Les visées de Ménélik sont bien résumées dans la lettre qu'il adressait, le 10 avril 1891, c'est-à-dire deux mois après les incidents précédents, à tous les souverains d'Europe :

« Lion vainqueur de la tribu de Juda, Ménélik, élu du Seigneur, roi des rois d'Éthiopie, à notre ami (*nom du souverain*) salut!

» Nous demandons particulièrement des nouvelles de votre précieuse santé!

» La grande puissance (*nom du pays*) étant aujourd'hui l'amie de l'empire éthiopien, connaissant vos bonnes intentions pour lui, nous vous exprimons toute notre gratitude.

» Comme nous désirons faire connaître les limites de l'Éthiopie à nos amies les puissances d'Europe en leur écrivant, nous adressons également à Votre Majesté la présente lettre avec l'assurance que vous voudrez prendre en considération ce qui suit.

» Partant de la limite italienne d'Arafali, qui est situé sur le bord de la mer, cette limite se dirige vers l'ouest sur la plaine de Gegra-Meda, va vers Mahija Halal, Digsa, Gura et arrive jusqu'à Adibaro.

» D'Adibaro, la limite arrive jusqu'à l'endroit où le Mareb et le fleuve Atbara se réunissent.

» Cette limite, partant ensuite dudit endroit, se dirige vers le sud

obstiné d'une manière exagérée sur la question du protectorat, pouvait faciliter un accord ultérieur et permettre à l'Italie de poursuivre pacifiquement la mise en valeur des vastes territoires qu'elle avait occupés, mais non encore colonisés.

et arrive à l'endroit où le fleuve Atbara et le fleuve Setit (Tacazzé) se rencontrent et où se trouve la ville connue sous le nom de Tomat. Partant de Tomat, la limite embrasse la province de Ghedaref et arrive jusqu'à la ville de Kargag sur le Nil Bleu.

» De Kargag, cette limite arrive jusqu'à l'endroit où le Nil Blanc et le Sobat se rencontrent.

» Partant de cet endroit, la limite suit le dit fleuve Sobat, y compris le pays des Gallas, dit Arboré, et arrive jusqu'au lac Sambourou.

» Vers l'est, sont compris le pays des Gallas connu sous le nom de Borani, tout le pays des Aroussi jusqu'aux limites des Somalis, y compris également la province d'Ogaden.

» Vers le nord, la limite embrasse les Habr-Aoual, les Gadaboursi, les Eissa-Somali et arrive jusqu'à Ambos.

» Partant d'Ambos, la limite embrasse le lac Assal, la province de notre vassal d'ancienne date, Mohammed-Anfari, longe la côte et rejoint Arafali.

» En indiquant aujourd'hui les limites actuelles de mon empire, je tâcherai, si Dieu veut bien m'accorder la vie et la force, de rétablir les anciennes frontières de l'Éthiopie jusqu'à Khartoum et jusqu'au lac Nyanza avec les pays gallas.

» Je n'ai point l'intention d'être spectateur indifférent, si des puissances lointaines se présentent avec l'idée de se partager l'Afrique, l'Éthiopie ayant été pendant 14 siècles une île de chrétiens au milieu de la mer des païens.

» Comme le Tout-Puissant a protégé l'Éthiopie jusqu'à ce jour, j'ai la confiance qu'il la protégera et l'agrandira dans l'avenir.

» Mais je suis certain qu'il ne partagera pas l'Éthiopie entre d'autres puissances.

» Autrefois la limite de l'Éthiopie était la mer.

» A défaut de force et à défaut d'aide de la part des chrétiens, notre frontière du côté de la mer est tombée entre les mains des musulmans.

» Aujourd'hui nous ne prétendons pas recouvrer notre frontière de la mer par la force; mais nous espérons que les puissances chrétiennes, conseillées par notre Sauveur Jésus-Christ, nous rendront les frontières de la mer, au moins sur quelques points de la côte.

» Fait à Addis-Abeba, le 14 miaza, l'an 1883 de la Miséricorde (10 avril 1891). »

Le marquis di Rudini parut moins dominé que son prédécesseur par les idées préconçues. Ce fut lui qui reçut la lettre du comte Antonelli rendant compte de l'impossibilité de faire admettre par Ménélik le maintien de l'article 17; il n'hésita point à adopter les vues de son plénipotentiaire et à autoriser l'abandon provisoire de cet article. Il était d'ailleurs trop tard et nous avons vu quel incident avait, dès ce moment, amené la rupture définitive des négociations.

A défaut d'une entente avec le négus, le nouveau cabinet parvint à régler d'une façon satisfaisante la question des frontières, d'accord avec les principaux chefs du Tigré. Mesciascia-Workié, installé à Adoua comme représentant de Ménélik, avait rencontré chez les indigènes une hostilité que l'Italie sut habilement exploiter, et qui lui rendit bientôt la position intenable. En même temps, le ras Mangascia était sollicité de conclure un arrangement particulier, combinaison à laquelle il consentait moins par sympathie pour les Italiens que par jalousie contre son suzerain.

Les 6 et 8 décembre 1891, une entrevue solennelle avait lieu sur les bords du Mareb, dans laquelle les ras Mangascia et Aloula, entourés des principaux chefs du Tigré, prêtaient un solennel serment d'amitié devant les représentants de l'Italie. Il était entendu que celle-ci conserverait les provinces du Seraé et de l'Okulé-Kusaï, habitées par une population différente de celle du Tigré proprement dit. De part et d'autre, on s'engageait à vivre en bonne intelligence, à respecter la sécurité des frontières.

Devant cette manifestation, Mesciascia-Workié abandonna Adoua et se réfugia dans le Choa. Le gouvernement du Seraé fut réparti entre les petits chefs locaux, sous la direction d'un résident italien installé à Godofelassi ; l'Okulé-Kusaï fut, tout entier, abandonné au chef indigène Bath-Agos, qui l'administra comme représentant de la souveraineté italienne.

Cet arrangement, qui assurait à l'Italie la possession de deux riches provinces, fut considéré comme un grand succès par les amis du ministère di Rudini. Il avait certainement l'avantage de garantir, au moins pour le moment, la sécurité de la colonie et de permettre une certaine réduction de son budget militaire. Cette pacification momentanée fut affirmée par la levée de l'état de guerre établi depuis cinq ans. Désormais il appartenait au temps, à une politique habile, prévoyante, d'affermir la pacification ainsi réalisée et d'en retirer les bénéfices correspondant aux lourds sacrifices déjà supportés par la métropole.

CHAPITRE IX

L'EXPANSION ITALIENNE SUR L'OCÉAN INDIEN

Pays des Somalis. — Explorations dans la vallée du Djouba. — Tentatives de colonisation allemande sur les côtes de Benadir et des Medjourtines. — Traité anglo-allemand de 1886. — Établissement du protectorat italien sur la côte Somal. — Convention franco-anglaise de 1888. — Protocoles des 24 mars et 15 avril 1891 entre l'Italie et l'Angleterre. — Convention du 5 mai 1894.

Nous venons de voir comment l'Italie, maîtresse des côtes de la mer Rouge entre Assab et Massaouah, s'était progressivement avancée vers l'intérieur du continent noir et semblait devoir englober sous son autorité, plus ou moins directe, une importante partie de l'Abyssinie. Tandis que s'accomplissait cette œuvre traversée par des vicissitudes nombreuses, l'Italie cherchait par ailleurs à mettre la main sur ces dépouilles africaines qu'au nom de la civilisation se disputent les peuples européens.

Au sud de l'Abyssinie, entre les hautes montagnes et l'océan Indien, s'étendent de vastes territoires, encore mal connus, habités par les Gallas et les Somalis.

Les premiers constituent un grand nombre de peuplades dont les unes sont indépendantes, les autres tributaires du Choa ; elles habitent, au sud de ce royaume, des plateaux élevés de plusieurs centaines de mètres, qui forment comme le premier gradin du haut massif éthiopien. De tempérament belliqueux, de mœurs sauvages, malgré qu'une partie d'entre elles ait conservé des vestiges de religion chrétienne, elles se montrent très hostiles aux Européens.

Les Somalis sont établis tout le long du littoral, dans cette grande corne triangulaire qui termine l'Afrique du côté de l'océan Indien. Depuis les environs du golfe de Tadjoura, où finissent les tribus des Danakils, jusqu'au delà de l'équateur, à l'embouchure de la Tana, ils se sont répandus, disséminés en petites tribus à demi nomades qui tirent tant bien que mal parti de la fertilité naturelle du sol et entretiennent des troupeaux importants. De caractère relativement doux et paisible, les Somalis ont souvent subi les incursions des Gallas; ils manifestent un peu moins d'hostilité vis-à-vis des étrangers, mais n'éprouvent aucun besoin d'entrer en relations avec eux.

Cette région est l'une de celles que les explorateurs ont encore peu parcourues et qui tient une des places les plus lugubres dans le martyrologe de la science. A côté de ceux, trop nombreux, qui succombèrent sous les coups des Somalis ou des Gallas, il en est, comme le Français Georges Révoil, qui durent leur salut à des circonstances presque miraculeuses. Signalons cependant le voyage du capitaine italien Cecchi, en 1885, remontant la vallée du Djouba pour atteindre le sud de l'Abyssinie. Ce fleuve, qui se termine dans l'océan Indien, presque exactement sous l'équateur, descend des hauts plateaux gallas; il roule un volume d'eau considérable, mais avec des allures torrentielles qui interdisent toute navigation. Le capitaine Cecchi réussit ainsi à compléter la reconnaissance géographique qu'il avait déjà amorcée, trois ans auparavant, d'un côté différent, en s'avançant par le Harrar jusque dans le Choa et le pays des Gallas.

La partie septentrionale des pays somalis avait naguère été occupée par l'Égypte, à l'époque de sa rapide, mais éphémère extension vers le Haut Nil et le long des côtes de la mer Rouge. Cette domination, appuyée dès l'origine par des forces insuffisantes, s'était effondrée aussitôt que les événements de 1882 eurent amené la perte des provinces soudanaises. Les Anglais avaient alors mis la main sur les ports de la côte entre la baie de Tadjoura et le cap Gardafui, extrême promontoire oriental de l'Afrique : Zeilah, Boulhar, Berbera, Bender-Ghacem. Ils disposaient ainsi, en face de leur station d'Aden, d'une large et fertile zone assurant de grandes facilités de ravitaillement.

Quant à la côte qui borde l'océan Indien entre le cap Gardafui et les Etats de Zanzibar, elle était demeurée indépendante, divisée en plusieurs petits États dont la souveraineté ne s'étendait guère vers l'intérieur du pays. On remarquait, en partant du sud : 1° le sultanat de Witou avec les villes de Port-Durnford et Kismayou, à l'embouchure même du Djouba ; 2° au delà de cette rivière, la côte de Benadir, avec les ports de Brawa, Merka, Magdochou et Warsheik ; 3° le sultanat d'Opia, de Warsheik au cap Aouad, puis celui des Medjourtines se prolongeant même au delà du cap Gardafui jusque vers les limites des possessions anglaises.

En 1885, l'Allemagne, après avoir fait des tentatives de colonisation au Cameroun et au Damaraland, venait d'aborder d'un troisième côté le continent africain et de fonder quelques établissements sur la côte de Zanzibar. *La Société de colonisation allemande* avait acquis les territoires de l'*Useguha*, du *Nguru*, de l'*Usagara* et de l'*Ukami*, représentant une surface de plus de 100.000 kilomètres carrés. Leur exploitation avait été confiée à la *Compagnie allemande de l'afrique orientale* (mars 1885).

Un agent de cette société, M. Hœrnecke, se rendit à Halloula, capitale du sultan des Medjourtines, et conclut avec lui un traité qui concédait à la compagnie allemande le monopole du commerce, des privilèges pour l'exploitation des mines et des forêts, pour la pêche des perles, etc. La compagnie obtenait en outre le droit d'entretenir des troupes, d'élever des fortifications, de percevoir à son profit les taxes douanières.

Le lieutenant van Anderten fut laissé auprès du sultan des Medjourtines, comme représentant de la compagnie allemande. Quelques mois plus tard, il eut l'occasion d'entrer en relations avec le sultan d'Opia et réussit à lui faire signer un traité semblable au précédent, de sorte que le domaine de la compagnie se trouva prolongé, du côté du sud, jusqu'à la côte de Benadir.

Vers la fin de l'année 1886, un autre agent de la compagnie allemande, le docteur Jühlke, conclut des traités analogues avec les chefs indigènes de Magdochou et autres points de la côte de Benadir. Il occupa également Port-Durnford, qu'il baptisa Hohenzollern-Hafen. C'était ainsi, entre l'embouchure de la Tana et le cap Gardafui, une acquisition de 1.600 kilomè-

Ensemble des possessions et des pays de protectorat italiens (Echelle : 1/30.000.000).

tres de côtes soumis en quelques mois à l'influence allemande.

Sur ces entrefaites, l'Angleterre et l'Allemagne avaient été amenées à conclure une convention (29 octobre-1ᵉʳ novembre 1886) pour limiter leurs possessions et leurs zones d'influence dans l'Afrique orientale. Le sultanat de Witou fut reconnu à l'Allemagne. Mais celle-ci ne tint pas à revendiquer les autres territoires concédés à sa compagnie de colonisation ; elle les jugea trop vastes, susceptibles de l'entraîner dans des difficultés imprévues, et préféra concentrer ses moyens d'action pour la pénétration vers les lacs Victoria-Nyanza et Tanganyka.

C'est alors qu'entrevoyant la possibilité de compléter l'investissement de l'Éthiopie, commencé du côté de la mer Rouge, l'Italie se décida à prendre la place laissée vacante par l'Allemagne. Des négociations eurent lieu entre le consul d'Italie à Zanzibar et le sultan d'Opia (fin de 1888) pour la conclusion d'un traité analogue à celui, devenu caduc, consenti en faveur de la compagnie allemande. Le chevalier Filonardi se rendit à Opia, sur le bâtiment *le Dogali*, à bord duquel fut signé, le 9 février, l'acte établissant le protectorat italien sur les États du sultan.

Une convention semblable était conclue, le 7 avril suivant, avec le sultan des Medjourtines.

L'Italie se hâtait de notifier ces traités aux puissances européennes, conformément aux stipulations de l'article 34 de l'acte de la conférence de Berlin. Elle acquérait ainsi une vaste étendue de côtes, d'une fertilité médiocre et peu habitées, mais offrant un intérêt politique considérable par son *hinterland* qui se prolonge jusqu'aux plateaux méridionaux de l'Abyssinie. Il importait surtout à l'Italie d'empêcher toute autre puissance de s'implanter dans ces parages et de détourner, à son propre profit, le courant de relations qu'elle s'efforçait d'établir en partant de Massaouah et d'Assab. En fait, elle ne chercha guère, pour le moment, à tirer parti des nouveaux et vastes territoires soumis à son influence.

En 1890, l'Angleterre conclut avec l'Allemagne un second traité pour la délimitation de leurs possessions de l'Afrique Orientale. Elle faisait l'abandon de cette île d'Helgoland qui, désormais dénuée de valeur stratégique, restait pour l'amour-propre germanique comme une blessure perpétuellement ouverte. En revanche, elle acquérait le protectorat de Zanzibar, qui lui assurait des avantages maritimes et commerciaux de premier ordre. Laissant à l'Allemagne liberté de s'étendre au sud des monts Kilimandjaro et de venir en contact avec l'état libre du Congo, près du lac Tanganyka, elle s'attribuait l'Ouganda et la vallée supérieure du Nil avec la pensée de gagner ensuite le Bahr-el-Gazal, vers lequel tendaient également, en partant du Bornou, les efforts de la Compagnie royale du Niger.

A la suite de cette convention, il y avait intérêt à fixer d'une manière précise les limites des possessions anglaises et italiennes qui se trouvaient maintenant en contact dans la vallée inférieure du Djouba. Ce fut l'objet d'un protocole signé à Rome, le 24 mars 1891, par le marquis di Rudini, président du conseil et ministre des affaires étrangères d'Italie, et le marquis de

Dufferin, ambassadeur de S. M. britannique. Cet acte contenait les dispositions suivantes :

1° La ligne de démarcation, dans l'Afrique orientale, entre les sphères d'influence respectivement réservées à l'Italie et à la Grande-Bretagne, suivra à partir de la mer le thalweg du fleuve Djouba jusqu'à 6° de latitude nord, Kismayou avec son territoire à la droite du fleuve restant ainsi à l'Angleterre (1). La ligne suivra ensuite le parallèle 6° nord jusqu'au méridien 35° est Greenwich, qu'elle remontera jusqu'au Nil Bleu.

2° Si les explorations ultérieures venaient, plus tard, en indiquer l'opportunité, le tracé suivant les 6° latitude nord et les 35° longitude Greenwich pourra, dans ses détails, être amendé d'un commun accord, d'après les conditions hydrographiques et orographiques de la contrée.

Le 15 avril suivant, un second accord était conclu pour fixer la démarcation laissée incertaine à partir du Nil Bleu. Il fut donc convenu que la zone d'influence italienne serait bornée, au delà de ce fleuve, par le même méridien (35° est Greenwich) jusqu'à sa rencontre avec le Racad. De ce point, la limite s'infléchirait à l'est de façon à atteindre l'Atbara vers Tomat en laissant en dehors la province de Ghedaref; après avoir suivi quelque temps l'Atbara, elle devait obliquer vers le nord-est, couper le Gase à Ambarab (20 milles en amont de Kassala), se confondre ensuite

---

(1) Il était d'ailleurs entendu que les Italiens jouiraient à Kismayou du même traitement que les Anglais.

avec le 37° longitude est Greenwich, jusqu'à sa rencontre avec le 14° latitude nord, enfin aboutir sur la mer Rouge, au ras Kassar. Toute l'Éthiopie avec ses annexes des pays gallas et du royaume de Kaffa se trouvait ainsi englobée dans la sphère d'influence de l'Italie. Celle-ci acquérait également des droits sur un certain nombre de villes naguère possédées par l'Égypte, mais tombées depuis dans les mains des Derviches, telles que Gallabat et Ghera; c'était, de la part des Anglais, disposition fort habile pour engager leurs alliés dans une action soudanaise qui pouvait leur devenir profitable à eux-mêmes.

La ville de Kassala se trouvait en dehors de la limite de la zone d'influence; la convention accorda à l'Italie le droit de l'occuper temporairement si la défense de sa colonie l'exigeait (1), mais il fut admis que l'Égypte conservait ses droits de souveraineté et pourrait revendiquer cette ville le jour où elle serait en mesure d'y maintenir l'ordre.

Ces deux conventions réglaient d'une façon suffisamment précise les droits de l'Italie du côté de l'ouest. C'est là que l'Angleterre avait surtout intérêt à tracer une ligne *ne varietur*, pour sauvegarder sa liberté d'action soit dans le Soudan, soit dans l'Afrique orientale, ces deux voies dont la jonction tend à lui assurer la possession de tout le bassin du Nil.

Du côté de l'est, dans la vaste pointe de terre que

---

(1) Il était entendu que, si l'Italie occupait Kassala, elle ne devrait point dépasser, sur l'Atbara, la ville de Gos Redjeb et, dans la vallée du Gasc, une ligne à 3 milles au sud de Fellik et Mitkinab.

termine le cap Gardafui, on s'en tenait pour le moment à la possession de fait. Les traités conclus par l'Italie avec les chefs indigènes lui attribuaient les côtes de l'océan Indien, depuis le Djouba jusqu'au cap Hafoun. Sur le golfe d'Aden, l'Angleterre n'avait pas prolongé son occupation au delà du 49° longitude est Greenwich. Il restait ainsi, entre les deux puissances, le cap Gardafui et environ 400 kilomètres de côtes que personne ne revendiquait. La profondeur des zones d'influence restait aussi indéterminée.

Dans ces parages, l'Angleterre, se trouvant voisine de la colonie d'Obock, avait été amenée, dès février 1888, à conclure avec la France une convention de délimitation. La ligne fixée partait du village de Laadu, près de la mer Rouge, à l'extrémité du golfe de Tadjoura, et se dirigeait par Abaasuen et Bijo-Caboba jusqu'à Gildessa, à l'entrée du Harrar. Comme cette dernière province, en raison de sa situation géographique par rapport aux côtes anglaises et françaises, aurait pu également attirer les convoitises des deux puissances et que celles-ci étaient en mesure de faire valoir des droits analogues, l'article 4 de la convention eut pour objet d'écarter toute cause de conflit:

« Les deux gouvernements s'engagent à ne point chercher à annexer le Harrar, ni à le placer sous leur protectorat. En prenant cet engagement, les deux gouvernements ne renoncent pas au droit de s'opposer aux tentatives des autres puissances pour acquérir ou faire valoir des droits de cette nature sur le Harrar. »

Cette convention restreignait donc la portée politique de la pénétration, tant française que britannique, par la côte Somal. Elle pouvait aussi être invoquée, dans une certaine mesure, contre les prétentions de l'Italie, en opposant à son ambition l'intérêt que les deux puissances contractantes avaient à laisser le Harrar terrain neutre.

Les points restés dans l'indétermination, en 1891, devaient être réglés par une nouvelle convention, conclue à Rome, le 5 mai 1894, entre M. Crispi, président du conseil et sir Francis Clare Ford, ambassadeur d'Angleterre. En voici les dispositions fondamentales :

1° La limite des sphères d'influence de la Grande-Bretagne et de l'Italie, dans la région du golfe d'Aden, est constituée par une ligne qui, partant de Gildessa et se dirigeant vers le 8° latitude nord, contourne la frontière des territoires des tribus des Girris, Bertiris et Rer-Alis, laissant à droite les villages de Gildessa, Darmi, Gig-Giga et Milmil. Arrivée au 8° latitude nord, la ligne suit ce parallèle jusqu'à son intersection avec le 48° est Greenwich. Elle se dirige ensuite obliquement sur le point d'intersection du 9° latitude nord et du 49° est Greenwich et suit ce méridien jusqu'à la mer.

2° Les deux gouvernements s'engagent à se conformer, dans la région du protectorat britannique et dans celle de l'Ogaden, tant en faveur des sujets et protégés britanniques et italiens que des tribus indigènes, habitant ces territoires, aux stipulations de l'acte général de Berlin et de la déclaration de Bruxelles relatives à la liberté du commerce.

3° Dans le port de Zeilah, il y aura égalité absolue de traitement entre les sujets et protégés britanniques et italiens, en tout ce qui concerne leurs personnes, leurs biens, l'exercice du commerce et de l'industrie.

L'Angleterre faisait ainsi abandon à l'Italie de cette extrême pointe du continent africain où elle n'avait pas jugé avantageux de planter son drapeau. Elle restreignait ses possessions de Somalie à une profondeur de 200 kilomètres environ, étendue suffisante pour le rôle qu'elle lui assignait. Elle semblait en même temps se désintéresser du Harrar et reconnaître à l'Italie des droits qui ne respectaient pas entièrement, du moins dans son esprit, l'article 4 de la convention anglo-française de 1888.

Pour l'Italie la convention de 1894 constituait un succès diplomatique important, moins en raison des acquisitions territoriales (vastes, mais de médiocre richesse) qu'en égard à l'ensemble de sa politique coloniale. Elle voyait, en effet, sa situation africaine définie d'une façon très précise, d'accord avec sa puissante voisine ; elle disposait désormais d'un champ immense, nettement délimité, où son activité pouvait se dépenser sans crainte d'être un jour entravée par quelque conflit d'intérêts contraires.

CHAPITRE X

L'ACTION CONTRE LES DERVICHES

Premiers conflits avec les Derviches. — Relations commerciales entre Massaouah et le Soudan. — Importante concentration de troupes mahdistes à Kassala. — Bataille d'Agordat. — Conséquences de la victoire des Italiens. — Préparatifs de l'expédition contre Kassala. — Prise de Kassala. — Les Derviches rejetés au delà de l'Atbara. — Construction d'un fort à Kassala. — Opérations contre le poste d'El-Fascher.

Au moment où l'Italie commençait à jouir de la trêve éphémère inaugurée par la convention du Mareb, un second adversaire vint menacer sa colonie, la contraindre à des luttes nouvelles. Il y avait longtemps qu'elle avait à redouter cette intervention des Derviches, fanatiques, belliqueux, hostiles à toute pénétration des Européens en Afrique ; mais l'impuissance de leurs efforts contre Souakim les avait découragés d'agir contre Massaouah, et la mort du mahdi avait calmé leur primitive ardeur d'expansion. Ce fut donc seulement après l'occupation de Kéren, quand ils eurent ainsi fait un pas important sur la route du Soudan, que les Italiens se trouvèrent en contact avec ces incommodes voisins.

Au nord du pays des Bogos, sur les plateaux peu élevés qui séparent le fleuve Barka de la mer Rouge, vivent les Beni-Amer, tribus nomades formées d'un mélange de sang arabe et abyssin. Leur pays, très fertile naturellement, présente de superbes prairies favorables à l'élevage du bétail ; il a toujours offert une proie tentante aux populations pauvres et pillardes du Soudan oriental ou des plateaux éthiopiens. Aussi les Beni-Amer s'étaient-ils montrés fort empressés à rechercher la protection des Italiens. Un traité régulier de protectorat avait été conclu le 4 décembre 1888 entre Diglel, leur chef principal, et le général Baldissera. Au commencement de 1890, ils avaient même accepté l'entière souveraineté de l'Italie.

Dans les premiers jours de juin 1890, le major Cortese, commandant la garnison de Keren, apprit qu'une bande de mille Derviches, sous les ordres d'Ibrahim Fangialla, armés en grande partie de fusils pris aux Égyptiens, avait pénétré dans le territoire des Beni-Amer et y faisait des razzias. Il envoya aussitôt le capitaine Fara, à la tête de deux compagnies indigènes, dans la direction de Biscia, pour s'opposer à ces incursions. Quelques jours plus tard, sur la nouvelle que les Derviches menaçaient Dega, la capitale des Beni-Amer, il partit lui-même avec deux autres compagnies d'infanterie, un escadron d'explorateurs et une section d'artillerie pour soutenir le capitaine Fara.

Pendant ces mouvements, les Derviches avaient pu atteindre Dega et la livrer au pillage. Ils s'empressaient de revenir avec un riche butin de toute nature : objets de prix, bestiaux, prisonniers, rapportant la tête du chef des Beni-Amer fixée au bout d'une lance comme un glorieux trophée. Le major Cortese essaya de leur couper la retraite, mais il ne put les arrêter à temps ; leur arrière-garde fut seule atteinte dans la soirée du 26 juin et bousculée par un peloton d'explorateurs.

De son côté, le capitaine Fara, qui opérait suivant la même idée, vint prendre position à Agordat, où il apprit que les ennemis battaient en retraite en descendant le cours du Barka (27 juin). Résolument, il se porta à leur rencontre et les attaqua à la baïonnette. Surpris par l'impétuosité de leurs adversaires, les Derviches lâchèrent pied presque sans combat et s'enfuirent, abandonnant sur le terrain 250 morts, plusieurs drapeaux, leurs prisonniers et tout le butin fait à Dega. Le lendemain, le capitaine Fara effectuait sa jonction avec la colonne Cortese.

Ce brillant fait d'armes imposa respect aux Derviches qui cessèrent leurs incursions. Pour en consolider les résultats, on décida de construire un fort entre le village d'Agordat et le fleuve Barka, sur une excellente position qui barrait toutes les routes de la vallée. Le colonel Baratieri, commandant la zone de Kéren (1), en posa la première pierre le 20 novembre 1890. La colonie était ainsi protégée par un poste avancé, à 50 kilomètres à l'ouest de Kéren. En outre, l'Italie prit à sa solde une bande d'indigènes commandée par Ali-Nurim : auxiliaires d'autant plus précieux que leur fidélité était doublement garantie par leur intérêt personnel et par la haine des Derviches.

Grâce à ces mesures, la sécurité se trouva rétablie d'une façon à peu près complète dans ces parages et

---

(1) Le colonel Baratieri, nommé au commandement de la place de Massaouah en 1890, avait bientôt été placé à la tête de la zone de Kéren, au moment où le général Gandolfi avait remplacé le général Orero dans le gouvernement de l'Érythrée (juillet 1890). Il devait conserver ce poste pendant deux ans, jusqu'à sa nomination comme gouverneur.

permit une certaine reprise des relations commerciales entre le Soudan et la mer. A côté des fanatiques religieux, le mahdi avait recruté un grand nombre de ses partisans à la faveur des intérêts lésés par l'abolition de la traite des esclaves ; mais les guerres prolongées depuis dix ans avaient également porté grand préjudice aux autres branches du commerce par caravanes ; de sorte que, renonçant à atteindre par la force les ports de la mer Rouge, beaucoup de sujets du mahdi se montraient favorables à une sorte d'accord tacite pour la protection des caravanes. Pendant trois ans, en effet, il se produisit un courant commercial assez important entre Kassala et Massaouah ; ce dernier port aurait pu (si cet état de choses se fût prolongé) acquérir de ce chef un développement considérable au détriment de Souakim, et les Italiens eussent été bien inspirés en consacrant leurs efforts à développer cette voie de pénétration dans le Soudan, au lieu de s'obstiner à vouloir soumettre l'Abyssinie tout entière à leur protectorat.

Malgré de petits incidents de frontières et quelques razzias exercées au détriment des Beni-Amer (1), la situation devenait de jour en jour plus satisfaisante. Le gouverneur de Kassala, Musseid-Gardun, protégeait lui-même l'organisation et la marche des caravanes, quand des menaces surgirent brusquement, dans les

---

(1) L'une de ces incursions donna lieu, le 16 juin 1892, au combat de Serobeti, livré à mi-chemin entre Kassala et Agordat. Le capitaine Hidalgo, avec 120 soldats réguliers et 200 indigènes, mit en déroute un corps de 900 Derviches (dont 100 cavaliers), commandés par l'émir Ibrahim-Muss-Amil.

derniers mois de 1893. A ce moment, le général Baratieri, gouverneur de l'Érythrée depuis le 28 février 1892, était en Italie; il avait chargé de l'intérim le colonel Arimondi, commandant des forces militaires de la colonie (1). Cet officier supérieur fut averti que d'importantes concentrations de troupes avaient lieu dans la province de Ghedaref, sous les ordres de l'émir Ahmed-Ali, neveu du calife Abdullah, et qu'elles étaient acheminées vers Kassala. A plusieurs reprises des rumeurs semblables avaient été mises en circulation et non suivies d'effet; mais cette fois, les avis nombreux, très précis, parvenus dans les derniers jours de novembre, ne permirent plus de douter qu'il s'agit d'un grand mouvement des Derviches, mouvement dont l'objectif ne pouvait être qu'une incursion contre la colonie italienne.

Le colonel Arimondi jugea nécessaire de prendre immédiatement des mesures de précaution pour éviter toute surprise. Il fit renforcer par une compagnie la petite garnison d'Agordat et chargea le lieutenant-colonel Cortese, commandant la zone de Kéren, d'effectuer une reconnaissance dans la vallée du Barka, premier objectif de l'ennemi.

Dès le 11 décembre, le colonel Arimondi apprit que l'émir Ahmed-Ali était arrivé à Kassala avec toutes ses forces, évaluées à plus de 10.000 hommes, et qu'il se préparait à prendre incessamment la route de Kéren.

---

(1) Quand le général Baratieri succéda au général Gandolfi, la charge de gouverneur civil fut disjointe du commandement des troupes. La première de ces fonctions fut confiée au général Baratieri, la seconde au colonel Arimondi.

Il résolut aussitôt de s'opposer à ce mouvement en concentrant à Agordat ses forces disponibles, savoir : les troupes de la zone de Kéren (un bataillon et deux compagnies indigènes, un escadron et une batterie de montagne), l'escadron d'Asmara, une batterie de montagne et deux compagnies tirées de la zone d'Asmara. Un peu plus tard, il appela à lui la bande de l'Okulé-Kusaï, qui dut, en passant à Asmara, se joindre à une compagnie indigène commandée par le capitaine Persico. La concentration, rapidement conduite, était à peu près terminée le 19, quand les Derviches atteignirent Cufit, localité située à 50 kilomètres à l'ouest d'Agordat et qui avait été le théâtre d'une sanglante victoire du ras Aloula sur Osman-Digma en septembre 1885.

Dans la journée du 20 décembre, il y eut à l'ouest d'Agordat quelques escarmouches entre la cavalerie italienne et l'avant-garde des Derviches. Le lendemain matin, ceux-ci continuèrent leur marche en avant ; mais, au lieu de se diriger sur le fort d'Agordat, ils cherchèrent à le contourner en passant sur la rive droite du Barka. Ce mouvement leur permit de couper la route conduisant à Kéren : ils reçurent bien au passage quelques coups de canon tirés du fort, mais, en raison de la distance, l'effet produit fut peu considérable. Ensuite, se dirigeant vers le sud, les Derviches traversèrent une seconde fois le Barka et vinrent occuper en amont de la position italienne les villages d'Algheden et de Sabderat. On sut plus tard que l'émir Ahmed-Ali croyait la garnison du fort d'Agordat réduite à une compagnie, son effectif habituel ; il avait l'intention de l'enlever par surprise dans la nuit du 21 au 22, et de poursuivre sans désemparer sa marche sur Kéren.

Le colonel Arimondi occupait une position perpendiculaire au Barka, formée par le fort d'Agordat et une hauteur située un peu plus au sud. Cette position, qui offrait face à l'ouest un front défensif très puissant, constituait un solide barrage de la vallée contre une attaque venant de Kassala. La configuration du terrain permettait d'ailleurs de faire face du côté opposé, comme allait le nécessiter le mouvement tournant exécuté par les Derviches.

Les forces italiennes comprenaient : deux bataillons d'infanterie indigène, deux escadrons de cavalerie, deux batteries indigènes de montagne, la bande irrégulière de Barka, en tout 42 officiers et 33 hommes de troupe italiens, 2.106 indigènes, 213 chevaux de cavalerie, 8 pièces de canon. Elles furent ainsi réparties : à droite, sur la hauteur au sud du fort, un bataillon d'infanterie commandé par le capitaine Galliano et une batterie de montagne; dans le fort, une compagnie et la seconde batterie de montagne; à l'extrême gauche, chargée de garder les puits voisins du Barka, une compagnie d'infanterie; en réserve, deux compagnies, la bande de Barka et les deux escadrons.

Voyant que les Derviches, après avoir passé le fleuve, s'installaient dans les villages de Sabderat et d'Algheden, et ne se disposaient pas à l'attaque, le colonel Arimondi résolut de prendre l'offensive. Vers midi, il donna l'ordre au capitaine Galliano de commencer le mouvement de façon à déborder la gauche de l'ennemi et à le rejeter vers le Barka. Pour exécuter ce mouvement, il fallait traverser le torrent Dumtai, qui aboutit

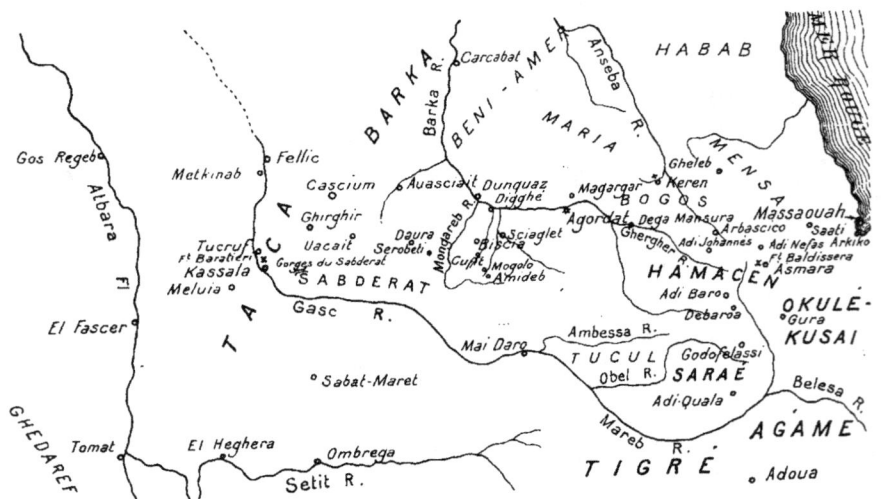

Opérations contre les Derviches (Echelle : 1/3.000.000).

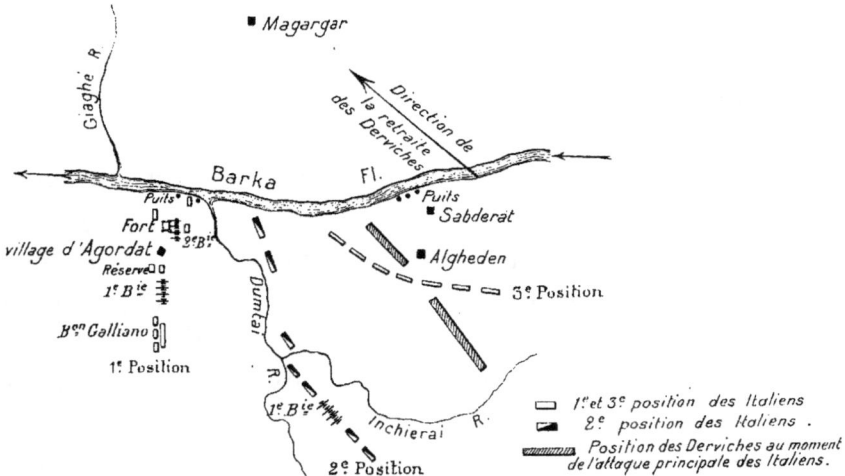

Bataille d'Agordat (Echelle approximative : 1/100.000).

dans le Barka un peu en amont d'Agordat, puis le torrent Inchierai, son affluent. Le passage du premier de ces cours d'eau s'effectua aisément, mais, au moment où le bataillon Galliano se trouva installé sur l'éperon qui sépare le Dumtai de l'Inchierai, les masses ennemies se présentèrent presque inopinément à une distance de 7 à 800 mètres. La lutte s'engagea aussitôt avec une extrême intensité ; les Derviches s'avancèrent résolument, prenant pour objectif l'aile droite des Italiens, leur infanterie marchant droit contre la batterie de montagne et les compagnies qui l'encadraient, tandis que leur cavalerie s'élevait sur le flanc extérieur de façon à prendre les lignes à revers.

Devant ce choc impétueux, les Italiens durent plier ; la batterie de montagne tira contre les assaillants quelques salves de mitraille qui ne purent arrêter leur élan ; les pièces durent être rechargées en hâte sur les mulets, mais ceux-ci ayant été tués, il fallut abandonner le matériel. Vers le centre, l'attaque des Derviches avait été moins vive, mais il fallut bien suivre le mouvement de retraite de l'aile droite et bientôt toute la ligne se trouva reportée en arrière du ravin de Dumtai, où elle se maintint malgré les efforts de l'ennemi.

A une heure de l'après-midi, le colonel Arimondi jugea le moment venu de faire donner une partie de sa réserve pour reprendre l'offensive. Le terrain se prêtant mal à l'action de la cavalerie, il fit mettre pied à terre à ses deux escadrons et les envoya avec une compagnie d'infanterie renforcer l'aile droite.

Après deux tentatives, il fut possible de franchir de

nouveau le torrent de Dumtai et de reprendre les pièces d'artillerie abandonnées une heure auparavant. En même temps, la gauche se portait en avant le long du Barka et faisait, sans grand effort, plier la droite des Derviches.

On sut plus tard qu'au moment du retour offensif exécuté par la compagnie de réserve et les deux escadrons à pied, l'émir Ahmed-Ali était tombé, frappé par la mitraille, avec plusieurs chefs qui l'entouraient. Cette mort produisit une démoralisation générale dans l'armée des Derviches, qui n'opposèrent plus qu'une faible résistance. Dès lors, les événements se précipitèrent. La droite italienne, poursuivant son mouvement débordant, menaça bientôt les villages d'Algheden et de Sabderat, de sorte que les Derviches, resserrés entre les lignes de l'attaque et le cours du Barka, durent repasser précipitamment cette rivière. Le lieutenant-colonel Cortese, avec quelques fractions des troupes les moins éprouvées, fut lancé à leur poursuite, mais ne put les rejoindre.

Dans la soirée, le capitaine Persico arrivait sur le lieu du combat avec sa petite colonne. N'ayant pas entendu le canon, il avait, en route, donné deux heures de repos à ses hommes et perdu ainsi l'occasion d'intervenir efficacement, peut-être même de couper la retraite à l'ennemi.

Malgré ce contre-temps, les résultats de la bataille d'Agordat étaient considérables. Les Derviches laissaient sur le terrain 1.000 morts, 72 drapeaux, 1 mitrailleuse et plus de 700 fusils. Les pertes des Italiens s'élevaient à 3 officiers tués, 2 officiers blessés et environ 230 hommes de troupe (presque tous indigènes) tués ou blessés.

La nouvelle de la victoire produisit en Italie une impression profonde, que les partisans de M. Crispi surent habilement exploiter en sa faveur, et même exagérer au delà des limites raisonnables. C'était une merveilleuse occasion de faire oublier à l'opinion publique les scandales de toute espèce dévoilés l'année précédente. Jusqu'à ce jour, la terre d'Afrique n'avait guère réservé que de douloureuses surprises; les annexions territoriales avaient été réalisées sans faits d'armes importants. Aujourd'hui, il s'agissait d'une incontestable victoire, remportée sur un ennemi nombreux, réputé pour ses succès d'antan contre les Anglais et les Égyptiens. N'y avait-il pas là un élément de surexcitation pour le sentiment patriotique, un prétexte pour ouvrir des horizons de grandeur et de conquête coloniales? M. Crispi ne manqua pas de spéculer sur ces nobles tendances, dans l'intérêt de sa politique personnelle.

Le succès d'Agordat faisait grand honneur au colonel Arimondi et lui valut la promotion au grade de général (2 février). On doit rendre justice à la décision avec laquelle le chef italien prit l'offensive contre les Derviches, à l'énergie et à la clairvoyance dont il fit preuve dans la conduite du combat. Il sut très bien utiliser les propriétés du terrain, exécutant son attaque au moyen de petites colonnes ou de lignes échelonnées dont les feux protégeaient alternativement leur mouvement en avant. Les Derviches, habitués jusqu'à ce jour à combattre les carrés traditionnels des anglo-égyptiens, furent déroutés par cette tactique nouvelle; leur élan impétueux, désordonné, resta impuissant contre des formations souples, susceptibles mieux que toutes les autres de profiter des avantages du terrain et du feu.

Le général Baratieri revint en Érythrée peu de temps après la victoire d'Agordat. Désireux d'acquérir à son tour sa part de gloire, puisque cette fois les circonstances en avaient fait bénéficier le colonel Arimondi, il n'avait pas eu grand'peine à convaincre M. Crispi de l'intérêt majeur qu'il y aurait à compléter ce premier succès sur les mahdistes par l'occupation de Kassala. Ne fallait-il pas prévoir une tentative de revanche? Au lieu d'attendre de nouvelles incursions, nécessitant peut-être une interminable série de combats, ne valait-il pas mieux faire acte d'initiative, profiter du prestige acquis par la victoire d'Agordat, mettre la main sur cette place de Kassala qui restait une perpétuelle menace à la porte de la colonie? N'était-ce pas le cas d'user de la faculté reconnue par la convention du 15 avril 1891 avec l'Angleterre?

Cependant, comme la réalisation de l'entreprise, arrêtée en principe, restait encore subordonnée aux circonstances, M. Crispi fit d'abord démentir officieusement tous projets d'extension nouvelle. De son côté, le général Baratieri eut soin de se renseigner sur les agissements des mahdistes et de poursuivre les préparatifs nécessaires sans donner l'éveil. Il reconnut bientôt qu'il était possible d'exécuter un coup de main sur Kassala, à partir de la seconde moitié de juin. A cette époque, les pluies ont généralement porté au maximum le niveau des rivières de la région : le Gasc (ou Mareb), sur la rive droite duquel est construite Kassala, et l'Atbara, qui limite à l'est la province de Ghedaref. Kassala se trouve ainsi isolée du cœur de l'empire madhiste et ne peut en recevoir de secours.

Une prompte action paraissait d'autant plus opportune au général Baratieri que divers symptômes lui faisaient craindre des complications prochaines du côté de l'Abyssinie. Il voulait profiter, pour l'expédition, de la trêve qui persistait encore sur les autres frontières; dans une lettre adressée le 8 juin à M. Blanc, ministre des affaires étrangères, il faisait ressortir combien serait dangereuse une attaque des Derviches, *coïncidant, au mois de décembre ou de janvier suivant, avec une levée de boucliers de l'Éthiopie.*

Le 9 juillet, il télégraphiait au ministre pour lui signaler quelques razzias exécutées par les Derviches et les rumeurs peu rassurantes recueillies sur la frontière tigrine. Il annonçait que, dans ces conditions, il comptait commencer le 14 juillet l'opération projetée contre Kassala. M. Blanc lui répondit, le 12 juillet, au nom du conseil des ministres, en lui donnant carte blanche.

A cette date, le corps d'opérations était entièrement concentré à Agordat, prêt à partir du jour au lendemain. Il comprenait : dix compagnies d'infanterie indigène, une section d'artillerie de montagne, l'escadron de cavalerie de Kéren, la bande de Barka, en tout 56 officiers et 41 soldats italiens, 16 officiers et 2.510 soldats indigènes, 146 chevaux, 248 mulets et 183 chameaux.

Les ordres de départ furent donnés le 12 juillet dans la soirée et, le 13, la petite colonne se mettait en marche par la route de Dunquaz, Auasciait, Uacait, Sabderat, qui n'était pas la plus directe, mais offrait des facilités particulières pour l'alimentation en eau.

Après quatre journées de marche forcée, la colonne atteignit, le 16 au soir, la gorge de Sabderat, peu éloignée de Kassala. De là, on apercevait la ville, aux alentours de laquelle aucun mouvement de troupes. Grâce à la promptitude, à la discipline rigoureuse de la marche, les Italiens avaient réussi à atteindre leur objectif sans donner l'éveil à l'ennemi.

Les Derviches avaient installé leur camp au nord-nord-ouest et tout près de la ville : une vaste agglomération de huttes en paille, protégées par de petites haies d'épines. Le général Baratieri résolut de le surprendre par une marche de nuit. Laissant en arrière les convois, il prescrivit de s'avancer dans le silence le plus absolu, de n'employer que des feux au commandement, de veiller d'une façon toute spéciale à la sécurité des flancs.

Ces prescriptions furent rigoureusement observées et, malgré les difficultés du terrain, après six heures de marche, les Italiens arrivèrent, au point du jour, en vue du camp ennemi. Sous la protection de l'avant-garde (formée par la bande de Barka et trois compagnies d'infanterie), ils avaient pris leur ordre de bataille sur trois lignes, distantes de 300 mètres environ.

A 7 heures du matin, l'avant-garde ouvrit le feu contre la cavalerie ennemie qui s'efforça vainement de charger les flancs de l'infanterie. Ces tentatives ne réussirent pas à ralentir la marche des Italiens, qui parvinrent bientôt à 400 mètres du campement.

L'attaque avait été si imprévue, si rapide, que les Derviches n'eurent pas le temps de prendre leurs dispositions de combat. Ils n'opposèrent qu'une résistance décousue, pour ainsi dire, individuelle, à la faveur des murs en terre ou des abris de branchage. Quelques groupes se battirent ainsi pendant près de deux heures, tandis que d'autres essayaient de se sauver au delà du Gasc; mais la crue des eaux, suivant les prévisions du général Baratieri, en faisait un obstacle difficile à franchir. Beaucoup de Derviches se noyèrent dans cette tentative; la plupart durent se rendre à discrétion.

Les fatigues déjà supportées par la colonne ne permettaient guère de poursuivre ceux des ennemis qui avaient réussi à s'enfuir vers l'Atbara. Cependant le général Baratieri chargea le major Turitto de se porter dans la direction d'El-Fascer, ligne de retraite des Derviches : mais ceux-ci, profitant de leur avance acquise et de leur connaissance du terrain, se dérobèrent derrière l'Atbara.

La prise de Kassala n'avait coûté aux Italiens que 26 morts et 40 blessés. Elle leur avait procuré des trophées considérables : 600 fusils, 700 lances, 2 canons de montagne, 52 drapeaux et d'abondants approvisionnements de toute nature. Survenant après la victoire d'Agordat et en complétant les conséquences, elle devait intimider les Derviches, leur enlever, pour un temps, toute velléité d'attaque contre les Italiens. Elle rendait ceux-ci maîtres incontestés des routes qui, du Soudan, conduisent à la mer Rouge. En raison même de ce résultat, on pouvait sans doute craindre que les madhistes, voulant à tout prix se frayer un chemin, cherchassent à prendre leur revanche et revinssent avec des forces supérieures pour occuper de nouveau Kassala. En tout cas, cette éventualité n'était pas réalisable du jour au lendemain et il appartenait aux autorités italiennes de l'Érythrée de se tenir suffisamment au courant des mouvements suspects, pour être en mesure de faire face aux dangers qui pouvaient, de ce côté, menacer la colonie.

Le général Baratieri quitta Kassala le 23 juillet après avoir organisé l'occupation permanente de cette ville. Pour l'assurer, il prescrivit la construction d'un fort, susceptible de recevoir une garnison de 1.000 hommes. On utilisa, à cet effet, une ancienne manufacture de coton (dite la maison de Munzinger) qui était restée abandonnée après la chute de Kassala aux mains des Derviches.

Ces vastes et solides bâtiments servirent de réduit et de logement pour la troupe. Tout autour on établit le mur d'enceinte dessinant un vaste rectangle de 200 mètres sur 100. Construit en briques, ce mur a une hauteur de $2^m 65$ et une épaisseur de $1^m 10$; en arrière est disposée une large banquette de terre, permettant à deux tireurs de prendre place. Pour compléter l'obstacle, on a établi à l'extérieur un fossé large de 5 mètres et profond de 3. Dans l'intérieur de l'ouvrage, l'alimentation en eau est assurée par un puits d'un débit considérable.

Le major Turitto reçut la mission d'honneur d'occuper ce poste de Kassala avec quatre compagnies indigènes d'infanterie, les bandes irrégulières du Sabderat et des Ad-Omar, et une section d'artillerie de montagne, en tout mille hommes, qui furent pourvus de vivres pour trois mois et de munitions abondantes. Le général Baratieri, prescrivit en outre de prolonger jusqu'à Kassala la ligne télégraphique qui reliait déjà Agordat à Kéren.

Ces divers travaux furent rapidement exécutés et, dès l'automne, le fort de Kassala formait, entre les mains des Italiens, un solide point d'appui. Dorénavant les Derviches étaient privés de la place qui leur avait si longtemps servi de base d'opérations, soit contre Souakim, soit contre la colonie italienne. Pour rendre plus difficiles leurs entreprises, le major Turitto résolut de tenter un coup de main contre El-Fascer, poste établi par eux sur l'Atbara, et qui leur assurait un point de passage et un centre de ravitaillement abondamment pourvu en ressources de tout genre.

Une petite colonne (550 fusils et 2 canons) partit, le 17 novembre, de Kassala et, rencontrant à Méluia un détachement de cavaliers derviches, le mit aisément en déroute. Mais elle apprit bientôt que l'ennemi avait réuni à El-Fascer des forces supérieures et dut rétrograder sur Kassala sans avoir rempli sa mission.

Ce fut seulement l'année suivante, le 21 décembre 1895, qu'un détachement italien réussit à surprendre le poste mahdiste, le détruisit et rentra sans encombre à Kassala.

Ainsi se trouvait heureusement terminée, au moins

pour le moment, cette période de luttes. Il n'était que temps, car de nouvelles menaces surgissaient du côté de l'Abyssinie. Pris entre deux ennemis, la situation des Italiens se fût trouvée fort critique : ils allaient avoir la bonne fortune de les combattre séparément et de pouvoir diriger au sud de la colonie toutes les forces rendues disponibles par la pacification de la frontière nord-est.

CHAPITRE XI

PRÉPARATIFS DE GUERRE EN ÉRYTHRÉE ET AU CHOA

Organisation des troupes indigènes d'Afrique. — Bandes irrégulières. — Milice mobile. — Régime administratif. — Essai de colonisation. — Le baron Franchetti. — Indécision des divers cabinets italiens. — Ménélik réorganise ses forces. — Dénonciation du traité d'Uccialí. — Soumission du ras Mangascia. — Mission du colonel Piano. — Rupture avec l'Italie.

Nous avons tenu à grouper l'ensemble des opérations contre les Derviches, sans en interrompre le récit par des détails relatifs aux autres événements survenus dans la colonie. Si nous jetons un coup d'œil sur la période qui suivit la rupture des négociations avec Ménélik, nous la voyons remplie par un important travail d'organisation auquel le général Gandolfi, puis le général Baratieri, consacrèrent leurs efforts pendant plus de trois ans.

La première chose à faire était d'assurer l'occupation militaire de la colonie dans des conditions à la fois solides et économiques, pour ménager les finances de la mère-patrie. Il est équitable de reconnaître les résultats vraiment dignes d'attention que les Italiens surent obtenir à cet égard.

Dès le début, ils avaient reconnu quels excellents services pouvaient rendre les soldats indigènes. Ils avaient attiré à eux les bachi-bouzouks, naguère au service de l'Égypte; ils avaient soudoyé des bandes irrégulières commandées par des chefs locaux ; ils en vinrent bientôt, comme nous l'avons dit, à constituer de véritables corps de troupe avec des éléments presque exclusivement indigènes, encadrés par un très petit nombre d'Européens. Leur tendance constante fut de diminuer les prélèvements sur l'armée métropolitaine, dans le triple but : de ne pas l'affaiblir, en cas de guerre continentale ; d'éviter les dépenses considérables nécessitées par l'envoi de soldats italiens en Érythrée, par leur entretien et leur relève ; enfin de ne pas exposer leurs jeunes contingents aux fatigues, aux maladies du climat africain.

Un décret du 20 juin 1889 régularisa l'organisation de ces forces auxiliaires, les constitua en un régiment distinct faisant partie intégrante de l'armée italienne, et leur donna la dénomination de *Troupes indigènes d'Afrique*. Ensuite, d'année en année, des décisions nouvelles vinrent diminuer l'effectif européen, développer les formations indigènes (1). Enfin le *Corps Spécial*, qui avait d'abord représenté l'élément prépondérant dans l'occupation permanente de l'Érythrée, vint se fondre avec les troupes indigènes pour constituer une armée coloniale unique, sous le nom de *Troupes d'Afrique*.

---

(1) 28 *août* 1890 : décision réduisant de 1.600 hommes le nombre des soldats italiens du Corps Spécial ; — 30 *septembre* 1890 : création de deux bataillons indigènes et d'un escadron d'explorateurs indigènes ; — 13 *juin* 1891 : fusion du Corps Spécial avec les troupes d'indigènes ; — 11 *décembre* 1892 : décret substituant 500 indigènes à même nombre d'Italiens et donnant la dénomination de « Troupes d'Afrique » à l'ensemble des forces de l'Érythrée. — Le décret général de réorganisation, du 18 février 1894, réalisa une nouvelle réduction de 500 soldats italiens environ.

Le décret du 18 février 1894 en fixa définitivement la constitution de la façon suivante :

Troupes européennes.	1 bataillon de chasseurs, commandé par un lieutenant-colonel......	615 hommes
	1 section d'ouvriers d'artillerie......	75 —
	1 section d'infirmiers......	86 —
	1 section de soldats ouvriers des subsistances......	100 —
	Total......	876 hommes, tous italiens.

Troupes mixtes.	1 compagnie de canonniers :	5 officiers italiens ; 100 hommes de troupe italiens ; 109 — — indigènes.
	1 compagnie du génie (comprenant 2 sections de sapeurs et 1 section de télégraphistes) :	5 officiers italiens ; 146 hommes de troupe italiens ; 58 — — indigènes.
	1 compagnie du train :	6 officiers italiens ; 59 hommes de troupe italiens ; 146 — — indigènes.
	1 compagnie de carabiniers royaux :	3 officiers italiens ; 1 sous-lieutenant indigène ; 80 hommes de troupe italiens ; 94 — — indigènes.

Total : 404 Italiens et 408 indigènes.

Troupes indigènes.	4 bataillons d'infanterie, dont 2 à 4 compagnies et 2 à 5, commandés par des majors ; 1 escadron de cavalerie ; 1 batterie d'artillerie de montagne à 6 pièces.

A l'exception de quelques cadres, ces dernières troupes étaient exclusivement composées d'indigènes. Ainsi les compagnies d'infanterie comprenaient : 1 capitaine et 2 lieutenants italiens, 2 sous-lieutenants indigènes, 1 sous-officier comptable italien. Primitivement, elles comptaient 4 sous-officiers italiens ; mais la présence de ces gradés subalternes ayant paru plus préjudiciable pour la discipline qu'avantageuse au point de vue de l'instruction, on avait abandonné cette disposition. L'effectif total de l'infanterie atteignait ainsi : 66 officiers italiens, 36 officiers indigènes; 38 sous-officiers italiens, 3.636 hommes de troupe indigènes.

L'escadron de cavalerie, constitué suivant des principes analogues, comprenait : 4 officiers, tous italiens, 10 hommes de troupe italiens et 145 indigènes. Il était divisé en deux pelotons (1).

La batterie de montagne (formée en remplacement de 2 batteries à 4 pièces, affectées naguère aux zones d'Asmara et de Kéren) comptait 4 officiers et 11 hommes de troupe italiens, 163 indigènes, 6 pièces portées sur mulets.

Ces troupes indigènes ont été soumises à un régime tout spécial, motivé par l'esprit des populations et des coutumes qu'il y avait grand intérêt à respecter. C'est ainsi que les femmes sont admises à habiter dans les camps et les postes : il y a en quelque sorte pénétration de la vie de famille dans la vie militaire. On a eu soin de mélanger les races et religions dans les unités, de façon à empêcher des rivalités qui pourraient devenir dangereuses, étant donnés les senti-

---

(1) Dès le début de l'expédition, on avait organisé un *escadron d'explorateurs* (montés avec des chevaux abyssins), commandés par un capitaine d'état-major; l'escadron comprenait, en outre, 10 chameaux pour assurer le service de correspondance. On en avait créé un second le 30 septembre 1890. Le premier escadron fut affecté à la zone d'Asmara, le second à celle de Kéren; mais les difficultés d'emploi dans le nord du Tigré firent supprimer l'escadron d'Asmara et le décret du 18 février 1894 ne conserva que celui de Kéren, qui fut principalement destiné à agir sur la frontière soudanaise, aux abords de Kassala.

ments hostiles qui animent les unes contre les autres les différentes peuplades soumises au protectorat italien. Les compagnies comptent, en général, moitié de catholiques et moitié de musulmans; l'escouade, au contraire, est constituée d'une façon homogène, condition indispensable pour des hommes réunis dans tous les détails de la vie journalière, comme s'ils formaient une famille unique.

L'ensemble des troupes, telles que les réorganisait le décret du 18 février 1894, présentait les effectifs suivants :

```
171 officiers et 1.391 hommes de troupe italiens.
 37    —    4.421    —         — indigènes.
───────────────────
208 officiers    5.812 hommes de troupe.
```

En outre, on avait laissé subsister un certain nombre de *bandes*, formées par des chefs indigènes, placées en général sous le commandement d'officiers italiens quand il s'agissait d'effectuer une opération. En temps habituel, les résidents italiens exerçaient une surveillance générale sur ces bandes, de façon à empêcher tout brigandage et à s'assurer de leur fidélité. Ces contingents irréguliers, formés de musulmans dans la zone de Kéren, de chrétiens dans celle d'Asmara, atteignaient un effectif de 400 hommes environ pour les premiers, de 850 pour les seconds.

Enfin, le décret du 18 février 1894 jeta les bases d'organisation d'une *milice mobile indigène*, établie d'après des principes analogues à ceux qui ont inspiré cette institution en Italie. Cette organisation, réalisée au mois de septembre suivant par le général Baratieri, comprit huit compagnies, d'un effectif total de 1.700

hommes, réparties : trois pour la zone de Kéren-Agordat, trois pour celle d'Asmara, deux pour le littoral. Les miliciens devaient se recruter parmi les anciens soldats indigènes libérés du service; certains avantages d'ordre pécuniaire et moral leur étaient accordés pour déterminer leur inscription sur les contrôles; tous ceux d'une même localité constituaient un ou plusieurs *boulouks* distincts, qui étaient ensuite réunis de façon à former des unités, dont les cadres étaient désignés en permanence.

Cette institution ne présentait pas seulement l'avantage de fournir un appoint appréciable à la défense de la colonie. Elle avait, en outre, celui de resserrer les liens unissant à l'Italie les hommes qui avaient servi naguère sous son drapeau et qui, répartis ensuite dans les diverses provinces, pouvaient y entretenir des sympathies, ou même devenir les agents d'une assimilation relative. Elle intéressait les indigènes à la défense de la colonie, dont les Italiens paraissaient être, dès lors, moins les maîtres que les premiers protecteurs; elle flattait l'amour-propre de ces peuplades, d'humeur indépendante, qui, prêtes à détester, à trahir un vainqueur, étaient au contraire disposées à faire cause commune avec de véritables frères d'armes.

En définitive, mettant à profit les exemples fournis par les colonies britanniques et néerlandaises, l'Italie a su résoudre d'une façon heureuse le problème de la défense de l'Érythrée. Elle a organisé, en peu d'années, une armée coloniale dans laquelle les ressources indigènes étaient fort bien utilisées, et dont la valeur, mise en relief par les combats d'Agordat et de Kassala, apparaîtra encore dans la suite de cette étude.

Les incidents ultérieurs de la guerre pourront bien démontrer l'insuffisance numérique de cette organisation en présence des armées considérables qui assaillirent la colonie ; ils nous fourniront l'occasion de signaler des erreurs de diverse nature ; aucun d'eux ne permettra de mettre en cause le principe même d'après lequel avaient été constituées les troupes de l'Érythrée. Il est équitable de faire cette constatation ; il n'est pas sans intérêt de la méditer.

Pendant ce même temps, l'organisation politique avait été poursuivie dans un ordre d'idées analogue. Les Italiens avaient respecté d'une façon presque absolue l'état de choses existant, se bornant à contrôler et à diriger, au moyen de résidents, généralement militaires, l'action des chefs locaux ; évitant d'apporter dans l'administration civile des bouleversements qui eussent jeté l'inquiétude, le mécontentement chez les indigènes. Ce n'est guère qu'à Massaouah qu'ils avaient constitué un ensemble de services publics analogues à ceux de la métropole : capitainerie du port, recette des douanes, tribunal, office du Trésor, etc. Partout ailleurs ils s'étaient bornés à satisfaire les exigences des intérêts militaires et à assurer la police de la contrée. Les travaux exécutés, voies de communications, lignes postales ou télégraphiques, tout avait été conçu en vue de l'armée. De commerce, de colonisation proprement dite, il n'était guère question, en dehors de tentatives particulières dont le champ demeurait fort restreint.

La plus intéressante de ces entreprises est celle du baron Franchetti, député italien, qui, possesseur d'une grande fortune personnelle, ardent partisan de l'expansion coloniale, mit généreusement son temps, son argent au service de cette cause, et essaya de fonder un établissement agricole sur le haut plateau tigrin et d'y amener des colons italiens. Il choisit, pour faire sa tentative, la localité d'Adi-Ugri, voisine de Godofelassi, dans la partie septentrionale du Seraé. Il y a là, sur la rive droite du Mareb supérieur, à 2.000 mètres d'altitude, l'une des régions de l'Abyssinie les plus favorables aux Européens, par l'égalité et la douceur du climat, la fertilité naturelle du sol ; on y trouve les traces d'une agriculture fort ancienne, tombée en décadence à la suite des guerres entre les Abyssins et les Égyptiens. Commencés au moment où le général Gandolfi était gouverneur de l'Érythrée, ces essais de colonisation subirent des vicissitudes contraires à leur développement, en particulier par suite de conflits survenus entre le baron Franchetti et le général Baratieri, quand celui-ci devint gouverneur. Les derniers événements étant venus interrompre, sinon arrêter, ces tentatives de colonisation, il serait prématuré de porter un jugement définitif sur leur avenir ; il faut attendre la sanction du temps, ce facteur essentiel en matière d'établissements agricoles. On trouve certainement beaucoup de parties des hauts plateaux abyssins qui se prêtent à des cultures variées et rémunératrices. Les céréales, la vigne, l'olivier, les arbres fruitiers de toute espèce y poussent parfaitement. Mais il y a presque tout à faire et les conditions physiques rendent fort onéreux les grands travaux dont l'exécution doit nécessairement accompagner la mise en valeur de ces pays.

L'Aoussa, le Harrar offrent également des terres fertiles où, grâce à une paix bien établie avec l'Abyssinie, émigrants et capitaux italiens pourraient trouver un fructueux emploi. Il semble enfin qu'il y ait quelque chose à faire dans les régions, encore mal connues, qui s'étendent entre le Choa et l'océan Indien. Les renseignements fournis par Mgr Massaia, l'explorateur Cecchi, le capitaine Bottego, révèlent l'existence de richesses naturelles importantes ; toutefois les conditions de climat sont tellement défavorables pour les Européens, qu'il ne pourra être question que de colonies d'exploitation et non de peuplement. Dès maintenant de riches capitalistes lombards ont formé une société pour faire le commerce sur la côte de Benadir et y attirer les productions variées du haut bassin du Djouba. Il est assez difficile d'en pronostiquer l'avenir. Tout récemment, dans les derniers jours de novembre, le capitaine Cecchi, consul général d'Italie à Zanzibar, étant parti de Magdochou et remontant la vallée de l'Ouébi, a été massacré par les Somalis, ainsi que tous les Européens qui l'accompagnaient et trente soldats nègres de son escorte (1). Il s'agit, croyons-nous, d'un fait accidentel, car les populations de cette côte

---

(1) Le capitaine Cecchi était accompagné d'une douzaine d'officiers et soldats de la marine italienne et d'une escorte de 70 indigènes. Il se rendait auprès d'un petit sultan de la région, qui paraissait disposé à nouer des relations avec les Européens. La caravane s'arrêta, le 25 novembre au soir, à 20 kilomètres de Magdochou, près de Soffoli ; au

n'ont pas une organisation politique leur permettant de soutenir une lutte véritable contre les Italiens. Néanmoins cet incident est de nature à préoccuper les esprits rendus prudents par les défaites subies en Abyssinie. Le marquis di Rudini a formellement déclaré que, tout en étant résolu à venger les victimes de ce massacre, il n'entendait pas engager le pays dans une nouvelle entreprise coloniale et qu'il laisserait les sociétés privées poursuivre à leurs risques et périls leurs tentatives commerciales ou colonisatrices. L'exemple des grands résultats obtenus par certaines sociétés anglaises montre sans doute ce qu'on peut attendre de l'initiative individuelle. Mais la race italienne possède-t-elle à cet égard les aptitudes qui caractérisent les Anglo-Saxons? Les traditions de l'esprit latin n'ont-elles pas trop amoindri, au profit de la collectivité, les personnalités individuelles? Nous croyons devoir réserver notre jugement sur ce point particulier, jusqu'au jour où seront acquis les premiers résultats de l'expérience.

Ces diverses entreprises, commencées avec des moyens restreints, restèrent isolées et incomplètes. Si l'Italie possède un grand nombre de bras inoccupés, qui vont chercher du travail à l'étranger et qu'il serait avantageux d'attirer en Érythrée, elle ne dispose guère des capitaux nécessaires pour fonder, sur des bases sérieuses, des établissements susceptibles de

---

milieu de la nuit, le campement fut assailli par les Somalis. Il y eut alors une lutte acharnée, qui se prolongea jusqu'au jour; quelques nègres de l'escorte réussirent seuls à s'échapper.

prospérer. Or, avec la concurrence effrénée que toutes les parties du monde se font sur le terrain économique, il faut de l'argent, beaucoup d'argent, même pour tirer parti d'un terrain neuf et favorisé par la nature; en l'absence de cet instrument essentiel, les richesses sont condamnées à demeurer latentes et les efforts s'accumulent sans résultats appréciables (1). Les ressources financières de l'Italie étant fort limitées, il lui est plus nécessaire qu'à toute autre d'éviter les fausses manœuvres et de poursuivre ses tentatives de colonisation avec méthode, prudence, sage appréciation des possibilités contingentes.

Il faut ajouter que les affaires d'Afrique donnaient lieu à des débats peu faits pour inspirer confiance à ceux qui eussent pu apporter le concours de leur activité et de leurs capitaux à la colonie naissante. Tantôt c'étaient des incidents tels que celui du lieutenant Livraghi, à Massaouah, mettant à profit son autorité pour commettre des exactions ou même de véritables actes de barbarie; tantôt les polémiques des journaux s'attaquaient non seulement aux actes, mais à la personne des officiers généraux chargés du gouvernement de l'Érythrée. Avec l'émiettement des partis po-

---

(1) Les familles venues sur le haut plateau érythréen reçurent du gouvernement italien une concession gratuite de 20 hectares de terrain avec obligation de le cultiver pendant 5 ans, au bout desquels elles devenaient propriétaires à titre définitif. Il a été reconnu qu'une famille devait disposer d'une avance de 4.000 francs environ pour attendre la première récolte. Le baron Franchetti a vivement insisté pour que l'État prît à sa charge les avances nécessaires aux émigrants; d'après lui, il ne faut pas, au moins pour le moment, compter sur l'initiative individuelle.

litiques, les haines acharnées existant entre tels et tels chefs parlementaires de la Chambre, les affaires d'Afrique étaient une arme souvent exploitée d'une manière peu loyale. Les cabinets successifs continuaient, somme toute, les errements reprochés aux ministres précédents. Ils se faisaient, les uns comme les autres, remarquer par la même imprécision de leur langage, résultant de l'incertitude de leurs vues. Le 11 mai 1891, la Chambre nomma une commission d'enquête qui vint en Érythrée, chercha à dégager les responsabilités diverses mises en cause et n'aboutit à rien. En dehors d'un petit groupe de socialistes qui réclamaient l'abandon, impossible, de toute colonie, personne ne sut ou ne voulut proposer de solution nette, fondée sur la connaissance des moyens d'action du pays et du théâtre où cette action devait s'exercer.

Faute de cette franchise, l'Italie n'a jamais eu de ligne de conduite raisonnée; finalement, elle a été victime de cette politique d'expédients dont M. Crispi est le premier coupable, mais dont les autres cabinets ont également leur part de responsabilité.

Pendant ce même temps, Ménélik travaillait avec beaucoup d'activité et d'intelligence à développer ses ressources militaires, à établir d'une façon définitive la suprématie du Choa sur toute l'Abyssinie. Le concours des Italiens lui avait permis de ceindre la couronne impériale, de réduire à l'impuissance son rival, le ras Mangascia; maintenant qu'ils réclamaient, pour prix de leur appui, un démembrement véritable de sa souveraineté, il se refusait à payer si cher une amitié qui ne pouvait plus lui assurer que de médiocres bénéfices.

Pour avoir ainsi manifesté des ambitions trop étendues, les Italiens perdirent l'influence dont ils avaient longtemps joui dans le Choa. Sous l'inspiration de M. Crispi, qui, à la faveur des sentiments gallophobes, voulait pallier sa faute, ils ont prétendu que la France avait travaillé à les supplanter auprès de Ménélik, et fourni à celui-ci ses conseils et même son concours. Pareil reproche est tout-à-fait contraire à la vérité; il est impossible de relever une seule démarche du gouvernement français qui ne soit pas en concordance absolue avec ses devoirs de neutralité.

Résolu à faire bénéficier son pays de certains avantages de la civilisation européenne, désireux surtout de pourvoir son armée d'engins perfectionnés, le négus eut recours à des agents de diverses nationalités : à côté de Français, il y avait des Hongrois, des Russes, des Suisses, tels que l'ingénieur Ilg, qui joua un rôle actif dans les relations commerciales et politiques de Ménélik avec l'Europe. Il fallait vraiment être aveuglé par le parti pris pour faire un reproche à la France de ce qu'un nombre, fort restreint, de ses citoyens se fût livré à un commerce qu'Anglais et Allemands exercent, dans de bien autres proportions, sur tant de points du continent africain. Si Ménélik se montra, pendant cette période, bien disposé pour les agents commerciaux français, c'est qu'ils restèrent toujours dans leur rôle, se préoccupant de leurs intérêts particuliers et ne cherchant pas à se faire, en quelque sorte, les avant-coureurs d'une action politique. Le négus savait bien qu'il n'avait rien à craindre, mais au contraire tout à gagner, en facilitant l'établissement de relations entre le Choa d'une part, nos ports d'Obock et maintenant de Djibouti, d'autre part. Voilà tout le secret de la faveur rencontrée par les quelques Français qui, de leur propre initiative et sans aucun appui du gouvernement, tentèrent fortune sur ce terrain, encore peu exploré.

Les efforts accomplis de 1890 à 1894 ne donnèrent pas à Ménélik, comme on l'a dit parfois, une armée organisée et instruite à l'européenne. Pareille épithète, exacte quand il s'agit de la transformation des troupes japonaises, serait ici fort exagérée. La vérité, c'est que la plupart des contingents de Ménélik reçurent un armement perfectionné et apprirent à s'en servir d'une manière satisfaisante ; quant au reste, ils conservèrent au contraire leur caractère propre, leurs traditions, leur organisation. Cette puissance de l'armement, jointe à la supériorité numérique, devait suffire à en faire un instrument de guerre très redoutable, que les Italiens eurent le tort de mépriser.

Confiant dans les progrès réalisés, Ménélik voulut affirmer son indépendance en adressant, le 11 mai 1893, au gouvernement italien, la dénonciation du traité d'Ucciali, dans les conditions prévues par l'article 16 de cet acte. Absorbé par les questions de politique intérieure, par les scandales financiers dont la révélation agitait l'Italie, le cabinet Giolitti ne parut pas se préoccuper de cet événement. Il était clair cependant que Ménélik était décidé à reprendre sa liberté d'action au bout de ce terme de cinq ans fixé par le traité d'Ucciali et que la question des frontières, provisoirement réglée par l'accord avec les chefs tigrins, ne tarderait pas à être remise en cause.

C'est alors que la diplomatie italienne aurait pu s'employer utilement en exploitant la rivalité des deux grands Etats de l'Abyssinie, en soutenant le ras Mangascia contre Ménélik, comme elle avait naguère favorisé celui-ci dans ses conflits avec Johannès. Il y avait là un véritable jeu de bascule à exécuter, au grand profit des intérêts de la colonie. Semblable action politique eût été la suite logique de l'arrangement conclu avec les chefs tigrins dans la convention du Mareb. Cet arrangement était une violation du traité d'Ucciali, une négation des droits souverains reconnus par ce traité au négus sur l'Éthiopie tout entière. Il fallait persévérer dans cette voie et obtenir l'amitié du ras Mangascia en faisant miroiter à ses yeux l'appât de la couronne impériale.

Le gouvernement italien ayant semblé se complaire dans la satisfaction des résultats immédiats ainsi obtenus, le ras Mangascia comprit bientôt qu'il avait fait un marché de dupe. Il avait cédé deux belles provinces sans aucune compensation ; il se trouvait vis-à-vis de Ménélik dans la position d'un vassal amoindri, impuissant à contrebalancer l'autorité suzeraine. Il jugea donc que mieux valait se réconcilier définitivement avec le négus, et remettre à d'autres temps l'éventuelle réalisation de ses ambitions.

Le 2 juin 1894, il se rendit à Addis-Abeba, et vint pour ainsi dire abdiquer les sentiments d'hostilité du Tigré vis-à-vis du Choa. L'unité du pays était scellée par cet acte, comme elle ne l'avait pas été depuis les années triomphantes du règne de Théodoros. Il avait en outre été accompli des progrès considérables dans l'organisation militaire du pays, de sorte qu'il ne pouvait plus être question, pour une puissance européenne, de renouveler rien de semblable à l'expédition anglaise de 1868.

Quelques jours plus tard, le 18 juin, un envoyé italien, le colonel Piano, se présentait à Addis-Abeba pour tâcher de conclure un nouvel accord. Cette fois, M. Crispi, avait assez ingénieusement imaginé de trouver un dérivatif à l'ambition du négus, un terrain nouveau pour le déploiement de sa puissance militaire. Il lui offrait une extension du côté du Haut Nil, jusqu'à Fashoda, au confluent du Bahr-el-Gazal. C'était faire l'abandon de territoires sur lesquels le protocole de 1891 ne conférait à l'Italie qu'une souveraineté nominale; c'était engager l'Abyssinie dans une lutte certaine contre les Derviches et favoriser ainsi l'expansion italienne dans la région de Kassala. Le négus suspecta sans doute la sincérité de ces offres; malgré l'attrait de ces riches contrées que traverse le Nil après être sorti de la région des lacs équatoriaux, il ne voulut pas courir le risque de guerres terribles et prolongées. Il refusa de se laisser détourner de son but primordial : l'acquisition d'un débouché libre sur la mer.

Le colonel Piano reçut un accueil assez somptueux, mais froid, à la cour de Ménélik, et repartit au bout de quelques jours sans avoir rien obtenu. Il emmena le docteur Traversi qui, malgré les difficultés précédemment survenues, était depuis un certain temps revenu auprès du négus.

Cette rupture définitive des négociations ne permettait plus de conserver aucune illusion sur les vues de Ménélik. Elle confirmait l'exactitude des renseignements du général Baratieri, qui, dès le mois de mai, exprimait la crainte d'une prochaine et générale levée de boucliers dans toute l'Abyssinie. Par là même se trouvait justifiée l'expédition préparée contre Kassala : mieux valait en finir le plus tôt possible avec les Derviches que risquer d'avoir à tenir tête, sur deux frontières différentes, à des adversaires aussi redoutables.

CHAPITRE XII

LES HOSTILITÉS CONTRE LE RAS MANGASCIA

Effet moral de la prise de Kassala. — Mangascia offre son concours contre les Derviches. — Symptômes de défection. — Rébellion de Bath-Agos. — Prompte répression. — Rupture définitive avec le ras Mangascia. — Le général Baratieri occupe Adoua. — Combat de Coatit. — Poursuite des Tigrins. — Combat de Sénafé. — Occupation de l'Agamé.

Le brillant succès de la marche sur Kassala put un instant faire espérer mieux que la simple et provisoire répression des entreprises mahdistes. Il produisit dans toute l'Abyssinie un intense effet moral : effet de satisfaction, en raison de la haine et de la crainte inspirées par les Derviches à ces populations chrétiennes ; effet d'intimidation, en raison de l'éclat nouveau que cette victoire, après celle d'Agordat, donnait à l'armée italienne. De toutes les provinces, y compris le Choa et le Harrar, d'enthousiastes félicitations arrivèrent à l'adresse du général Baratieri. Le ras Mangascia ne se montra pas l'un des moins ardents. Vis-à-vis du résident italien d'Adoua, le lieutenant Mulazzini, il manifesta une joie vive, dont la sincérité paraissait incontestable ; il saluait la prise de Kassala comme une revanche de la mort de son père, le négus Johannès, tué à Metammah. Il acceptait volontiers l'idée d'une action commune contre les Derviches, et offrait d'y faire concourir une petite armée qui, descendant la rive droite du Tacazzé, se dirigerait contre la ville de

Tomat, de façon à attaquer de flanc les forces qui, de la province de Ghedaref, s'avanceraient vers Kassala.

Mais l'impression produite par le succès des Italiens ne persista pas longtemps; les négociations traînèrent en longueur et le général Baratieri eut bientôt les plus sérieux motifs de mettre en doute la sincérité de ces manifestations. Il dut répondre par un refus à une proposition d'entrevue faite par le ras Mangascia dans des conditions fort suspectes; il apprit en même temps que les troupes levées sous prétexte de guerre contre les Derviches étaient au contraire concentrées à proximité de la frontière de la colonie.

Mis en garde par ces symptômes, le général Baratieri attendait les événements, prêt à y faire face, quand soudain l'orage pressenti éclata dans des conditions qu'il n'avait point prévues. Le 15 décembre, au moment où il se trouvait à Kéren, il apprit que les communications télégraphiques venaient d'être interrompues avec Saganeiti, résidence de Bath-Agos, le chef de l'Okulé-Kusaï; bientôt après il reçut la double nouvelle d'une insurrection générale dans cette province et de l'arrestation du lieutenant Sanguinetti, résident italien à Saganeiti.

Parmi tous les chefs indigènes, Bath-Agos était celui dont la fidélité semblait le mieux assurée. A la suite de luttes déjà anciennes avec le ras Aloula, il avait dû se réfugier dans le pays des Habab, où il avait peu à peu recruté une bande bien organisée. Le général Baldissera lui avait rouvert les portes de sa patrie et confié le gouvernement de l'Okulé-Kusaï. Jusqu'à ce jour, Bath-Agos avait paru fermement attaché aux Italiens;

il travaillait à développer leur influence, et manifestait vis-à-vis du ras Mangascia des sentiments d'hostilité qui étaient d'ailleurs dans la tradition de l'Okulé-Kusaï, cette province ayant souvent été en guerre avec le Tigré proprement dit.

Les écrivains crispiniens ont attribué la défection de Bath-Agos à l'influence des lazaristes français, qui possédaient des établissements dans cette région et entretenaient des rapports avec ce chef. Aucune preuve sérieuse n'a pu être fournie à l'appui de cette accusation, imaginée sans doute dans le but de justifier l'arbitraire et inique expulsion dont ces vaillants religieux furent l'objet un peu plus tard.

Bien qu'il se fût converti au catholicisme (1), Bath-Agos n'était pas homme à se laisser guider par des missionnaires dans sa conduite politique. La vérité c'est qu'il avait l'inconstance d'esprit et de convictions commune à la plupart des chefs abyssins. Prêt à agir suivant ses intérêts ou ses caprices du moment, il avait naguère trouvé dans l'amitié des Italiens la possibilité de satisfaire ses haines personnelles ; maintenant il avait cédé aux sollicitations contraires du ras Mangascia parce que la guerre devait lui permettre de reprendre sa vie d'aventures, de razzias, incompatible avec la domination italienne.

A la première nouvelle de ces incidents, le général Baratieri prescrivit au major Toselli de se rendre d'Asmara à Saganeiti, avec les troupes disponibles, pour

---

(1) La religion de Bath-Agos offrait de singulières contradictions. A la suite d'une discussion avec l'un de ses frères, il le tua d'un coup de fusil, après avoir passé la nuit en prières.

réprimer la rébellion. Mais — si grande demeurait sa confiance! — il lui recommandait de donner à son opération le caractère d'une marche d'exercice, pour le cas où la gravité des événements eût été exagérée.

Cet ordre fut exécuté avec beaucoup de promptitude. Dès le 16 décembre au matin, le major Toselli, à la tête de trois compagnies d'infanterie, arrivait à Maharaba, localité voisine de Saganeiti. Ne voulant pas engager un combat prématuré, il ouvrit immédiatement des négociations avec Bath-Agos pour la libération du lieutenant Sanguinetti et de deux soldats télégraphistes arrêtés en même temps que lui. Ces pourparlers durèrent quarante-huit heures, pendant lesquelles le major Toselli reçut quelques renforts et essaya de se mettre en relations avec la compagnie Castellazzi qui se trouvait isolée à Halaï, à quelques kilomètres au delà de Saganeiti. Grâce à cette temporisation, il put réunir environ 1.500 hommes, y compris une batterie de montagne.

Il résolut alors d'attaquer les rebelles dans la matinée du 18 décembre; mais ceux-ci profitèrent de la nuit pour évacuer Saganeiti et se dirigèrent vers Halaï, dont ils espéraient surprendre et écraser la faible garnison. Dès qu'il s'aperçut de cette retraite, le major Toselli se hâta de suivre leurs traces. A midi, il pénétrait dans Saganeiti, puis, sans s'arrêter, continuait vers Halaï, par un chemin très difficile, franchissant des pentes escarpées, où les hommes étaient forcés de marcher en file indienne. Il n'y avait pas de temps à perdre. Dès le matin du 18, la compagnie italienne, forte de 250 hommes, s'était vue menacée

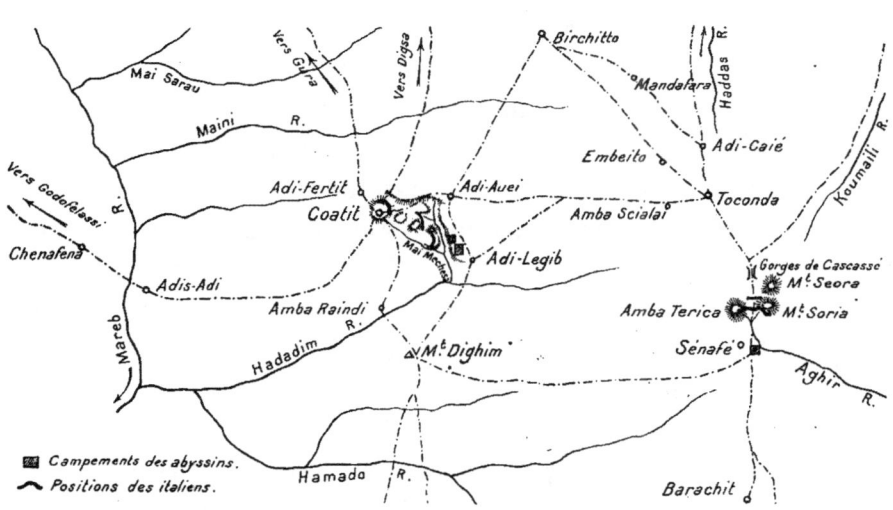

Combats de Coatit et de Sénafé (Echelle : 1/400.000.000).

par des effectifs cinq fois supérieurs. Le capitaine Castellazzi avait reçu, de Bath-Agos, sommation de livrer le poste fortifié d'Halaï, moyennant quoi la retraite lui serait laissée libre. Comme l'infériorité de ses forces rendait la lutte difficile, il avait adroitement traîné les négociations en longueur sous divers prétextes et retardé jusqu'à une heure et demie de l'après-midi ce combat inégal. Bien qu'il fût obligé de ménager beaucoup les munitions, il réussit à repousser les attaques de Bath-Agos; un peu avant cinq heures, au moment où celles-ci devenaient plus pressantes, une vive fusillade vint rendre espoir aux assiégés. C'était la colonne Toselli qui atteignait le champ de bataille et entrait rapidement en action. Pris à revers, les rebelles ne tentèrent pas de résistance sérieuse; ils profitèrent du brouillard et de la nuit qui commençait à tomber pour s'enfuir à travers ravins et rochers, laissant sur le terrain beaucoup de morts et parmi eux leur chef, Bath-Agos.

Le lendemain, le major Toselli revint à Saganeiti pour achever la pacification du pays. La promptitude de la répression, la mort de Bath-Agos avaient vivement frappé l'esprit des habitants, qui, peu guerriers de tempérament, s'empressèrent de faire acte de soumission et de livrer leurs fusils. Il ne resta des rebelles qu'une bande de 4 à 500 hommes qui, sous les ordres de Singal, frère de Bath-Agos, pénétra dans la province d'Entiscio pour y rejoindre le ras Mangascia.

Il n'était pas douteux que cette révolte imprévue, sans cause apparente, ne fût le résultat d'un complot entre Bath-Agos et le ras Mangacsia. Celui-ci comptait évidemment prendre prétexte de l'insurrection de l'Okulé-Kusaï pour intervenir ; il aurait profité d'une occasion favorable pour attaquer les Italiens aux prises avec les rebelles. La prompte répression exercée par le major Toselli déjoua ces calculs ; de sorte que, voyant la partie perdue, Mangascia essaya encore de feindre et prodigua au résident Mulazzini de chaudes félicitations, d'énergiques protestations de fidélité. Il rappelait les serments solennels échangés avec le général Gandolfi sur les bords du Mareb et jurait de n'y jamais manquer pour son compte (1).

Mais le général Baratieri avait de bonnes raisons pour rester en défiance. Il savait que tous les chefs tigrins manifestaient contre l'Italie des sentiments hostiles, expression d'un mot d'ordre venu d'en haut. Dans le camp de Mangascia, les soldats chantaient : « On guérit de la morsure du serpent noir ; la morsure du serpent blanc est mortelle. » En même temps des rumeurs inquiétantes arrivaient du Soudan : le calife Abdullah avait lancé une proclamation prêchant la guerre sainte, et d'importants rassemblements de troupes avaient lieu sur la rive gauche de l'Atbara.

Le général Baratieri jugea qu'à temporiser davantage

---

(1) Il écrivait au roi d'Italie . « J'ai pris part à la conférence du Mareb avec le général Gandolfi et nous avons juré sur l'Evangile et la croix ; lui, promettant de haïr les ennemis du ras Mangascia, d'aimer les amis du ras Mangascia et de ne rien faire qui pût déplaire au ras Mangascia ; moi, promettant de haïr les ennemis du gouvernement italien, d'aimer les amis du gouvernement italien, de respecter l'état présent des choses et de ne faire aucun acte qui pût déplaire à l'Italie. Nous avons juré tout cela ; nous avons échangé ces serments pour que notre amitié soit solide et éternelle. »

il risquait de se trouver pris entre deux assaillants. Mieux valait donc brusquer les choses et prendre l'initiative d'une solution. A la lettre de félicitations que le ras Mangascia lui adressa après la mort de Bath-Agos, il répondit en invitant le chef tigrin à licencier les troupes réunies dans l'Entiscio, à extrader les rebelles réfugiés, enfin à diriger sur Tomat le corps d'armée, commandé par le ras Agos, dont il avait promis le concours pour une action commune contre les Derviches.

C'était un véritable ultimatum. Le ras Mangascia n'y fit aucune réponse, et le lieutenant Mulazzini, résident à Adoua, craignant un guet-apens contre sa personne, se retira précipitamment à Adi-Ugri, où le général Baratieri achevait la réunion de ses forces.

Nous avons dit que cette petite localité d'Adi-Ugri avait été le centre des tentatives de colonisation agricole faites par le baron Franchetti. Les Italiens y avaient construit un fort, établi sur une position presque inexpugnable, dominant toute la plaine du Seraé, commandant les voies de communications entre la région d'Asmara et la vallée moyenne du Mareb. Ce fort offrait une grande importance soit pour la défense méridionale de la colonie, soit au point de vue d'une extension vers le Tigré central. Il était occupé habituellement par une compagnie indigène, un détachement de carabiniers royaux et possédait, comme artillerie, deux mitrailleuses.

Aussitôt après le combat d'Halaï, le général Baratieri avait jugé prudent de concentrer à Adi-Ugri les forces disponibles de la colonie, de façon à n'être point surpris par les événements. Il les avait ensuite poussées en avant jusqu'à Adi-Quale. Ces mouvements étaient terminés le 26 décembre au soir ; dès le 27 au matin, le petit corps expéditionnaire était mis en marche sur Adoua. Cette direction avait l'avantage d'empêcher la réunion des forces du ras Mangascia et du ras Agos, qui se trouvaient les unes dans l'Entiscio, les autres plus à l'est, dans la vallée du Tacazzé.

La marche s'effectua rapidement par un itinéraire presque identique à celui que le général Orero avait suivi cinq ans auparavant, et le 28 décembre les Italiens faisaient une entrée triomphale à Adoua. Le général Baratieri déclarait ne pas venir en conquérant, mais en protecteur, pour assurer la tranquillité du pays et châtier les rebelles. Il voulait, semble-t-il, agir surtout par intimidation et, grâce à ce rapide déploiement de forces, décourager le ras Mangascia avant que celui-ci n'eût formellement levé l'étendard de la révolte. En tout état de cause, par mesure de prudence, il faisait prendre position à ses troupes sur la hauteur de Fremona, qui, dominant Adoua, lui permettait de faire avantageusement face à toute attaque des Tigrins.

Au bout de quatre jours d'attente, le général Baratieri jugea imprudent de rester plus longtemps avec des forces peu considérables dans une position aussi avancée qu'Adoua ; il reprit, le 2 janvier, le chemin d'Adi-Quale et le lendemain il arrivait à Adi-Ugri. Là, il pouvait sans inquiétude voir venir les événements, appuyé par le fort permanent, ayant ses communications bien assurées avec le centre de la colonie.

Cette retraite fut certainement un acte de sagesse de

la part du général. Mais elle n'en constituait pas moins un échec moral, contrebalançant l'effet produit par la trop hardie marche en avant. Le ras Mangascia ne manqua pas de le faire ressortir, déclarant dans une proclamation à ses sujets que « Dieu n'avait point permis que les ennemis du négus séjournassent dans la cité sainte ». Le général Baratieri eut le tort de croire que tout pouvait être terminé par l'occupation momentanée d'une ville, sans que les forces ennemies eussent reçu une leçon, subi un échec. Si des chances d'accommodement subsistaient encore, il risquait, par cet affront, de rendre irrémédiable la rupture; si le temps des négociations était définitivement passé, cette éphémère apparition dans Adoua n'était qu'un coup d'épée dans l'eau.

En revenant à Adi-Ugri, le général Baratieri avait envoyé sur la rive gauche du Mareb, entre Adis-Adi et Coatit, un détachement commandé par le major Hidalgo et comprenant cinq compagnies indigènes et la bande irrégulière du Seraé. Il resta quelques jours dans l'expectative, profitant de ce temps d'arrêt pour compléter la concentration et le ravitaillement de ses troupes; résolu, cette fois, à ne point s'éloigner prématurément de sa base d'opérations, mais à prendre l'offensive contre l'ennemi, dès que celui-ci aurait manifesté des dispositions hostiles.

Il ne tarda pas à apprendre que les contingents du ras Mangascia étaient concentrés sur la frontière de l'Okulé-Kusaï et se préparaient à envahir cette province. Il résolut de porter toutes ses forces sur la rive gauche du Mareb et d'occuper la position de Coatit qui commande les routes donnant accès vers le centre de la colonie. A cet effet, il les fit avancer d'Adi-Ugri jusqu'à Chenafena sur le bord même du fleuve.

Le 11 janvier, les troupes italiennes, en comptant le détachement Hidalgo, comprenaient : deux bataillons indigènes à cinq compagnies, dont un renforcé par une compagnie de milice mobile; un bataillon mixte, formé de deux compagnies régulières indigènes et de trois compagnies de milice mobile; une batterie de montagne; un peloton de cavalerie; les deux bandes de l'Okulé-Kusaï et du Seraé; en tout 4.000 hommes.

Dans la soirée du 11, le général donna les ordres pour le passage du Mareb et la marche sur Adis-Adi, où devait se faire la jonction avec le détachement Hidalgo. La mission de former l'avant-garde fut confiée au major Toselli, avec six compagnies et la bande de l'Okulé-Kusaï : il avait ordre de chercher à atteindre le plus tôt possible la position de Coatit, où il était essentiel de prévenir l'ennemi.

La journée du 12 fut consacrée à l'exécution de ce mouvement, rendu fort difficile par les accidents du terrain et le mauvais état des chemins : ce n'étaient guère que des sentiers contournant d'énormes *ambas*, véritables forteresses naturelles, franchissant les crêtes escarpées, serpentant le long des pentes raides jusqu'au fond de précipices effrayants. Heureusement la colonne ne rencontrait pas trace de l'ennemi et, à la fin de cette pénible journée, atteignait sans encombre le village de Coatit.

Des hauteurs qui dominaient la position, on apercevait les campements des Abyssins, qui, croyant avoir une grande avance, s'étaient arrêtés à quelques kilomètres de là, remettant au lendemain pour occuper la position de Coatit.

Le général Baratieri fit bivouaquer ses troupes de façon qu'elles fussent prêtes à combattre en cas d'alerte; il prit des mesures pour surveiller tous les mouvements de l'ennemi et éviter de lui donner l'éveil. Et, profitant de la trompeuse sécurité dans laquelle il voyait les Abyssins, il résolut de les attaquer par surprise, le lendemain dès la pointe du jour.

Favorisées par un beau clair de lune, guidées par la lueur des bivouacs ennemis, les différentes unités purent prendre leurs positions de combat entre quatre et cinq heures et demie du matin. Au moment où l'aube commençait à poindre, toute la petite armée italienne se portait dans la direction de l'ennemi, massée dans la main de son chef, prête à se déployer pour l'attaque.

La batterie d'artillerie et deux bataillons d'infanterie constituaient la première ligne qui marchait droit contre les camps abyssins, ayant sa direction bien définie grâce à un pic de forme caractéristique qui se détachait en avant de l'objectif. Sur la gauche, les deux bandes de l'Okulé-Kusaï et du Seraé suivaient le même mouvement, tout en surveillant un vaste contrefort qui se prolongeait vers Adi-Auei. La seconde ligne était constituée par un bataillon d'infanterie. Enfin une compagnie avait été laissée à la garde de Coatit, pour assurer la ligne de retraite.

A 6 heures du matin, les Italiens arrivaient à deux

kilomètres de l'ennemi sans que celui-ci se fût douté de leur approche. La batterie ouvrait aussitôt le feu contre le camp des Abyssins et y jetait la panique. Cependant, après un moment de désordre, les chefs réussissaient à grouper leurs soldats et la résistance s'organisait à la faveur de ce terrain si mouvementé, offrant à chaque pas de puissants obstacles défensifs. Bientôt, sur tout le front, se développait un combat acharné, dans lequel la puissance du feu des Italiens, suffisante pour maîtriser les contre-attaques des Abyssins, ne parvenait pas à les déloger de leur position : on se battait de part et d'autre d'un ravin profond, difficile à franchir, de sorte que la lutte pouvait durer longtemps, forcément indécise.

Au bout de deux heures environ, le général Baratieri s'aperçut de mouvements suspects dans la direction d'Adi-Auei, c'est-à-dire bien au delà de son extrême gauche. Il reconnut aisément à quoi tendait cette manœuvre des Abyssins : profitant de leur grande supériorité numérique et des couverts du terrain, ils essayaient de tourner la gauche des Italiens, soit pour les envelopper, soit pour atteindre Coatit, leur ligne obligée de retraite. A ce mouvement, le général Baratieri pouvait d'abord opposer les bandes irrégulières qui, dans l'ordre de bataille, formaient son aile gauche et surveillaient la direction d'Adi-Auei. Il les renforça en prélevant sur le front trois compagnies du bataillon Galliano, qui n'étaient pas encore engagées. Il constitua ainsi un crochet défensif qui résista vigoureusement aux attaques de l'ennemi. Mais celui-ci, élargissant et accentuant son mouvement, utilisant avec beaucoup d'art les couverts naturels, garnissait de forces importantes les crêtes au nord de Coatit. Ce qui avait paru devoir être une simple diversion devenait l'opération principale : toutes les troupes aux ordres immédiats du ras Mangascia y participaient; il ne restait, sur la position initiale, que les contingents du ras Agos.

A ce moment (10 heures du matin environ) la droite italienne tenait définitivement le succès; elle avait beaucoup progressé et n'avait plus qu'un faible effort à faire pour triompher des dernières résistances. Mais le général Baratieri dut renoncer à ces avantages pour se défendre contre le grave danger qui menaçait sa gauche : la perte de Coatit. Il se décida donc à effectuer un complet changement de front pour faire face au nord. Les troupes de la droite reçurent ordre de rompre le combat, de se replier lentement, en maintenant l'ennemi, et de venir prendre place dans la nouvelle ligne de bataille. Cette opération délicate fut exécutée avec beaucoup de vigueur et d'intelligence. L'ennemi, démoralisé par les pertes subies, ne chercha guère à l'inquiéter autrement que par des attaques partielles, peu importantes : l'une de celles-ci pourtant faillit enlever le général Baratieri et son état-major.

Pendant ce temps, la situation devenait de plus en plus critique sur le flanc gauche des Italiens. De la crête qu'ils occupaient, les Abyssins entretenaient une fusillade bien nourrie, mais heureusement peu meurtrière, prélude d'une attaque générale. Un petit détachement s'avança même, audacieusement, jusqu'à proximité de l'église de Coatit, où était installée l'ambulance ; sa marche avait pu être dissimulée à la faveur d'un ravin et, quand il déboucha, l'un des médecins militaires dut rassembler en hâte pour lui barrer la route, une poignée de plantons, de conducteurs de mulets, d'hommes atteints de blessures légères. Les murs du cimetière servirent de point d'appui à cette défense improvisée qui suffit à arrêter les Abyssins.

Vers midi, le général Baratieri avait toutes ses troupes concentrées autour de Coatit, surveillant les mouvements de l'ennemi, installées sur des positions où elles ne craignaient aucune attaque. Le combat traîna dès lors en longueur jusqu'au soir ; il n'y eut que de partielles tentatives des Abyssins pour inquiéter les postes avancés des Italiens ou pour atteindre le ruisseau qui coule au sud de Coatit dans un étroit ravin et fournit l'eau nécessaire aux habitants de ce village.

Après une nuit sans incidents, véritable veillée des armes, on put croire que le ras Mangascia tenterait une attaque suprême. Mais tout se borna à des escarmouches partielles et à quelques coups de canon tirés par la batterie italienne contre les rassemblements ennemis. Pour sa part, le général Baratieri ne tenait point à reprendre l'offensive; il préférait laisser quelque repos à ses troupes fatiguées par les deux rudes journées des 12 et 13 janvier ; il attendait d'ailleurs, dans l'après-midi, un convoi de vivres et de munitions; installé dans une localité qui offrait des ressources multiples vis-à-vis d'un ennemi qui occupait au contraire des positions dépourvues de tout, il n'avait pas intérêt à brusquer les choses.

Dans la soirée du 14, des prêtres coptes vinrent une fois de plus apporter, au nom du ras Mangascia, des propositions de paix, qui dissimulaient sans doute une nouvelle manœuvre. Le général Baratieri répondit qu'il ne pouvait en examiner aucune tant que l'ennemi n'aurait point repassé la Belesa. Il ne tardait d'ailleurs pas à apprendre que le ras Mangascia avait commencé à battre en retraite ; et, par une conséquence bien conforme au caractère de ces populations, il vit affluer à son camp d'assez nombreux contingents tigrins qui, abandonnant la cause vaincue, venaient faire leur soumission.

Dès l'aube, le général Baratieri se mit en marche pour inquiéter la retraite du ras Mangascia, qui avait pris la route d'Adi-Auei, puis de Toconda. De multiples indices révélaient une profonde démoralisation dans l'armée ennemie qui semblait uniquement préoccupée de gagner du terrain au plus vite. C'est ainsi qu'elle n'avait même pas essayé de se maintenir à Toconda. malgré les ressources qu'elle y eût trouvées pour sa subsistance et les facilités offertes par le terrain au point de vue d'une résistance acharnée. Elle avait repris en toute hâte la route qui, par Sénafé, conduit dans l'Agamé.

Rude fut la journée pour les troupes italiennes. Elles durent franchir près de 40 kilomètres à travers un terrain des plus accidentés, par d'étroits sentiers et souvent de simples pistes vaguement tracées. Le général Baratieri leur donna seulement deux heures de repos, à Toconda, vers la moitié du trajet. Il jugeait de la plus haute importance de ne point laisser de répit à l'ennemi et d'achever sa désorganisation par une poursuite énergique.

Heureusement les Italiens ne rencontrèrent nulle part de résistance, pas même dans le défilé de Cascassé, où la route de Toconda à Sénafé reste, pendant un kilomètre, resserrée entre deux murailles de rochers, et qu'une poignée d'hommes résolus eût suffi à défendre. Au coucher du soleil, ils arrivèrent en vue du camp du ras Mangascia, établi au delà de Sénafé, à l'abri du torrent Aghir. Tandis que l'avant-garde se jetait sur les hauteurs dominant la route à droite et à gauche, la batterie ouvrait un feu violent contre les campements abyssins distants de 2.500 mètres et y jetait la panique. Les hauteurs par lesquelles arrivaient les Italiens encadraient pour ainsi dire une sorte de large cuvette, au fond de laquelle, à 200 mètres plus bas, on apercevait le village de Sénafé. La position était donc très favorable pour une attaque venant du nord; mais dès les premiers coups de canon, le brouillard et la nuit interrompirent l'action et les Italiens, craignant de tomber dans quelque embuscade, durent bivouaquer sur leur position en se protégeant par quelques postes échelonnés sur les pentes des ambas Soria et Terica entre lesquelles débouchait leur route de marche.

Le résultat cherché était d'ailleurs atteint. Quand le lendemain, à la première heure, l'avant-garde italienne descendit dans la conque de Sénafé, elle trouva le camp ennemi évacué précipitamment et dans le plus grand désordre. Les quelques obus tirés avaient suffi à déterminer une déroute générale. Vainement le ras

Mangascia avait essayé de réunir quelques compagnons fidèles et courageux, pour tenter une lutte suprême ; son appel était resté sans écho. La plupart des soldats avaient fui, abandonnant campement, vivres et bagages. La tente du ras elle-même avait été atteinte par un projectile et l'on y trouva la plus singulière collection de trophées qu'on pût imaginer : un magnifique sopha avec des coussins de soie, des tapis turcs et persans, des fusils, des sabres, un livre de prières relié avec un luxe inouï, une boîte de parfumerie, des cartes à jouer, des photographies, des produits pharmaceutiques, etc. En outre, et ceci était plus intéressant, une cassette de fer renfermant la correspondance de Mangascia avec le négus et Bath-Agos, correspondance qui éclairait, d'une façon définitive, les événements de décembre 1894.

L'armée du ras Mangascia n'existait plus. Sur 14 à 15.000 hommes qu'elle comptait huit jours auparavant, elle avait perdu 1.500 morts, un nombre au moins double de blessés et de prisonniers; les autres s'étaient dispersés ou avaient fait défection. Lui-même avait dû se réfugier, avec une poignée de soldats fidèles, jusque dans la province de Tembien.

L'entrée des Italiens à Sénafé fut le signal de la soumission de toutes les populations environnantes. Le degiac Agos Tafari, prétendant à la souveraineté de l'Agamé, offrit ses services au général Baratieri qui lui confia le gouvernement de cette province au nom de l'Italie. Muni de son investiture, le degiac Agos se portait rapidement sur Adigrat, capitale de l'Agamé, et achevait de repousser au loin les débris des forces tigrines. Pour appuyer moralement cette prise de possession et assurer les communications, le général Baratieri laissait le major Galliano à Sénafé avec deux compagnies. Lui-même rentrait le 21 janvier 1895 à Asmara, où il prescrivait le renvoi dans ses foyers de la milice mobile et la dislocation du corps expéditionnaire.

Si l'on peut faire des réserves au sujet de l'opportunité politique de cette campagne, il est juste de reconnaître qu'elle avait été conduite d'une façon très brillante au point de vue militaire. Le général Baratieri s'était tiré avec honneur de circonstances difficiles ; il avait obtenu, en peu de jours, des résultats fort considérables. Non seulement les frontières de l'Okulé-Kusaï étaient désormais à l'abri des menaces de l'ennemi, mais encore l'influence italienne avait accompli un grand pas : elle s'étendait à la riche province de l'Agamé, qui pouvait jouer dorénavant un rôle de tampon protecteur au sud de la frontière de la colonie.

CHAPITRE XIII

LA CONQUÊTE DU TIGRÉ

Préparatifs de guerre de Ménélik.— Expulsion des Lazaristes.— Projet d'une diversion du côté de l'Aoussa. — Rapide extension de l'occupation italienne. — Entrée à Makallé. — Nouvelle occupation d'Adoua. — Construction des forts de Fremona et d'Adigrat.

Nous avons dit que les correspondances trouvées à Sénafé, dans la tente du ras Mangascia, fournissaient d'intéressantes révélations sur les derniers événements. Elles établissaient que la rébellion de Bath-Agos avait éclaté quelques jours avant la date convenue, de sorte que, l'appui promis lui faisant défaut, elle était condamnée à avorter. Elles mettaient également en lumière l'entente intervenue entre Ménélik et les chefs tigrins; ceux-ci avaient pris les armes pour servir les intérêts du négus et avec l'assurance d'être soutenus par lui en temps voulu.

On peut donc s'étonner de l'abstention de Ménélik au moment où se jouait cette première partie d'une lutte dont il devait être le principal bénéficiaire. Le succès de l'entreprise n'exigeait-il pas la mise en œuvre simultanée de tous les moyens dont il disposait, de façon à surprendre, à écraser les Italiens? En dirigeant contre ceux-ci des actions successives avec des forces insuffisantes, ne leur offrait-il pas l'occasion de remporter des victoires partielles, ne risquait-il

Théâtre de la campagne (1895-1896) (Echelle : 1/2.000.000).

pas de faire battre les unes après les autres les troupes de ses vassaux et les siennes propres ?

En ce même mois de décembre 1894, Ménélik faisait, avec toute son armée, une expédition dans le Oualamo, à 150 kilomètres au sud-ouest d'Addis-Abeba. Ce pays est habité par des Gallas catholiques, indépendants, de mœurs paisibles, adonnés à l'agriculture, qui ne menaçaient en aucune façon la sécurité du Choa. Le voyageur français Vanderheym a tracé le saisissant récit de cette expédition, entreprise en vue d'un facile et riche butin, marquée par des actes de barbarie atroce. Le ras Mikael commandait l'avant-garde de l'armée choane, dont le gros était sous les ordres de Ménélik en personne. Grâce à la supériorité de nombre et d'organisation, il n'y eut guère de lutte à proprement parler ; ce fut un écrasement général de la pacifique peuplade, une boucherie sanglante qui n'épargna ni femmes ni enfants. Après quelques jours de tueries et de pillages, les envahisseurs reprirent le chemin de leur pays, emmenant un butin très considérable : la part de Ménélik s'élevait à dix-huit mille têtes de bétail. Dénuée de tout intérêt militaire, pareille expédition reste cependant fort instructive, car elle met en lumière le caractère, l'état moral du peuple éthiopien, qui, à d'autres points de vue, apparaît orné d'une demi-civilisation. Il est bon que nous sachions à quoi nous en tenir, pour ne point nous bercer d'illusions qui pourraient être regrettables.

Ce n'était pas sans intention que Ménélik immobilisait la majeure partie de ses forces dans les provinces méridionales de son empire, au moment même où il aurait dû, semble-t-il, les rapprocher de la frontière italienne. Confiant dans la puissance de sa propre armée, il préférait la faire agir à son heure et laisser, en attendant, courir les événements. Un échec partiel des Tigrins n'avait rien qui pût lui déplaire. Il pressentait que les Italiens se laisseraient griser par de premiers et faciles succès, qu'ils ne tarderaient pas à commettre des maladresses, des imprudences dont lui-même s'empresserait ensuite de profiter. Mais surtout, il considérait une défaite infligée au ras Mangascia comme le meilleur gage de fidélité future. Si, dès le début, il avait envoyé quelques contingents au secours de son vassal et assuré ainsi l'écrasement des Italiens, il pouvait craindre que tout l'honneur de ce succès ne rejaillît sur le fils de Johannès : il contribuait dès lors à glorifier celui qui avait été naguère son compétiteur et pouvait le redevenir un jour. Au contraire, Mangascia vaincu cessait forcément d'être un rival possible et demeurait à sa merci. Lui-même interviendrait ensuite, ferait changer le cours de la fortune, grâce au puissant appoint de son armée; il apparaîtrait, dès lors, aux yeux de l'Éthiopie tout entière, comme seul capable d'en protéger l'indépendance, d'en assurer à jamais la gloire et la prospérité.

Pareille combinaison est la seule explication plausible de l'attitude de Ménélik et nous semble bien conforme à son caractère d'esprit. La duplicité naturelle de toutes les populations sémitiques s'est encore développée chez les Abyssins, par suite des conditions politiques où ils se sont trouvés durant des siècles, contraints de défendre par tous les moyens leur indépendance contre des ennemis farouches et peu scrupuleux. A leurs yeux, les traités écrits n'ont qu'une valeur relative; les promesses verbales n'en ont point du tout. L'histoire de la guerre italo-abyssine nous offre à chaque page des exemples de défections, de machinations perfides, de violations de la foi jurée : toutes choses contraires aux sentiments que professent les races aryennes en matière de loyauté et d'honneur, mais dont il faut tenir compte, puisqu'elles sont un fait acquis, pour comprendre les événements et en dégager les causes.

Que Ménélik fût bien l'instigateur primordial de la rébellion tigrine, les Italiens pouvaient l'affirmer, sinon en tirer vengeance : les plus aventureux n'auraient même pas osé projeter une action militaire contre une région aussi reculée que le Choa. Mais il y a une autre responsabilité que M. Crispi reconnut, ou feignit de reconnaître, et contre laquelle il n'était point désarmé : celle des religieux lazaristes qui, depuis un demi-siècle, s'étaient dévoués à l'évangélisation de la région comprise entre le Mareb et la mer Rouge; qui avaient fondé un grand nombre de missions; qui, en attirant les indigènes au catholicisme les rendaient moins réfractaires à la civilisation européenne, mais qui avaient le tort d'être Français.

Il commença par obtenir de la cour de Rome, le 19 septembre 1894, la constitution d'une préfecture apostolique de l'Érythrée confiée à des franciscains italiens. En apparence, il voulait (ce qui n'eût point été illégitime) faciliter les voies à l'expansion de l'Italie en la faisant bénéficier des sympathies acquises à ses missionnaires. En réalité, il songeait à se débarrasser de prétendus adversaires sans donner prise aux protestations qu'eût soulevées chez les catholiques de toute nationalité le brutal et complet abandon de l'œuvre d'évangélisation entreprise par les religieux français.

Une fois que la petite communauté franciscaine, fut installée à Massaouah, sous la direction du père Michel de Carbonara, M. Crispi fit hautement valoir les puérils arguments, anciens ou nouveaux, invoqués contre les Lazaristes : ils avaient négligé de sonner les cloches après la prise de Kassala ; l'un d'eux était confesseur de Bath-Agos ; d'autres auraient commis le crime de faire bon accueil à des voyageurs ou commerçants français ou russes qui traversaient l'Érythrée. Il n'en fallait pas davantage pour motiver, le 22 janvier 1895, un décret d'expulsion des Lazaristes.

A la suite des affaires de Coatit et de Sénafé, le général Baratieri fit prévaloir dans les conseils du gouvernement l'idée d'une vigoureuse action au cœur de l'Abyssinie. Il considérait le moment comme très favorable, puisque Mangascia était réduit à l'impuissance et Ménélik trop éloigné pour intervenir. M. Crispi était acquis d'avance à cette politique ; au lendemain de Sénafé, il avait adressé au général Baratieri un télégramme de félicitations où il laissait entendre que cette victoire devait avoir pour complément la conquête de tout le Tigré.

La première condition de succès d'une semblable entreprise, c'était que l'entrée en scène de Ménélik fût empêchée ou tout au moins retardée. Dans ce but, le capitaine Persico fut envoyé auprès de Mohamed, anfari d'Aoussa, pour obtenir son concours. Le capitaine Persico avait précisément contribué à l'organisation des forces de ce petit souverain ; il était le premier à connaître leur valeur militaire, médiocrement redoutable à vrai dire. Néanmoins, la position géographique de l'Aoussa par rapport à la ligne de marche de Ménélik vers le Tigré septentrional, permettait à Mohamed de coopérer efficacement au succès des Italiens ; ses troupes, peu nombreuses, mais braves et habituées à la guerre de partisans, pouvaient exercer une action sérieuse sur le flanc droit de l'armée choane, surtout dans une région aussi tourmentée que le Lasta et le Tigré méridional.

Depuis le traité que le comte Antonelli lui avait fait signer en 1888, Mohamed vivait en bonne intelligence avec les Italiens. Il avait, d'autre part, eu quelques démêlés avec Ménélik, à la suite de razzias dans les villages choans de la frontière. Mais, tout en ne repoussant pas l'idée d'une action commune, il hésitait à prendre un parti définitif ; les négociations traînèrent en longueur et, les revers des Italiens une fois survenus, perdirent toute raison d'être.

Dès le 16 janvier, un bataillon d'infanterie avait été embarqué à Naples, à destination de Massaouah ; on pouvait admettre que c'était un renfort jugé nécessaire après la rébellion de Bath-Agos, en présence de l'attitude du ras Mangascia. Mais le 30 janvier, deux nouveaux bataillons, d'égale force, prenaient la même route ; d'autre part, des ordres étaient donnés pour la constitution d'un cinquième, puis d'un sixième bataillons d'infanterie indigène. L'effectif des forces italiennes en Érythrée allait se trouver ainsi porté à 12.000 hommes environ (1). Au lendemain de l'écrasement du ras Mangascia, quand aucun danger immédiat ne menaçait la colonie, ce renforcement notable prouve bien que le gouvernement était résolu à prendre l'offensive pour compléter l'œuvre de conquête commencée.

Dans cette disposition d'esprit, le gouverneur italien ne s'arrêta point aux nouvelles propositions de paix formulées à plusieurs reprises par le ras Mangascia (février et mars 1896). La bonne foi de celui-ci était suspecte à trop juste titre. On ne pouvait croire à sa sincérité quand il affirmait n'avoir jamais voulu la guerre et imputait les derniers événements à une sorte de *malentendu diabolique* entre lui et le général Baratieri ; quand il réclamait l'envoi d'un homme juste chargé de décider qui des deux avait eu tort (2). Au même moment, en effet, il cherchait à reconstituer les débris de son armée, il soutenait

---

(1) Soit 2.000 hommes pour les éléments européens des troupes normales d'Afrique, 1.800 hommes pour les trois bataillons de renfort, 6.200 hommes de troupes indigènes, environ 2.000 hommes de contingents irréguliers, y compris les bandes qui avaient fait leur soumission après les journées de Coatit et de Sénafé. La milice mobile, renvoyée dans ses foyers, devait rejoindre au premier avis

(2) De son campement d'Oddi-Omdaï, il écrivit deux curieuses lettres, l'une au roi Humbert, l'autre au général Baratieri, dans lesquelles il exprimait ainsi sa pensée, ses regrets et ses désirs : «.... Ce qui est advenu est l'œuvre du diable, disait-il au roi, car je désire la paix. Je demande à Votre Majesté d'envoyer un homme juste qui décidera si les torts sont de mon côté ou de celui du général. Je le demande, afin que notre amitié puisse être rétablie comme elle était auparavant....» Et au général : «.... Tout ce qui s'est passé est l'œuvre du diable, puisque vous voulez la paix, comme je la désire moi-même. »

contre le degiac Agos les indigènes restés fidèles à sa cause dans l'Agamé; il accueillait avec empressement les rebelles de l'Okulé-Kusaï qui, depuis la mort de Bath-Agos, avaient dû s'enfuir de cette province.

De son côté, le général Baratieri ne se souciait pas de poursuivre de nouvelles négociations. Il exigea, comme condition première, le licenciement préalable des troupes de Mangascia : c'était vouloir, en somme, que celui-ci se rendît à merci, puisqu'en cas de dissentiment sur les conditions de la paix, il se fût trouvé désarmé. Pouvait-on aboutir dans des pourparlers entamés sur de pareilles bases!

Au commencement de mars, le général Baratieri poussa jusqu'à Sénafé un petit corps d'observation, commandé par le lieutenant-colonel Pianavo, et comprenant : deux bataillons indigènes, une batterie (à 6 pièces) et des contingents irréguliers; en tout, 3.000 hommes environ. En même temps, afin de se consacrer en personne aux opérations du Tigré sans être entravé par les préoccupations que les Derviches pouvaient faire naître sur une autre frontière, il investit le général Arimondi d'une délégation générale des pouvoirs civils et militaires dans la zone Kéren-Kassala.

Les renforts d'Italie ayant achevé de débarquer à Massaouah, le général se vit bientôt en mesure d'entreprendre une expédition nouvelle. Prenant prétexte de l'attitude du ras Mangascia, qui s'était avancé jusqu'à deux journées d'Adigrat et ranimait, par sa présence, l'agitation de l'Agamé, il lui envoya l'ordre de désarmer. Puis, voulant appuyer par la force cet ultimatum, il se porta rapidement sur Adigrat, où il fit son entrée le 25 mars, sans combat, mais après une marche rapide et fatigante. De là, il lança vers le sud la colonne Pianavo, de façon à compléter l'effet de cette manifestation et à repousser l'ennemi le plus loin possible.

Cette marche audacieuse en imposa aux populations. Le degiac Agos-Tafari vint spontanément réunir ses contingents à la colonne Pianavo. Quant aux Tigrins, leur démoralisation était telle qu'ils n'essayèrent même pas de se défendre : ils abandonnèrent Makallé (1), où la colonne italienne fit son entrée le 28 mars, et se réfugièrent jusque vers la frontière méridionale du Tigré, se débandant de jour en jour, de sorte qu'il resta tout au plus à Mangascia quelques centaines de partisans.

Après être resté quatre jours à Adigrat et avoir reçu de nombreux serments de fidélité prêtés par les chefs de la région, le général Baratieri chargea le major Toselli d'assurer l'occupation de ce point important avec le 4ᵉ bataillon d'infanterie indigène, une compagnie de chasseurs et une section d'artillerie. Lui-même se dirigea sur Adoua où il fit, le 1ᵉʳ avril, une entrée non moins solennelle que celle effectuée quatre mois auparavant. Mais, cette fois, l'occupation de la vieille capitale tigrine avait un caractère définitif : aux éphémères démonstrations de force succédait

---

(1) Makallé est la capitale de l'Enderta, l'une des plus riches provinces du Tigré ; c'est, en outre, le nœud principal des routes allant du bassin du Mareb vers le Lasta et le Choa.

la conquête accomplie de propos délibéré. D'Adoua, il se rendit à Axoum, la cité sainte des Éthiopiens, riche en vestiges d'un glorieux mais lointain passé. L'accueil chaleureux qu'il y reçut des principaux représentants de la religion offrait, pour lui, une grande importance politique, car il consacrait, en quelque sorte, la légitimité des droits de l'Italie aux yeux de ces populations sur lesquelles le clergé conserve une influence si marquée. Avant de quitter Adoua, il prescrivit l'établissement d'un ouvrage fortifié sur la hauteur de Fremona, qui domine la ville et où l'on trouve encore les restes d'une ancienne église portugaise remontant au XVIᵉ siècle (1).

De même, il tint à assurer, au moyen d'un fort permanent, la défense d'Adigrat, ville doublement importante comme point stratégique et comme capitale de l'une des provinces les plus fertiles et les plus salubres. Il fit, le 5 juin, l'inauguration de cet ouvrage. La construction, dirigée par le lieutenant du génie Paoletti, avait nécessité de très grands travaux, rendus particulièrement difficiles par la nature du terrain. Le fort couronnait le sommet d'une colline située à l'est de la ville d'Adigrat, dont la séparait le ruisseau de Biet-Maria : cette colline, dominant de 40 à 50 mètres tout le fond de la conque, était commandée elle-même par les hauteurs environnantes, mais à une distance considérable. Le mur d'enceinte, haut

---

(1) Ce monument perpétue le souvenir d'une héroïque expédition entreprise, en 1541, par dom Cristoforo de Gama (fils du grand navigateur Vasco de Gama), et 400 compagnons, pour défendre l'Abyssinie contre les musulmans.

de 3 mètres, épais de 4m,50, suivait à peu près les sinuosités de la crête rocheuse dessinant un quadrilatère irrégulier. Son développement total mesurait 750 mètres : les lignes de feux étaient tracées de façon à battre efficacement les deux routes conduisant à Makallé et à Adoua. Sur quatre points (à raison de deux pour chacune de ces directions) on avait aménagé des plates-formes d'artillerie; le reste des crêtes (600 mètres environ) était destiné à l'infanterie. Le flanquement était assuré au moyen d'une caponnière, un tambour et deux tenailles.

Ces ouvrages fortifiés étaient, certes, un précieux élément pour la défense de la colonie. Mais leur construction même affirmait, de la part des Italiens, la volonté d'une prise de possession définitive. C'était donc exclure toute possibilité d'arrangement amiable avec le ras Mangascia, auquel la plus belle part de son héritage était désormais enlevée.

M. Crispi et le général Baratieri se sont-ils alors rendu compte de la gravité de la détermination prise? Ont-ils réfléchi aux conséquences possibles? Si leur pensée s'est arrêtée à ces questions, ils ont manqué de prévoyance en ne prenant pas les mesures de précaution nécessaires pour répondre aux exigences de la nouvelle situation politique que volontairement ils venaient ainsi de créer.

CHAPITRE XIV

LE MASSACRE D'AMBA-ALAGI

Les Italiens expulsés du Harrar. — Opérations du général Baratieri contre le ras Mangascia. — Combat de Debra-Aila. — Concentration de l'armée du négus près du lac Ascianghi. — Le major Toselli à Amba-Alagi. — Ordre de retraite tardif. — Attaque des Choans. — Massacre du 4ᵉ bataillon indigène. — Intervention du général Arimondi. — Emotion en Italie. — Envoi de renforts.

Les six premiers mois de l'année 1895 avaient été marqués par une rapide et facile extension de l'Érythrée vers le sud. Elle englobait maintenant l'Agamé et le Tigré proprement dit : Adoua la capitale, Axoum la ville sainte, étaient aux mains des Italiens. Mais cette extension nécessitait l'emploi de moyens plus puissants pour l'occupation et la défense de la colonie, car un retour offensif des Abyssins restait toujours à craindre. Il semble que les ministres italiens n'aient point su arrêter d'une façon assez ferme la conduite à tenir : les uns étaient d'avis d'accorder au général Baratieri les ressources indispensables pour compléter l'œuvre de conquête si heureusement réalisée ; les autres jugeaient impossible l'allocation de nouveaux subsides, qui eussent compromis l'équilibre, à peine établi, du budget général. Ces tiraillements entraînèrent beaucoup d'indécision dans les mesures prises pour la défense de la colonie, dans l'ensemble des actes du commandement.

D'après les informations parvenues dans les premiers jours de septembre, le roi Ménélik s'était montré disposé à soutenir la cause des chefs tigrins dépossédés par l'invasion italienne, et à leur fournir d'importants secours en vue de tenter une revanche.

Bientôt on signala quelques rencontres d'avant-postes avec les bandes du ras Mangascia et, en arrière de celles-ci, on reconnut la présence de détachements choans et gallas..

On apprenait en même temps que les Italiens résidant au Harrar venaient d'en être expulsés (20 septembre) par ordre du ras Makonnen, qui s'était mis en marche à la tête de 30.000 hommes pour rejoindre le négus. Ce chef était considéré, jusqu'à ce jour, comme favorable à la cause italienne ; il en avait, à maintes reprises, défendu les intérêts ; du moment qu'il se déclarait ouvertement contre elle, on devait conclure que le négus avait en vue une action décisive, pour laquelle il mettait en jeu toutes ses ressources.

Le 1er octobre le gouverneur de l'Érythrée appelait la milice mobile à l'activité et se préparait à marcher contre les colonnes ennemies. Il voulait obtenir un succès contre le ras Mangascia avant que celui-ci ne fût appuyé par les troupes du Choa et du Harrar.

Un petit corps expéditionnaire était déjà concentré à Adigrat, sous les ordres du général Arimondi. Le général Baratieri, avec quatre bataillons indigènes, un bataillon de chasseurs d'Afrique et des détachements d'artillerie et du génie, le suivait à quatre journées de marche, prêt à l'appuyer.

L'ordre de marcher en avant fut accueilli avec beaucoup d'enthousiasme par les troupes. En avant du corps principal, le major Toselli formait avec son bataillon une colonne volante qui devait chercher à atteindre Mangascia sur le flanc pendant sa retraite.

Se dirigeant droit vers le sud, à partir d'Adigrat, les Italiens pénétrèrent dans l'Enderta, la région la plus peuplée et la plus fertile du Tigré, la seule peut-être où une troupe de quelque importance pourrait vivre sur le pays. Ils ne rencontrèrent pas de résistance, le ras Mangascia ayant battu en retraite dès leur approche. Ils dépassèrent Makallé et s'avancèrent contre Antalo, ancienne capitale de cette province. Il était probable que le ras Mangascia n'abandonnerait pas cette position sans tenter de la défendre. La colonne Toselli exécuta donc un assez large mouvement pour la prendre à revers Elle trouva une arrière-garde de 1.200 Tigrins installée à Debra-Aila, un peu au sud d'Antalo, et les délogea en leur infligeant des pertes considérables (8 octobre). Ce succès l'amena en présence de toute l'armée du ras Mangascia qui occupait une seconde position très forte naturellement. Prévoyant un engagement général pour le lendemain, il fit prévenir en hâte le général Baratieri, qui accourut à marche forcée. Mais le ras Mangascia, persévérant dans son système de ne rien compromettre, décampa dès le point du jour, ne laissant sur la position qu'une arrière-garde de 1.500 hommes. La supériorité numérique des Italiens leur permit d'en triompher à bon compte; ils recueillirent 200 prisonniers, un millier de têtes de bétail et un certain nombre d'armes et de fusils (1). Ce succès restait pourtant incomplet au point de vue stratégique, puisque l'ennemi qu'ils poursuivaient avait réussi à leur échapper.

Le général Baratieri ne jugea pas opportun de s'avancer plus loin vers le sud. Il se contenta de prescrire au général Arimondi de donner un peu la chasse aux arrière-gardes abyssines ; en même temps, il fit commencer auprès d'Antalo, des ouvrages de fortification susceptibles soit d'arrêter une attaque de l'ennemi, soit d'appuyer ultérieurement une marche offensive dans la direction du lac Ascianghi.

Le général Arimondi, exécutant une marche très hardie, arriva, le 13 octobre, devant l'Amba-Alagi, où était interné par ordre de Mangascia le ras Sebath, ancien chef de l'Agamé, qui pendant longtemps s'était affirmé partisan des Italiens. Il réussit sans combat à le délivrer ainsi que plusieurs autres chefs tigrins.

Quelques jours plus tard, le général Baratieri revenait à Makallé, où le clergé et les chefs du pays lui adressèrent de solennelles protestations de fidélité. Il y prescrivait l'établissement d'un fort qui fut construit par les lieutenants du génie Paoletti et Lucio ; puis il rentrait à Massaouah, considérant comme acquise la soumission définitive du Tigré.

---

(1) Parmi ces fusils, figuraient des armes françaises de modèles anciens, tels que, depuis des années, le gouvernement en cède librement au commerce. La presse gallophobe de Rome en prit prétexte pour accuser le gouvernement français de fournir des armes à Ménélik ; elle alla jusqu'à prétendre qu'il s'agissait de fusils m^{le} 1886 (dits *Lebel*). Il y avait là une calomnie et une absurdité, dont une note officielle du cabinet de Rome dut faire justice.

Le gouverneur de l'Érythrée s'était, semble-t-il, exagéré la portée du succès de Debra-Aila, ainsi que la démoralisation du ras Mangascia. En réalité, celui-ci s'était dérobé plutôt qu'enfui ; il n'avait pas voulu risquer une action décisive, sachant qu'à bref délai les contingents choans viendraient le soutenir. Il avait réussi à prendre assez d'avance pour que les Italiens ne pussent plus l'atteindre, et désormais, entre eux et lui, s'étendait une sorte de zone obscure où les deux partis avaient cessé d'être au contact et d'avoir conscience l'un de l'autre. Mais les Abyssins qui, lentement, achevaient leur concentration, savaient sur quels points ils devaient diriger leurs coups ; tandis que les Italiens, aveuglés par une fausse sécurité, ne se doutaient pas de la menaçante surprise qui allait bientôt les frapper.

A la date du 1er décembre, les forces tant européennes qu'indigènes présentes dans la colonie, étaient les suivantes :

Troupes européennes.	1 bataillon de chasseurs............	615	hommes		
	3 bataillons d'infanterie............	1.800	—		
Troupes mixtes.	1 comp⁽ᵉ⁾ carabiniers royaux	174	hᵐᵉˢ	dont 80	Italiens
	1 — canonniers........	209	—	100	—
	1 — du génie d'Afrique.	204	—	146	—
	1 — du train.........	205	—	59	—
Troupes indigènes.	8 batᵒⁿˢ d'infanterie (1)....	9.600	hᵐᵉˢ	dont 72	—
	1 escadron de cavalerie...	155	—	10	—
	2 batteries de montagne ..	248	—	22	—

En tout 13.210 hommes, dont 2.800 Italiens.

---

(1) Les 7ᵉ et 8ᵉ bataillons venaient d'être organisés par le général Baratieri à la suite de la campagne du mois d'octobre. On les avait formés en prélevant une compagnie sur les six bataillons existants et en créant deux compagnies nouvelles.

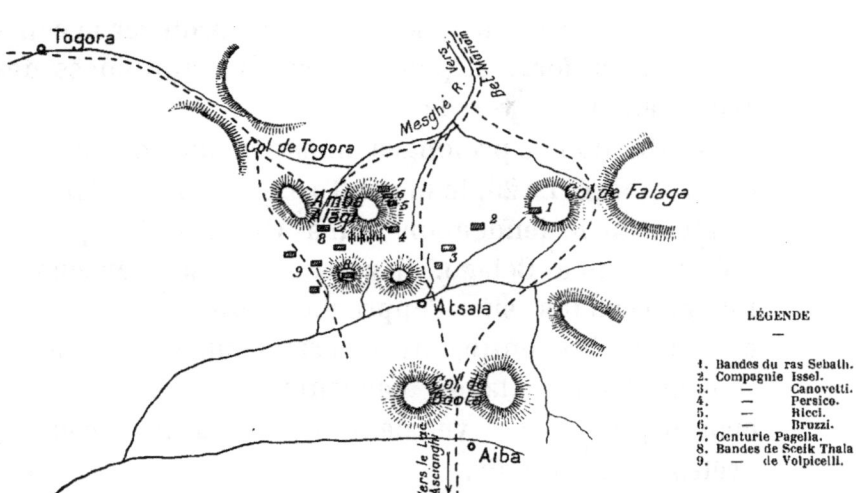

Combat d'**Amba-Alagi** (Echelle approximative : 1/200.000).

Il faut y ajouter 2.000 hommes environ de bandes irrégulières à la solde de l'Italie.

Mais une grande partie de ces troupes était dispersée dans les divers postes de la colonie, soit du côté de Kassala, soit autour de Massaouah. Le général Arimondi, auquel le gouverneur de l'Érythrée avait laissé le commandement des forces mobiles, se maintenait à Adigrat, tandis que la colonne volante du major Toselli était à Makallé, pour y protéger la construction du fort, et poussait par intermittences des reconnaissances vers le sud.

La situation se prolongea ainsi pendant tout le mois de novembre. Le 25, le major Toselli partit de Makallé, et atteignit le lendemain Amba-Alagi, d'où il poussa même jusqu'à Belago. Il y recueillit des renseignements certains sur l'approche d'une forte armée abyssine : les contingents des ras Mangascia, Mikaël, Olié et Aloula étaient concentrés près du lac Ascianghi ; en arrière venaient encore d'autres troupes, prêtes à les soutenir.

Cependant, le major Toselli ne crut pas devoir abandonner Amba-Alagi. Il disposait, en effet, de 2.000 hommes environ : le 4ᵉ bataillon indigène à l'effectif de 1.300 hommes ; deux sections d'artillerie de montagne ; deux bandes irrégulières de 3 à 400 fusils chacune, commandées par le ras Sebath, et Thala, un chef musulman de la tribu des Wollo-Galla, ennemi juré des Abyssins. Ces forces étaient suffisantes pour se maintenir, pendant quelques jours, à proximité de l'ennemi, de façon à observer ses mouvements ; elles eussent été heureusement complétées par un petit détachement de cavalerie qui, malgré les difficultés du terrain, eût pu rendre de grands services, en élargissant, autour de la colonne, le cercle des informations.

Après avoir rendu compte de la situation, le major Toselli résolut donc d'attendre l'ennemi sur la position d'Amba-Alagi, naturellement très forte, qui barre la route d'Antalo au lac Ascianghi. Il demeura ainsi immobile, du 29 novembre au 5 décembre, attendant soit l'annonce de renforts, soit un ordre de retraite; il sentait bien que la situation allait devenir périlleuse en se prolongeant, mais il considérait comme un devoir de tenir une position précieuse dans le cas où le général Arimondi se porterait en avant. Quelques coups de feu échangés par les avant-postes, de vagues propositions de médiation faites par le ras Makonnen, furent les seuls incidents de ces journées de répit. Puis, brusquement, le 5 décembre, parut, sur les hauteurs en face d'Amba-Alagi, toute l'armée abyssine, se démasquant en ordre, solidement constituée, prête à combattre. Le major Toselli s'empressait de signaler au général Arimondi sa situation critique; il traduisait en termes saisissants l'impression que lui avait causée la soudaine vision des feux du camp ennemi, véritable et sinistre illumination. Et, dans la suprême veillée des armes, il écrivait encore : « Ils sont beaucoup, beaucoup. Je vois les lueurs des feux s'enfoncer dans les profondeurs de l'horizon et signaler comme trois grandes colonnes s'avançant à droite ; à gauche, d'autres feux encore, qui paraissent allumés par des troupes disséminées. »

Le général Baratieri s'était déjà mis en marche, le 3 décembre, s'avançant avec quelques renforts de Massaouah sur Adigrat. De son côté, le général Arimondi avait quitté cette ville pour se rapprocher de Makallé. Tout en jugeant la situation sérieuse, ni l'un ni l'autre ne se doutait du danger auquel la colonne Toselli allait se trouver exposée. En recevant les nouvelles du 5 décembre, l'optimisme dont ils se berçaient (et surtout le général Baratieri) fit place à une légitime inquiétude. Sur l'ordre du gouverneur, le général Arimondi prescrivit au major Toselli d'abandonner Amba-Alagi et de se retirer sur Makallé : lui-même hâta sa marche de façon à le recueillir.

Malheureusement, cet ordre, qui eût sauvé la colonne, ne parvint pas à destination. Toute la journée du 6 décembre, le major Toselli resta spectateur des préparatifs des Abyssins pour l'attaque du lendemain ; lui-même prit ses dispositions de résistance, attendant d'heure en heure les renforts du général Arimondi.

Le combat commença vers 6 heures 30 du matin. Au centre de la position, les quatre pièces d'artillerie étaient disposées sur les pentes inférieures de l'Amba, battant la route du lac Ascianghi et soutenues par une compagnie d'infanterie. De l'autre côté de la route était une seconde compagnie. A l'extrême gauche, la bande du ras Sebath occupait un éperon flanquant la position ; à droite, la bande de Thala jouait le même rôle. En avant du front, une compagnie d'infanterie et une petite bande d'irréguliers avaient pour mission de retarder la marche de l'ennemi. Enfin, à l'abri du massif de l'Amba, le major Toselli avait disposé sa réserve forte de deux compagnies environ.

La colonne du ras Olié, forte de 7.000 hommes, déboucha la première en se dirigeant contre la gauche des Italiens : elle força le ras Sebath à reculer, découvrant ainsi le flanc des troupes qui étaient à sa droite. A ce moment, la colonne principale des ras Mikaël et Makonnen, comprenant 15.000 hommes, s'avança contre le centre de la position, en suivant la route d'Ascianghi à Antolo. Grâce à la résistance acharnée des Italiens, à l'engagement successif des échelons tenus en réserve, grâce surtout au tir de l'artillerie, les Abyssins eurent grand'peine à progresser et perdirent beaucoup de monde dans cette attaque centrale. Mais bientôt la droite fut à son tour menacée par une troisième colonne, de 10 à 15.000 hommes, que commandaient les ras Mangascia et Aloula. Ce mouvement tournant menaçait de couper aux Italiens la route de Togora, par laquelle ils pouvaient battre en retraite.

Enveloppé ainsi d'ennemis, perdant tout espoir d'être secouru, le major Toselli s'efforça de grouper les débris de la colonne et de tâcher d'en sauver au moins quelques éléments. Il porta sur sa droite une de ses deux sections d'artillerie pour appuyer une contre-attaque à la faveur de laquelle il put commencer une retraite par échelons sur la route de Togora. Dans ce terrain tourmenté, où s'ouvraient des précipices profonds de 500 mètres, les troupes ne pouvaient guère se mouvoir que le long de crêtes étroites dominant des gouffres béants ; de part et d'autre des ravins c'étaient des fusillades, des longs et pénibles cheminements pour escalader les pentes abruptes; partout les cadavres des hommes, des mulets s'amoncelaient, formant de sinistres barricades. Les deux adversaires déployèrent un égal héroïsme dans la lutte : l'une des sections d'artillerie continua le tir à mitraille jusqu'à ce que les Abyssins fussent à cinquante pas des pièces ; l'autre, se trouvant dans l'impossibilité de battre en retraite et n'ayant plus de munitions, fut précipitée dans un ravin. Resté avec les derniers défenseurs au pied de l'Amba, le major Toselli tomba à son tour au premier rang, comme Cristoforis au combat de Dogali. Vers une heure du soir, tout était fini. Du massacre, trois ou quatre cents ascaris et trois officiers italiens réussirent seuls à s'échapper. Ils furent recueillis par la colonne du général Arimondi, qui s'était avancée, dans la matinée, jusqu'à hauteur d'Adera, à douze ou quinze kilomètres du champ de bataille. Forte de 1.500 hommes seulement, cette colonne n'aurait pu qu'être englobée dans le désastre, si elle avait atteint, en temps voulu, l'Amba-Alagi. Son chef lui avait d'ailleurs fait occuper la position d'Adera avec l'intention de protéger la retraite du major Toselli, retraite qui, dans sa pensée, était en train de s'exécuter.

Vico Mantegazza rapporte les paroles échangées entre le général et le lieutenant Bodrero, qui, envoyé à sa rencontre par Toselli, précédait la petite colonne des fuyards :

« Et le bataillon où est-il ?

— Il n'existe plus.

— Mais Toselli n'a donc pas reçu l'ordre de battre en retraite ?

— Non, mon général, aucun ordre ne lui est parvenu. »

Grisés par leur victoire, les soldats du ras Aloula déployaient beaucoup de vigueur dans la poursuite, et le général Arimondi se vit bientôt menacé à son tour. Il dut déployer une partie de ses forces pour tenir les Abyssins en respect ; il réussit heureusement, tout en combattant, à se dégager en bon ordre et à faire écouler sa colonne sur la route de Makallé, où elle arriva le 8 décembre. Après quelques heures de repos, elle en repartit le jour même dans la direction d'Adigrat.

Avant de continuer son mouvement de retraite, le général Arimondi se décida à laisser une petite garnison à Makallé. Cette localité offre une double importance politique, comme capitale de l'Enderta, et militaire comme marquant la position à occuper si l'on ne voulait pas reculer la ligne de défense du Tigré septentrional jusqu'à hauteur d'Adoua et d'Adigrat. A plusieurs reprises, Makallé avait servi de base d'opérations aux armées abyssines, dans la guerre contre les Égyptiens, dans l'expédition de mars 1888 contre Saati. Le négus Johannès y avait établi sa résidence pendant une partie de son règne et s'était fait construire par l'Italien Naretti une sorte de palais, d'aspect monumental, surtout auprès des habitations ordinaires du Tigré. La défense de Makallé offrait l'avantage de protéger la concentration que le général Baratieri était en train d'effectuer auprès d'Adigrat. Elle arrêterait l'élan des Abyssins, surexcités par leur succès d'Amba-

Alagi, élan qui eût encore été accentué par leur entrée, sans coup férir, dans la capitale de l'Enderta.

Au mois d'octobre, le général Baratieri avait prescrit l'érection d'un fort pour la défense de cette position. Les travaux avaient été poussés rapidement et le nouvel ouvrage avait été inauguré, le 20 novembre, par le major Toselli, avec les bénédictions du clergé tigrin, au bruit des salves d'artillerie, aux acclamations de la population. Bien que certaines parties restassent inachevées, l'ensemble offrait cependant une réelle puissance défensive et permettait aux Italiens d'arrêter, au moins pour quelques jours, la marche de leurs adversaires.

Le fort, construit au sud-est de la ville de Makallé, sur la hauteur de l'Enda-Jésus (1), barrait à la fois la route qui se dirige au sud vers Amba-Alagi et le lac Ascianghi, et celle qui remonte au nord-ouest vers Adoua. Il offrait un périmètre défensif considérable, le mur d'enceinte suivant à peu près les crêtes, sauf certaines brisures destinées à en assurer le flanquement. A l'intérieur du fort étaient établis des logements et des magasins. Pour augmenter l'action extérieure, on avait établi une sorte de blockhaus sur une hauteur au nord-ouest.

Les approvisionnements étaient, pour certaines denrées, amplement constitués : trois mois de farine, un mois d'orge. Mais il n'y avait ni bois, ni fourrages, ni

---

(1) Le mot *enda*, en langue ahmarique signifie habitation. Les localités dans le nom desquelles entre ce vocable sont en général celles qui possèdent un sanctuaire ou un couvent de moines.

puits, ni citernes. Il fallait aller chercher l'eau à des sources situées l'une au nord, l'autre au sud du fort. Bien qu'elles en fussent éloignées de 400 mètres au maximum, leur utilisation pouvait être rendue précaire par leur position topographique, qui les laissait en angle mort par rapport aux parapets du fort. Comme suprême ressource, un réservoir contenant 200.000 litres d'eau.

Le général Arimondi confia la pénible mais glorieuse mission de garder le fort au major Galliano, qui avait lui-même sollicité cet honneur. Il lui laissa comme garnison quatre compagnies d'infanterie indigène (appartenant à deux bataillons différents), deux sections d'artillerie de montagne, deux sections du génie, un détachement de carabiniers royaux, etc.; en tout : 20 officiers et 13 sous-officiers italiens, 1.000 soldats indigènes et 150 italiens. Cette petite troupe allait, comme celle du major Toselli, avoir à affronter des luttes inégales, à soutenir l'honneur du drapeau contre des ennemis vingt fois supérieurs en nombre ; mais, cette fois, les illusions étaient dissipées d'avance et les défenseurs de Makallé avaient conscience de la gravité de la situation, des lourdes épreuves qu'il leur faudrait traverser.

Le désastre d'Amba-Alagi avait ouvert les yeux à tout le monde. Il avait dissipé l'optimisme, trop complaisamment entretenu pour diverses considérations politiques, avec lequel beaucoup de gens envisageaient les choses d'Afrique. On commençait à voir clair dans le jeu du négus et de ses lieutenants; on se rendait compte de l'impuissance de la diplomatie, en laquelle on avait trop obstinément espéré. On appréciait maintenant l'erreur de ceux qui avaient cru faire de Ménélik l'instrument docile de l'expansion italienne et qui, par de fausses manœuvres, l'avaient rendu hostile après l'avoir rendu redoutable.

La nouvelle du désastre avait éclaté à Rome comme un véritable coup de foudre, au moment où, dans les cercles politiques, les questions d'Orient, l'éventualité d'une manifestation navale devant Constantinople, étaient seules à l'ordre du jour. Dans la séance du 9 décembre, le ministre de la guerre avait fait au Parlement la tragique communication, accueillie par une stupeur, une émotion générale, qui se répercuta dans tout le pays.

La politique suivie par le gouvernement fut l'objet de violentes critiques; on lui reprochait, avec raison, de n'avoir pas su comprendre la gravité de la situation, d'avoir été imprudent ou aveugle. Pourtant le sentiment qui domina fut la nécessité de relever, à bref délai, le prestige des armes italiennes, de consentir à de nouveaux sacrifices en hommes et en argent pour assurer la sécurité de la colonie.

Le gouvernement commença par rappeler une partie de la classe 1873, envoyée en congé par anticipation. Il prépara l'envoi de renforts considérables, susceptibles de doubler l'effectif du corps expéditionnaire, et demanda aux Chambres un crédit de 20 millions. Ce crédit lui fut accordé après une discussion assez confuse que termina un ordre du jour peu significatif. Les adversaires du cabinet lui avaient, à juste titre, reproché d'avoir mal apprécié la grandeur des efforts à accomplir, d'avoir imprudemment couru au devant de l'orage qui venait d'éclater sur la colonie érythréenne. Mais, ni de la part des adversaires, ni de celle des partisans du ministère, on n'avait formulé de vues nettes sur la politique à suivre. Le crédit de 20 millions accordé n'était pas lui-même une solution. Vingt fois insuffisant si l'on voulait soutenir une guerre décisive contre Ménélik, il impliquait cependant plus que les mesures de sécurité indispensables au maintien des positions acquises. Ainsi se prolongeait l'équivoque, l'incertitude sur le but qu'il était possible et utile de poursuivre. Sans doute, le parlementarisme impose parfois une réserve intentionnelle, destinée à envelopper de mystère les projets en voie d'élaboration. Mais tel n'était point le cas. Le ministère Crispi allait continuer à se laisser griser par des illusions et guider par les événements, jusqu'à l'heure où ils le feraient sombrer sur un écueil plus sinistre que tous les précédents.

CHAPITRE XV

LE SIÈGE DE MAKALLÉ

Projets du général Baratieri. — Concentration à Adigrat. — Organisation défensive du fort de Makallé. — Démonstration du ras Makonnen devant le fort. — Arrivée de Ménélik. — Attaque du fort. — Les Abyssins s'emparent des puits. — La lutte contre la soif. — Pourparlers pour la reddition du fort. — La garnison reconduite aux avant-postes italiens. — Examen des conditions de défense du fort de Makallé.

Avant le désastre d'Amba-Alagi, le général Baratieri avait résolu de réunir au sud d'Adigrat les forces disponibles de la colonie pour tâcher d'arrêter l'armée abyssine. Après ce douloureux événement, il dut reporter ce point de concentration plus en arrière, à Adigrat même. En un rapport, daté du 30 décembre, il fait ressortir les raisons, assez logiques, de ce choix, dans les termes que nous résumons ci-après :

« La position du col d'Adagamus (1), au sud du mont de ce nom, était trop exposée pour le petit noyau de forces que je pouvais réunir vis-à-vis d'un ennemi tellement supérieur en nombre; la ligne de retraite n'était pas assurée et le fort d'Adigrat se trouvait trop éloigné pour prêter un appui efficace à la défense. Je

---

(1) Le col d'Adagamus est à trois heures de marche au sud d'Adigrat : c'est le point de passage obligé de la route de Makallé. Le général Arimondi avait atteint cette position, le 10 décembre, avec sa colonne et les débris du bataillon Toselli.

me résolus donc à occuper une position sur la ligne même du fort, me bornant à faire occuper le mont Adagamus par un bataillon et des bandes : leur communication avec le fort était assurée par une ligne télégraphique et au moyen du télégraphe optique.

» Les bandes, commandées par le capitaine Barbanti ayant sous ses ordres le ras Sebath (chef de l'Enderta) et le degiac Agos (chef de l'Agamé) devaient servir à faire des reconnaissances en avant du fort et à surveiller les routes de Makallé et d'Hausen.

» ... Mon but était de protéger la colonie contre une invasion imminente, de gagner du temps jusqu'à l'arrivée des renforts d'Italie... Je pouvais compter sur la résistance du fort de Makallé, pourvu de vivres jusqu'à la fin de février et de munitions abondantes ; son commandant et ses officiers m'inspiraient toute confiance, et l'ennemi manquait des moyens d'attaque suffisants.

» Si, après investissement du fort, l'ennemi s'avançait contre la position d'Adigrat, j'étais en mesure de le repousser victorieusement. S'il cherchait à gagner Adoua et le Mareb par Hausen, je pouvais l'attaquer pendant sa marche; en raison des *impedimenta* nombreux qu'il traînait derrière lui, une pareille attaque pouvait être pour lui un désastre. S'il se divisait, je pouvais, *a fortiori*, avoir raison de l'une ou de l'autre colonne au cours de son mouvement et lui infliger une défaite déterminant la retraite de l'autre. »

Quand le général Baratieri arriva à Adigrat, le 9 janvier au matin, il y trouva deux bataillons indigènes, le bataillon de chasseurs et une batterie de montagne. Deux jours après avait lieu la jonction avec la colonne du général Arimondi. D'autres renforts arrivèrent promptement, si bien qu'au bout d'une semaine le général Baratieri avait sous sa main une dizaine de mille hommes, effectif suffisant pour voir venir les événements et parer à une attaque de l'ennemi, mais avec lequel on ne pouvait songer à une action offensive quelconque.

Le fort de Makallé devait donc se trouver abandonné à lui-même, pendant un temps assez long, sans aucune possibilité d'être secouru. Dès le matin du 9 décembre, une forte colonne de cavalerie ennemie avait fait son apparition; elle s'était jetée à l'est de l'ouvrage, comme pour gagner la route d'Adigrat. Quelques coups de fusil suffirent à tenir ces cavaliers à distance, et les masses ennemies ne se montrèrent heureusement pas. Le major Galliano eut ainsi quelque répit, dont il profita pour achever la mise en état de défense du fort : destructions des *tuculs* et des murs qui gênaient les vues et le tir; réquisition des approvisionnements de vivres ou de fourrages existant chez les indigènes de Makallé. L'ancienne ville éthiopienne fut à peu près détruite et ses habitants dispersés de tous côtés. On construisit un chemin couvert pour permettre d'aller sans danger chercher l'eau et l'on établit dans la petite vallée un barrage qui permettait de recueillir à la fois une quantité d'eau plus considérable. Enfin on améliora les conditions du tir par l'établissement de nouvelles plates-formes pour l'artillerie.

Ces travaux purent être exécutés sans être troublés par l'ennemi, dont on n'apercevait encore que de faibles détachements. Le ras Makonnen, qui commandait l'avant-garde ennemie, s'était, le 10 décembre, arrêté à Scelicot, à 15 kilomètres environ de Makallé; quant au négus, il restait pour le moment loin en arrière.

En arrivant à Scelicot, le ras Makonnen envoya deux prêtres coptes à Makallé, pour transmettre au général Baratieri des propositions de paix. Cette fois, sans croire davantage à leur sincérité, les Italiens parurent mieux disposés à les accueillir et même à faire, à leur tour, traîner en longueur les négociations. Ils avaient un grand intérêt à gagner du temps pour permettre l'arrivée des renforts envoyés d'Italie. Le général Baratieri ne désespérait pas d'ailleurs d'amener à composition le ras Makonnen, qui avait longtemps montré de réelles sympathies pour l'Italie; les palinodies sont si familières aux populations éthiopiennes qu'il ne paraissait pas impossible, moyennant certaines conditions, de déterminer la défection du ras Makonnen, défection qui eût désorganisé tous les projets du négus. Après un échange de lettres, le lieutenant Partini, adjudant-major du bataillon Galliano, fut envoyé au camp de Scelicot, où il fut reçu avec beaucoup d'apparat, mais ne put aboutir à rien. Sa mission lui permit cependant d'évaluer, d'une façon approchée, les forces du ras Makonnen, qui semblaient s'élever à 25.000 hommes environ, armés de bons fusils; on comptait, en outre, un nombreux cortège de femmes, d'esclaves, de bêtes de somme.

Ce jour-là précisément (19 décembre) l'armée de Makonnen se déplaça de quelques kilomètres et vint prendre position à Dolo, à l'est du fort de Makallé.

Au cours de ces négociations, il s'était établi une sorte de trêve tacite, qui se prolongea jusque dans les premiers jours de janvier. Il advint même, le 29 décembre, que le ras Makonnen demanda au major Galliano de bien vouloir lui envoyer un médecin militaire afin de soigner le ras Atichin-Mangascia, qui avait fait une chute de cheval.

Bien qu'il n'y eût à Makallé qu'un seul médecin, le major Galliano tint à faire acte de courtoisie et déféra à la requête du chef abyssin. Dans ce voyage au camp ennemi, le médecin Mozetti put se rendre compte, comme le lieutenant Partini, des effectifs auxquels les Italiens avaient affaire : il les évalua également à une trentaine de mille hommes.

La proximité de masses ennemies tellement supérieures était certes de nature à jeter le découragement dans l'âme des défenseurs de Makallé. Mais l'énergique impulsion de leur chef avait animé tous les cœurs, et les trois semaines de répit qui venaient de s'écouler étaient de nature à rendre confiance, puisque désormais les renforts annoncés d'Italie ne devaient plus guère tarder à arriver. Tous avaient conscience qu'ils pourraient tenir jusqu'au moment d'être secourus et par conséquent qu'ils coopéreraient d'une façon efficace à la revanche tant souhaitée pour l'honneur italien.

L'occasion de mettre en jeu ces efforts allait bientôt se manifester. Dès les derniers jours de décembre, de petits détachements ennemis avaient peu à peu gagné les hauteurs entourant Makallé et en avaient complété l'investissement; le cercle se resserra à partir du 1er janvier; les rencontres devinrent plus fréquentes et plus sérieuses entre les avant-postes des deux partis. Makonnen se refusait pourtant encore à brusquer les choses, et faisait, le 3 janvier, en vue de rouvrir des négociations, une nouvelle démarche restée sans résultat.

Cette période de temporisation prit fin le 7 janvier, date à laquelle Ménélik atteignit Scelicot avec le gros de son armée. Du fort de Makallé, les Italiens aperçurent dans le lointain de grands et menaçants mouvements de troupes, l'installation d'un camp immense avec la tente rouge du négus. Le siège proprement dit allait commencer à partir de ce jour.

Dès dix heures du matin, des forces ennemies assez importantes attaquaient la grand'garde établie dans le village de l'Enda-Jésus, au sud du fort; obligée d'abord de reculer, elle exécutait ensuite un heureux retour offensif sous la protection des feux de l'ouvrage. A onze heures, une attaque analogue était dirigée contre le blockhaus situé au nord-est, au delà du ruisseau de Makallé; devant ce déploiement de forces supérieures, il fallut céder le terrain; l'officier indigène qui occupait ce petit blockhaus eut la présence d'esprit de le faire sauter au moyen des mines préparées d'avance.

Toute l'après-midi se prolongea ainsi avec des alternatives de succès pour les deux partis. Les Abyssins semblaient ne pas vouloir pousser d'attaque à fond, mais inquiéter les défenseurs de Makallé sur tous les fronts, sauf du côté de l'ouest. Pour la première fois ils mirent en batterie quelques canons à tir rapide; placées sur une colline à l'est du fort et à une distance de 1.500 mètres, ces pièces ne produisirent que peu d'effet.

Les Abyssins se retirèrent, pour la nuit, dans leur campement, couverts par des avant-postes qui gardaient les positions conquises. Dès le matin du 8, ils reprenaient leurs attaques sur les fronts est et sud. De ce dernier côté, ils repoussaient la grand'garde italienne et réussissaient à s'emparer du puits servant à l'alimentation du fort. C'était là un grave événement. En temps ordinaire, l'eau était fournie par deux puits, l'un au nord-est, l'autre au sud du fort; le premier avait été abandonné dès le principe comme trop éloigné; l'accès du second avait, comme nous l'avons dit, été facilité par la construction d'un chemin couvert. Malheureusement, il se trouvait en angle mort par rapport à l'enceinte du fort, de sorte qu'une fois tombé entre les mains des Choans, il devenait fort difficile de déloger ceux-ci qui, bien abrités contre le tir de l'artillerie ou de l'infanterie, s'installèrent solidement aux abords du puits pour en interdire l'accès.

Dans cette même journée, les Choans installèrent plusieurs batteries de canons à tir rapide qui exécutèrent un feu assez efficace, auquel les pièces de montagne italiennes ne purent guère riposter, vu l'insuffisance de leur portée. L'infanterie des assiégeants s'établit à une distance de 700 à 1.000 mètres et entretint une fusillade bien nourrie, qui obligea les Italiens à se confiner dorénavant dans le fort. Il y eut même dans la nuit deux tentatives d'assaut poussées jusqu'aux réseaux de fil de fer qui protégeaient les abords de l'enceinte.

Les 9 et 10 janvier, mêmes alternatives : les Choans gagnant peu à peu du terrain, marquant leur prise de possession par l'établissement de tranchées; les Italiens luttant pied à pied avec beaucoup d'énergie, entreprenant parfois des contre-attaques partielles, essayant même, dans la matinée du 10, de reprendre le puits du sud, mais repoussés avec des pertes sensibles, A la suite de cet échec, on renonça à toute nouvelle tentative et l'on dut se résigner à faire exclusivement usage de l'eau contenue dans les réservoirs du fort; avec un rationnement rigoureux, elle pouvait suffire pendant quelques jours aux besoins de la petite garnison.

Par suite de la configuration du terrain, tourmenté, raviné, avec de brusques variations de niveau qui limitaient beaucoup le champ de tir, les Abyssins avaient pu, en maints endroits, s'approcher à faible distance de l'enceinte. Pendant les heures de nuit, ils provoquaient en paroles les *ascaris*, tantôt les invitant à la trahison, tantôt leur prodiguant les menaces. Ils essayaient aussi de détruire les défenses accessoires organisées en avant des murailles et de couper les fils électriques destinés à l'inflammation des fougasses.

Le 11 janvier, Ménélik jugea le moment venu de donner un assaut décisif. Il avait profité de la nuit pour rapprocher ses troupes et leur faire prendre les dispositions voulues. Pour éviter de donner l'éveil, et tâcher de surprendre la garnison, la marche des Abyssins s'effectua en grand silence, par petits groupes indépendants; on leur avait distribué un certain nombre d'échelles pour escalader les murs.

Mais les défenseurs faisaient bonne garde; ils s'étaient aperçus, malgré la nuit, des préparatifs de l'attaque et quand, à l'aube, celle-ci se produisit, tous étaient à leur poste prêts à la recevoir. Le major Galliano prescrivit de laisser avancer les Abyssins presque jusqu'au contact du fort, de les induire ainsi en confiance, puis de les accueillir à la dernière minute par un feu meurtrier. La consigne fut fidèlement observée; au moment où les assaillants croyaient avoir réussi dans leur projet de surprise, quand déjà ils appliquaient leurs échelles contre les murailles, ce fut de toutes les crêtes de l'ouvrage une fusillade générale qui les mit en fuite.

Mais derrière les têtes de colonnes, ainsi débandées, s'avançaient de nombreuses réserves, susceptibles de renouveler longtemps ces premiers efforts. La lutte s'engagea donc acharnée sur tout le front, et principalement contre le saillant nord-est du fort. Les Abyssins tirèrent un grand parti de leur artillerie qu'ils firent hardiment avancer à courte distance et dont ils choisirent les positions d'une façon très rationnelle; ils surent se placer de façon à enfiler la face occidentale du fort contre laquelle ils ne pouvaient agir directement, en raison du terrain. Mais ces pièces étaient d'un calibre trop faible pour produire un effet appréciable sur l'enceinte même de l'ouvrage, de sorte que les Italiens conservaient toujours le bénéfice de sa protection ; grâce à cette circonstance, grâce surtout à l'énergie des chefs et à la rigoureuse discipline du feu, ils purent infliger des pertes très sensibles aux assaillants, sans avoir eux-mêmes beaucoup à souffrir (1).

Après cinq ou six heures d'attaques violentes, sans cesse renouvelées, mais toujours infructueuses, les Abyssins durent renoncer à enlever le fort de vive force et se retirèrent, laissant le terrain jonché de cadavres. Mais les Italiens, inexpugnables derrière leurs retranchements, n'étaient pas en force suffisante pour essayer une poursuite, dans laquelle ils eussent été accablés sous le nombre; ils ne pouvaient même pas songer à remettre la main sur ce puits précieux enlevé trois jours auparavant.

A partir de ce jour, la petite garnison demeura sur le qui-vive, sans cesse inquiétée tantôt par des attaques partielles de petits détachements, tantôt par des tentatives individuelles pour surprendre quelque sentinelle ou faire sauter partie de la muraille d'enceinte. Mais les Abyssins, éprouvés par la sanglante attaque du 11, s'abstinrent de la renouveler dans des proportions aussi importantes. Ils envoyèrent même un parlementaire, dans l'après-midi du 13 janvier, pour demander une trêve afin d'enterrer leurs morts. Le major Galliano se déclara disposé à y consentir, à condition que les Abyssins se retirassent hors de la portée de canon et fissent procéder à la re-

---

(1) Le nombre des morts ne dépassa pas : 2 Italiens et 5 ascaris; celui des blessés, 1 Italien et 24 ascaris;

cherche des cadavres tombés près de l'enceinte par des groupes de 50 hommes, au plus, désarmés. Ces exigences n'avaient rien d'excessif et constituaient simplement une garantie pour la sécurité du fort ; mais comme elles eussent permis aux Italiens de renouveler leur provision d'eau, le négus refusa de les accepter. Le projet de trêve se trouva donc abandonné.

A défaut des attaques des Abyssins, la garnison allait avoir à lutter contre un ennemi encore plus redoutable : la soif. Une fois privée des puits, elle était réduite à l'eau contenue dans un réservoir du fort et destinée à abreuver les mulets, eau de qualité médiocre et peu abondante, qu'il fallut ménager avec un soin extrême. Une surveillance rigoureuse fut exercée sur la distribution de ce précieux liquide ; les officiers de tout grade furent rationnés, comme la troupe, à raison de trois quarts de litre jusqu'au 13 janvier, et ensuite d'un demi-litre. Les souffrances devinrent bientôt d'autant plus atroces que l'eau commençait à se corrompre à mesure qu'elle devenait plus rare. A la date du 15 janvier, il n'en restait plus que pour deux jours environ ; avec les autres liquides contenus dans les approvisionnements du fort, on avait la perspective de pouvoir doubler ce délai, mais voilà tout. L'échéance du 20 au 21 janvier marquait donc fatalement le terme de la résistance ; il faudrait alors en finir d'une façon ou d'une autre.

Pour soutenir le courage des indigènes, le major Galliano avait fait entreprendre le creusement d'un puits, bien que la configuration du sol ne permît guère de compter sur un résultat favorable : il fallut, en effet, arrêter le travail, sans avoir trouvé la moindre nappe souterraine.

Une seule espérance demeurait encore ancrée au cœur du major Galliano et de ses vaillants compagnons d'armes : celle d'une prochaine intervention du général Baratieri, à la tête d'une armée de secours. Tous savaient que leur dévouement, leurs souffrances avaient pour but de permettre la concentration des troupes italiennes en nombre suffisant pour reprendre la campagne ; tous comptaient que cette opération était en voie d'achèvement et que bientôt ils entendraient, du côté du nord, le bruit du canon libérateur. Douce illusion que l'amère réalité allait trop tôt dissiper !

Nous avons dit qu'aussitôt après le désastre d'Amba-Alagi, le gouvernement italien avait décidé l'envoi de renforts considérables, susceptibles de rétablir la situation si gravement compromise. Le jour même où la fatale nouvelle était parvenue, des ordres furent donnés pour la formation immédiate de douze bataillons d'infanterie de marche et de deux batteries d'artillerie, par prélèvement sur les unités de l'armée métropolitaine. Il y eut chez les officiers de tout grade un très vif élan pour prendre part à l'expédition. Bien que montrant moins d'enthousiasme, les soldats fournirent sans peine le contingent de volontaires exigé ; ils restèrent généralement sourds aux exhortations des agents socialistes qui essayaient de les détourner de leurs devoirs. Mais si les éléments individuels composant ces unités étaient excellents en eux-mêmes, on dut constater leur manque de cohésion ; du jour au lendemain, les gradés se trouvèrent placés à la tête de soldats venus de partout et qu'ils ne connaissaient pas. L'inconvénient devait se faire d'autant plus sentir que ces bataillons de marche constituaient une part importante du corps expéditionnaire et qu'ils allaient avoir à combattre dès leur arrivée en Afrique, sans que le temps ait pu cimenter les éléments hétérogènes dont ils étaient formés.

L'organisation des unités nouvelles rencontra quelques difficultés, en ce qui concerne l'habillement et l'équipement des hommes, en raison de l'insuffisance des approvisionnements existant dans certains corps. On sut remédier assez vite à ces lacunes, et les premiers embarquements de troupes s'effectuèrent à Naples à partir du 16 décembre. Ils se succédèrent presque jour par jour jusqu'à la fin du mois (1).

Cette première série de renforts, comprenant quatorze bataillons et quatre batteries, était déclarée suffisante par le général Baratieri pour lui permettre de reprendre l'offensive. Il eût d'ailleurs été difficile, faute de moyens de transport et de ressources d'installation, de faire converger simultanément à Massaouah des forces plus importantes et surtout de les

---

(1) Le 16 décembre, embarquement d'un bataillon d'infanterie, d'un bataillon de bersaglieri d'Afrique et de deux batteries de montagne; le 18, deux bataillons d'infanterie d'Afrique; le 20, un bataillon d'alpins d'Afrique et une batterie de montagne; le 22, deux bataillons d'infanterie d'Afrique; le 24, un bataillon d'infanterie d'Afrique; le 25, également; le 26, deux bataillons d'infanterie d'Afrique; le 28, un bataillon d'infanterie d'Afrique et une batterie de montagne; le 30, également; le 31, un bataillon d'infanterie d'Afrique.

acheminer, dans de bonnes conditions, sur les plateaux abyssins.

Avec les derniers éléments partit le général Lamberti, nommé sous-gouverneur de la colonie, avec la mission spéciale de commander (au moins provisoirement) la place de Massaouah et d'assurer les communications des troupes qui, après débarquement en ce point, devaient aller rejoindre le corps expéditionnaire.

La mise en route des bataillons de renfort s'effectua très régulièrement; au fur et à mesure qu'ils débarquèrent à Massaouah, ils furent dirigés vers le haut plateau, soit par la route d'Asmara et Gura, soit par celle de Ua-a et Mahio. On rencontra de sérieuses difficultés à assurer ce mouvement, tant à cause des obstacles naturels du sol, que d'une épizootie qui fit périr un grand nombre de bêtes de somme.

Le premier bataillon (*alpins d'Afrique*) atteignit le camp d'Adigrat le 7 janvier, et fut très rapidement suivi des autres. Mais nous avons vu que cette date est celle même de l'arrivée de Ménélik au camp de Scelicot; elle marque le début du siège proprement dit de Makallé. Ce n'était dès lors plus 25.000 hommes, mais de 60 à 80.000 qu'il fallait affronter pour porter secours au bataillon Galliano. Le général Baratieri jugea qu'une telle entreprise serait imprudente, en raison de la disproportion écrasante des forces et de l'éloignement où il se trouverait de son point d'appui naturel, le fort d'Adigrat.

Comme les relations avec le fort de Makallé n'étaient pas complètement interrompues, il put recevoir, par un laconique billet du major Galliano, la nouvelle du terrible assaut du 11 janvier; il apprit en même temps le prochain épuisement des réserves d'eau. Voyant dès lors que la chute du fort était une simple question de jours, que les renforts arrivés ou attendus ne lui permettraient point, sans imprudence, d'entreprendre une action de secours, il se décida à négocier la reddition dans les conditions les meilleures pour les intérêts et l'honneur italiens.

Les pourparlers eurent lieu par l'intermédiaire de M. Felter, qui, appelé par des intérêts financiers au Harrar, avait acquis une grande influence sur le ras Makonnen et continuait à être auprès de lui une sorte d'agent officieux de l'Italie. La reddition du fort et l'évacuation de la garnison furent rapidement convenues dans des conditions que le gouvernement italien n'a jamais fait connaître d'une façon précise. Il a laissé ainsi le champ libre à diverses suppositions. Les uns ont prétendu que Ménélik aurait tout simplement cherché à faire un marché avantageux et exigé une rançon de quatre millions pour la libération du bataillon Galliano. D'autres lui ont, au contraire, prêté un rôle désintéressé; il aurait compati d'une façon chevaleresque aux souffrances de cette poignée de braves et aurait voulu, en la laissant sauve, donner à l'Italie une sorte de leçon de générosité.

Il ne faut pas aller chercher si loin l'explication d'un fait conforme, en définitive, aux intérêts des deux partis. Ménélik désirait voir tomber le plus tôt possible ce fort qui, immobilisant son armée, lui imposait à elle-même de dures souffrances, à cause de la difficulté des ravitaillements. Il avait d'ailleurs reconnu l'impossibilité de réussir dans une attaque de vive force. Que pouvait-il donc espérer de mieux ? Qu'à la dernière heure, une fois toutes les ressources épuisées, le bataillon Galliano tentât une suprême sortie, dans laquelle il serait certainement écrasé par le nombre, ce serait un nouvel Amba-Alagi, mais qui coûterait cher aux Choans, peut-être deux ou trois mille morts. Au lieu de courir le risque de cette lutte désespérée, ne valait-il pas mieux pour le négus consentir à une honorable capitulation, grâce à laquelle il s'assurait la possession plus prompte et moins onéreuse de Makallé ?

Le ras Makonnen se rangea volontiers à cette idée. Personnellement, il ne tenait pas à pousser la guerre à fond, si loin de la province où il avait ses intérêts : il s'inquiétait des bruits qui couraient d'une diversion italienne par Zeilah ou par Assab, diversion qui eût directement menacé le Harrar. Toute solution pacifique était donc de nature à lui plaire. Il subissait d'ailleurs l'influence de M. Felter, par l'entremise duquel il avait contracté des emprunts dans certaines banques européennes : le gouvernement italien sut, dit-on, mettre habilement quelques centaines de mille francs à la disposition de son représentant pour éteindre partie de ces dettes qui venait à échéance.

Le consentement du négus fut ensuite facile à obtenir. Malgré les excitations de la reine Taïtou, il se rendait un compte trop exact de la situation pour ne pas reconnaître l'intérêt majeur que lui-même avait à un arrangement amiable. Il faut d'ailleurs remarquer que, suivant les usages abyssins, en cas d'enlèvement du fort, les prisonniers italiens eussent été attribués au ras Makonnen (et aux chefs placés sous ses ordres), puisque c'est lui qui avait eu la charge de cette opération. Le négus n'avait aucun bénéfice à espérer, du moins en principe, des rançons qui auraient pu, dans ce cas, être exigées du gouvernement italien ou des familles des captifs.

Il fut donc convenu que la garnison évacuerait le fort et serait laissée libre de rejoindre Adigrat, avec armes, munitions, bagages et matériel de toute espèce. Le général Baratieri envoya au major Galliano l'ordre d'abandonner Makallé en l'invitant à prendre, d'ailleurs, toutes mesures nécessaires pour s'assurer que les conditions arrêtées de part et d'autre seraient respectées (19 janvier).

Trente-six heures de pourparlers furent encore nécessaires pour régler ces questions de détail, trente-six heures marquées par de nouvelles et plus pénibles souffrances, mais que du moins rendait plus supportables la certitude d'une très prochaine délivrance. Redoutant une surprise, quelque piège tendu par la mauvaise foi ennemie, le major Galliano voulait avoir des garanties. Il tenait, avant tout, à évacuer la totalité du matériel contenu dans le fort, dont il avait la garde et dont il ne consentait à laisser aucun objet aux mains de l'ennemi. Mais les mulets dont il disposait étaient en nombre insuffisant et pouvaient à peine marcher, épuisés par l'absolue privation d'eau pendant une semaine entière.

Pour régler cette question, il dut y avoir plusieurs

allées et venues de M. Felter entre le fort et le camp de Makonnen. Celui-ci consentit à prêter 700 mulets pour le transport des approvisionnements à évacuer; le négus accorda une autorisation analogue.

Enfin, après deux entrevues avec le ras Makonnen en personne, le major Galliano se convainquit de la loyauté de la capitulation offerte. Il consentit alors à abandonner le fort et à venir camper avec son bataillon au milieu des troupes abyssines qui devaient l'escorter pendant partie, au moins, de sa retraite sur Adigrat (20 janvier). Aussitôt cet accord établi, le drapeau blanc fut hissé sur le fort et l'accès des puits permis à la garnison.

Dans l'après-midi du 21 janvier, tout le matériel étant chargé sur les mulets, le bataillon Galliano se dirigea vers le camp du ras Makonnen, où il fut reçu avec des marques de sympathie de la part des chefs, de curiosité de la part des soldats.

Dès le lendemain, la marche fut reprise, avec beaucoup de lenteur. La petite colonne italienne traversa pendant trois jours les campements ennemis, qui s'échelonnaient sur une grande profondeur, dans la direction du nord. Elle était escortée par un fort détachement des troupes de Makonnen qui montraient des dispositions plutôt amicales; pendant une partie de la route, il s'établit des relations de camaraderie entre ces indigènes d'une même race, servant sous deux drapeaux différents.

Après avoir dépassé Mai-Magden, on fit prendre au bataillon Galliano la route d'Hausen, au lieu de celle qui conduit directement à Adigrat par Enderta;

pour expliquer ce changement d'itinéraire, on prétexta que la route ainsi imposée était un peu plus longue sans doute, mais beaucoup meilleure que l'autre.

Les Italiens ne tardèrent pas à s'apercevoir que de fortes colonnes exécutaient le même mouvement; c'était toute l'armée du négus qui gagnait ainsi du terrain vers le nord-ouest, avec l'intention évidente d'aller prendre position aux environs d'Hausen.

A partir de ce point, le major Galliano espérait reprendre son entière liberté. Mais le ras Makonnen souleva des difficultés nouvelles; il exigea d'abord qu'un officier fût laissé en otage comme garantie de la restitution des mulets; ensuite, prétextant qu'aux termes de l'accord intervenu le général Baratieri aurait dû envoyer un plénipotentiaire pour traiter de la paix, il prétendit retenir neuf officiers et un fourrier-major. Il fallut bien se soumettre à ces exigences.

Enfin, le 30 janvier, le bataillon arrivait au camp d'Adagamus, escorté jusqu'aux avant-postes italiens par le fitaurari Gabussié, qui en fit remise au général Baratieri.

Ce retour fut salué dans le camp italien avec une joie bien naturelle, après les angoisses des quinze derniers jours. Il s'y mêlait un sentiment de fierté nationale, justifié par l'énergie, le dévouement que ce siège mémorable avait mis en évidence.

Ces sentiments eurent leur écho dans la péninsule, écho qui, même en faisant la part du tempérament national, paraît exagéré. Quand on apprit l'arrivée du bataillon à Adagamus, toute l'Italie illumina comme au lendemain d'une grande victoire.

Nous ne voulons certes pas diminuer le mérite du major Galliano et de ses compagnons. Leur attitude fut héroïque; elle commande d'autant plus le respect que, dans la lutte contre les tortures de la soif, leur énergie n'était point soutenue par l'enivrement du champ de bataille. C'est au fond même de leur âme, dans le sentiment le plus noble de l'honneur et du devoir, qu'ils durent puiser cette énergie dont ils firent preuve jusqu'au bout, sans une heure de défaillance (1).

Mais, en se plaçant au point de vue purement militaire, le siège de Makallé n'apparaît point comme une opération digne de telles apothéoses. Si nous considérons les pertes subies par les défenseurs, nous voyons, d'après le rapport officiel du major Galliano, qu'elles se réduisent à : 6 Italiens et 33 indigènes morts par le feu; 6 Italiens et 74 indigènes blessés. Il n'est pas fait mention de soldats morts de maladie. En définitive, l'effectif revenu au camp d'Adagamus est évalué à : 12 officiers (probablement tous Italiens — aux-

---

(1) Le major Galliano avait reçu en récompense le grade de lieutenant-colonel. Ce n'était que le juste prix de sa valeur. Mais le rapport par lequel le général Mocenni, ministre de la guerre, demandait au roi cette récompense est rédigé en termes emphatiques, dont le major Galliano ne dut pas être le dernier à souffrir. Pendant une cinquantaine de lignes, il n'est question que d'héroïsme, d'énergie extraordinaire, d'actes sublimes, de valeur, de conduite brillante, d'admiration, etc. Cette disproportion entre les mots et les choses a le grave inconvénient de fausser les idées, de susciter dans les esprits de dangereuses erreurs de jugement. Il y a là un défaut plus répandu dans les races latines que dans les autres, et qui se peut constater en France même, surtout depuis 25 ans. A mesure que la grandeur des actions a diminué, on a, semble-t-il, haussé le ton des paroles.

quels il faut ajouter les otages retenus par Makonnen), 170 hommes de troupe italiens et 1.081 indigènes.

Combien les guerres d'Algérie et du Tonkin n'offrent-elles pas d'exemples de troupes autrement éprouvées !

Il faut remarquer d'ailleurs que le siège de Makallé dura, en réalité, à peine quinze jours et non pas six semaines, comme les écrivains italiens l'ont trop volontiers répété. Jusqu'à l'arrivée de Ménélik, il n'y eut qu'un investissement très sommaire qui n'aurait empêché ni la retraite de la garnison, ni l'envoi de renforts.

Au moment où commença la période des opérations plus actives, le fort de Makallé avait, en somme, rendu les services qui avaient motivé son occupation après Amba-Alagi. Il avait permis au général Baratieri de concentrer son armée à Adigrat, d'attendre l'arrivée des renforts, sans être exposé prématurément au choc des masses choanes.

Que pouvait désormais espérer le commandant en chef des forces italiennes ? Quel rôle attribuait-il au fort de Makallé, étant donné qu'en dépit des renforts attendus, il ne se croyait pas en mesure de marcher contre les Abyssins ?

Voulait-il soutenir simplement une lutte pour l'honneur ? Mettait-il une sorte de fierté militaire à ne pas abandonner, sans une suprême résistance, ce coin de terre où avait été plantée la bannière de son pays ? — Dans cette hypothèse, fort admissible, il suffisait de laisser à Makallé trois ou quatre cents hommes, sacrifiés peut-être, mais dont la perte n'eût causé qu'un préjudice restreint à la défense de l'Érythrée. Grâce à la solide organisation du fort, ils eussent repoussé les assauts des Choans aussi bien que réussit à le faire le bataillon Galliano ; et du moins leur résistance n'eût pas été entravée par la disette d'eau avant un délai de vingt-cinq à trente jours. Qui sait si d'ici là ne se seraient pas produites telles circonstances heureuses amenant la retraite du négus ?

Le général Baratieri voulait-il, au contraire, s'accrocher solidement en ce point de l'Érythrée pour favoriser une reprise ultérieure de l'offensive ? Il fallait à tout prix assurer l'alimentation en eau et pour cela étendre l'action du fort au moyen d'ouvrages extérieurs protégeant les puits contre les entreprises de l'ennemi. Au fort d'arrêt, trop resserré, dans lequel la défense était réduite à piétiner, il fallait substituer une petite *place du moment,* facile à organiser en quinze jours, comportant une garnison de 2.000 à 2.500 hommes. Cet effectif était suffisant : d'abord pour exercer une action extérieure qui fut interdite, dès le premier jour, au bataillon Galliano; ensuite pour donner à la défense un caractère de mobilité, gage de succès (1). Il devenait possible de compter sur une résistance

---

(1) Cet accroissement d'effectif aurait, sans doute, eu pour effet de hâter la consommation des approvisionnements en vivres. Mais il eût été possible d'augmenter ceux-ci, dans une certaine mesure, en faisant entrer quelques convois ou en exerçant des réquisitions pendant la période de trêve qui précéda l'arrivée de Ménélik. On pouvait également ne pas conserver les femmes des ascaris, qui furent autorisées, en trop grand nombre, à accompagner leurs maris.

efficace, assez prolongée pour permettre d'attendre des circonstances plus favorables.

En tous cas, il y avait un intérêt majeur à améliorer les conditions d'alimentation en eau, à ne pas se contenter d'un puits situé en dehors du fort et en angle mort. Puisque le terrain ne permettait pas de trouver de l'eau dans l'enceinte même, il fallait y multiplier les réservoirs et les maintenir constamment remplis.

Le répit accordé aux Italiens après Amba-Alagi rendait l'une ou l'autre de ces solutions également réalisables; il ne fut qu'incomplètement mis à profit. Le général Baratieri encourt, semble-t-il, une grave responsabilité pour avoir laissé fuir ces heures de grâce; il n'a su ni apprécier en temps voulu la situation, ni prévoir l'emploi logique de ses forces. Il n'a même pas l'excuse d'avoir été surpris par des événements inattendus. On lui a expédié d'Italie les renforts que lui-même avait demandés; ces troupes sont arrivées sans encombre, sans retard, aux dates qu'il avait pu calculer d'avance, puisque les départs lui étaient notifiés aussitôt par télégramme. Il avait reçu depuis fort longtemps, sur les forces de Ménélik, des renseignements très rapprochés de la vérité.

Il n'a pas su, à l'aide de ces éléments, arrêter un plan d'opérations précis et raisonné. Il s'est laissé aller au cours des événements et a bientôt été débordé. C'est, de sa part, le défaut de prévoyance que nous avons signalé au moment de l'éphémère occupation d'Adoua et du combat de Coatit; mais alors, en présence de circonstances moins difficiles, il avait été sauvé par son énergie, par la hardiesse de ses opérations tactiques. Aujourd'hui, les fautes commises avaient porté, jusqu'au bout, leur fruit amer; leurs conséquences devaient se répercuter, plus ou moins directement, sur toute la campagne.

A ce point de vue, la responsabilité du général Baratieri nous apparaît plus marquée dans l'affaire de Makallé que dans celle d'Adoua. Ici, sa liberté d'action a peut-être été entravée par des influences étrangères et il se trouvait dans une situation générale qui devait presque fatalement aboutir à un désastre. Au contraire, à la date du 1er janvier 1896, rien n'était compromis et, grâce à la supériorité d'organisation et d'armement, il était possible à la petite armée italienne de protéger le Tigré central contre l'invasion des masses abyssines.

CHAPITRE XVI

D'ADIGRAT A ADOUA

Arrivée des renforts. — Organisation nouvelle du corps expéditionnaire. — Marche de Ménélik sur Hausen et Adoua. — Les Italiens se portent d'Adigrat sur Entiscio. — Difficultés de réapprovisionnement. — Révolte du ras Sebath et d'Agos-Tafari. — Le général Baratieri songe à la retraite. — Il se décide à attaquer l'ennemi.

Nous avons dit que les bataillons appartenant au premier échelon des renforts avaient atteint Adigrat à partir du 7 janvier. Le général Baratieri fut amené, en raison de cet accroissement d'effectif, à remanier l'organisation de ses troupes. Avec les éléments venus d'Europe, il constitua deux brigades ; l'une, sous les ordres du général Arimondi, comprenait : un bataillon de bersaglieri, un bataillon alpin, un bataillon de chasseurs et quatre bataillons d'infanterie d'Afrique ; la seconde, commandée par le colonel (bientôt général) Albertone, comprenait six bataillons d'infanterie d'Afrique. Les bataillons et batteries indigènes, ainsi que les bandes irrégulières, devaient rester à la disposition directe du général en chef, pour être, suivant les besoins, affectés à telle ou telle brigade ; ils devaient, en principe, être employés de préférence pour le service de reconnaissance. Un peu plus tard, ce groupement fut encore modifié ; toutes les troupes indigènes furent réunies en une brigade commandée par le général Albertone, et les troupes européennes placées sous les ordres du général Arimondi.

Les effectifs disponibles atteignaient, le 18 janvier, les chiffres suivants : 8.000 Italiens, 10.900 indigènes, 10.600 chevaux ou mulets, 34 canons. A cette date, le général Baratieri se décida à venir occuper la position d'Adagamus, qui lui avait paru trop avancée un mois auparavant. Il ne laissa dans le fort d'Adigrat qu'une faible garnison, composée des soldats les moins aptes à la marche.

C'est dans cette position que le corps italien fut rejoint par le bataillon Galliano, après les événements que nous avons précédemment racontés. L'on s'aperçut alors que Ménélik avait déplacé son armée parallèlement à la marche du bataillon Galliano et des troupes chargées de l'escorter, et qu'il avait gagné 60 kilomètres dans la direction d'Adoua. Il était ainsi sorti sans combat, sans danger, de la région de Makallé pour gagner une position d'où il pouvait à son choix atteindre soit Adoua, soit Adigrat.

Il est vrai qu'entre le 25 et le 30 janvier, le général Baratieri déclare, dans ses télégrammes, n'être pas en forces suffisantes pour attaquer l'ennemi. Il ajoute, répondant à une objection faite d'avance par le ministre : « Ce n'est pas la présence du bataillon Galliano qui entrave ni entravera mes opérations. »

Nous ne contestons pas la sincérité de cette affirmation. Mais l'ensemble des faits laisse clairement ressortir les conclusions suivantes :

1° Toutes les préoccupations du moment étant dirigées vers le bataillon Galliano, la marche de l'armée choane resta d'abord inaperçue ; le général Baratieri en fut informé un ou deux jours plus tard qu'il ne l'eût été en d'autres circonstances ;

2° Ménélik, qui savait les Italiens fortement installés à Adagamus, n'aurait probablement pas entrepris cette marche de flanc, au cours de laquelle il risquait d'être attaqué au passage de la rivière de Gheva.

Il convient, en tout cas, de signaler la singulière inconséquence du général Baratieri qui avait choisi la position d'Adagamus en vue de tomber, le cas échéant, sur le flanc de l'ennemi, et qui resta immobile quand celui-ci exécuta précisément la manœuvre ainsi prévue. N'est-ce point le renouvellement de l'erreur déjà commise au moment où il s'agissait d'aller au secours de Makallé ? C'est la même alternative d'imprévoyance et d'indécision qui domine et explique tous les événements du 1er décembre 1895 au 1er mars 1896 : la succession des faits est la conséquence logique du caractère du général Baratieri et de son état momentané d'esprit.

L'occupation d'Hausen était fort avantageuse pour le négus. Il évitait ainsi le fort d'Adigrat, obstacle sérieux contre lequel la légère artillerie abyssine ne pouvait pas exercer d'action efficace. De là, il pouvait à volonté se porter soit sur Adoua, pour consacrer en quelque sorte ses succès antérieurs en réoccupant la capitale du Tigré, soit sur Entiscio, pour menacer les communications des Italiens et porter la guerre dans l'Okulé-Kusaï.

La position d'Adagamus n'avait plus de raison d'être, du moment que l'ennemi était à Hausen ; elle devenait même dangereuse, puisque les communications étaient à la merci d'une marche hardie et rapide vers le nord. Le général Baratieri dirigea donc ses troupes, le 1er février, sur le col d'Alequa (à l'ouest d'Adigrat), puis sur Mai-Gabeta, où il barrait la route de l'Okulé-Kusaï. Mais en même temps il découvrait entièrement Adoua, qui allait, une fois de plus, retomber aux mains de l'ennemi après une troisième occupation éphémère. Ménélik vint, en effet, s'établir un peu au nord-est d'Adoua, près de Gandapta, face aux positions italiennes, également en mesure d'opérer sur les crêtes qui se prolongent de l'ouest à l'est vers Adigrat, ou de continuer son mouvement débordant pour atteindre la haute vallée du Mareb.

Quelques jours se passèrent ainsi dans l'expectative. Le négus renvoya les officiers italiens qu'il avait retenus comme otages et renouvela ses propositions de paix. Conformément aux engagements déjà pris, le général Baratieri confia au major Salsa la mission d'aller discuter les conditions avec Makonnen, puis avec Ménélik en personne. Comme toujours, les pourparlers traînèrent en longueur et n'aboutirent qu'à mettre en évidence les profondes divergences de vues des deux parties : les Italiens réclamant, tout au moins, la conservation des territoires actuellement occupés, ainsi que le maintien intégral du traité d'Ucciali ; le négus exigeant l'abandon des provinces annexées depuis la convention du 1er octobre 1889, et demandant la revision des clauses les plus importantes du traité d'Ucciali. Le major Salsa put se rendre compte, *de visu*, de l'importance des forces ennemies. Les chefs de toute l'Abyssinie étaient là, même le roi du Godjam qui, à un moment donné, avait paru vouloir rester neutre; leurs contingents formaient une masse de 80 à 100.000 combattants, armés presque tous de fusils, pourvus d'une artillerie respectable, installés sur de formidables positions. C'est par l'habileté des manœuvres et non en engageant à fond une action de force, que les Italiens pouvaient espérer venir à bout de leurs adversaires.

Pendant cette période d'attente, le général Baratieri reçut de nouveaux renforts de la péninsule. En dehors des troupes qu'il avait expressément demandées au mois de décembre, le gouvernement italien avait prescrit la formation de quelques unités supplémentaires : huit bataillons et plusieurs batteries. Il les destinait à opérer une diversion contre le Harrar et le sud de l'Abyssinie. Semblable combinaison ne manquait pas d'avantages. Avec des forces relativement insignifiantes, on pouvait pénétrer sans grande difficulté dans cette région dégarnie de troupes régulières. Le ras Makonnen et divers autres chefs auraient sans doute abandonné le négus pour voler au secours des provinces envahies ou menacées. Si, de son côté, le général Baratieri avait su gagner du temps, ne rien risquer avant l'heure, conserver ses forces intactes en présence des masses ennemies, il pouvait profiter alors du désarroi de celles-ci pour une action vigoureuse, présentant de grandes chances de succès. Mais pour effectuer cette opération, il fallait obtenir de l'Angleterre l'autorisation de débarquer des troupes à Zeilah et de les acheminer vers le Harrar à travers ses possessions de la côte somal. Cette tolérance eût constitué une atteinte indirecte à la convention franco-britannique de 1888, par laquelle les deux puissances s'engageaient à respecter l'indépendance du Harrar. L'Angleterre, qui était alors préoccupée par les délicates questions du Transvaal, d'Arménie, d'Égypte, avait trop le souci de ses propres intérêts pour courir le risque de difficultés nouvelles avec la France, fût-ce pour rendre service à son alliée méditerranéenne. Sans répondre par un refus formel, elle soumit son consentement à un ensemble de conditions qui le rendaient illusoire.

Il fut question à la même époque de tenter cette diversion, en partant du port d'Assab et en traversant l'Aoussa. Mais à défaut de difficultés diplomatiques, on se heurtait ici à des obstacles matériels très sérieux : route à suivre beaucoup plus longue ; pénurie de ressources sur une partie du parcours. L'aide qu'on aurait pu espérer de l'*anfari* Mohamed ne compensait pas ces inconvénients.

Après des discussions assez vives entre plusieurs membres du cabinet, ces divers projets furent abandonnés par le gouvernement italien ; vers le milieu de janvier, il dirigea sur Massaouah les forces devenues ainsi disponibles (1). Les événements de Makallé rendaient nécessaire ce nouvel appoint de troupes dans

---

(1) Le 12 janvier, on embarqua trois bataillons d'infanterie d'Afrique ; le 13, un bataillon de bersaglieri et une batterie de montagne ; le 14, un bataillon d'infanterie d'Afrique et deux batteries à tir rapide ; le 24, trois bataillons d'infanterie d'Afrique ; le 1ᵉʳ février, une batterie de mortiers. Bien que renonçant à une véritable expédition par Assab, le

le Tigré. Avec elles partirent les généraux Dabormida et Ellena désignés pour exercer les commandements de brigades qu'il allait falloir constituer.

Les marches exécutées d'Adagamus à Mai-Gabeta avaient montré au général Baratieri l'insuffisance des moyens de transport dont il disposait. Il se produisit des lenteurs, des retards dans les distributions et les mouvements. La plupart des mulets importés d'Europe souffraient du changement de climat; beaucoup étaient indisponibles. Les services administratifs se trouvèrent bientôt débordés, impuissants à assurer avec régularité la satisfaction des besoins des troupes. Ce n'était pas chose facile que faire vivre un corps de 25.000 rationnaires environ, à 250 kilomètres de sa base d'opérations; car c'est de Massaouah qu'il fallait à peu près tout faire venir : biscuit et viande de conserve expédiés d'Italie, farine, bœufs importés de l'Inde, etc. Le général Lamberti déploya beaucoup d'activité et d'intelligence dans l'organisation du service des transports; mais on ne s'était pas prémuni, en temps voulu, des objets nécessaires. C'est ainsi qu'on obtint d'excellents résultats de l'emploi de chameaux pour l'organisation de caravanes entre Massaouah et le haut plateau; on en réunit plus de 8.000, mais les achats furent entrepris assez tard; il fallut ensuite faire confectionner

---

gouvernement avait tout au moins décidé d'y envoyer un bataillon d'infanterie et les cadres nécessaires pour la formation d'un bataillon indigène : c'était jeter les bases d'une action, plus ou moins lointaine, à travers l'Aoussa, avec l'aide de l'anfari Mohamed. Ce bataillon partit le 6 février, avec une batterie de montagne. Mais, en cours de route, ordre fut donné de le débarquer à Massaouah.

des bâts par le service de l'artillerie à Massaouah ; de sorte qu'ils ne purent guère rendre de services importants avant le mois de mars. Faute de préparation initiale et de prévoyance, l'armée italienne ne fut donc pas dotée des éléments qui lui étaient nécessaires pour manœuvrer et compenser ainsi son infériorité numérique.

A la date du 8 février, constatant que les Abyssins restaient immobiles en avant d'Adoua, le général Baratieri porta ses troupes à leur rencontre jusqu'à la position d'Entiscio, où il séjourna jusqu'au 12. Le 13, il se rapprocha encore de quelques kilomètres et occupa la position du col de Tzala, par où passe la route d'Adoua à Adigrat.

Les deux armées se trouvaient ainsi en contact immédiat, chacune occupant des positions très fortes, et par conséquent attendant que l'autre prît l'initiative de l'attaque, afin de conserver pour elle-même l'avantage de la riposte. Mais dans l'après-midi, les Abyssins parurent renoncer au combat et se replièrent un peu dans la direction d'Adoua.

Ménélik ne jugeait sans doute pas les circonstances assez favorables pour courir les chances d'une attaque contre les Italiens. Il avait préparé contre eux une autre manœuvre dont il voulait laisser les phases se développer. A son instigation, deux des chefs de bande alliés de l'Italie, le ras Sebath et le degiac Agos-Tafari, venaient de faire défection, dans la nuit du 12 au 13 février. Cette brusque trahison découvrait tout le flanc gauche de l'armée italienne et ses communications avec Adigrat, puisque ces bandes étaient précisément chargées de surveiller le terrain entre la passe de Seeta et les hauteurs au sud-est d'Entiscio. A ce point de vue, l'événement était grave ; il pouvait le devenir davantage si la rébellion s'étendait aux populations, encore imparfaitement soumises, de l'Agamé.

Déjà le désastre d'Amba-Alagi avait déterminé de subits revirements chez des chefs qui naguère prodiguaient les protestations de dévouement à l'Italie. Leur exemple avait gagné à leur tour les deux qui pouvaient inspirer la plus grande confiance, Sebath et Agos. Ils avaient abandonné une cause qui leur paraissait compromise et avaient tenu, en prévision d'une victoire du négus, à rentrer en grâce auprès de lui.

Dans la soirée du 14 et le matin du 15 février, de petites reconnaissances, envoyées du fort d'Adigrat vers la passe de Seeta, eurent avec les rebelles des escarmouches où elles éprouvèrent des pertes sensibles. Deux jours après, les bandes du ras Sebath s'avancèrent jusqu'au col d'Alequa par où se faisaient forcément les communications entre Adigrat et Entiscio. Elles coupèrent le télégraphe, délogèrent un détachement qui occupait le col et repoussèrent une compagnie de renfort venue à son secours de Mai-Mergaz (gîte d'étape sur la route d'Adigrat à Entiscio). Les détachements italiens, dix fois inférieurs en nombre à l'ennemi, éprouvèrent d'assez fortes pertes.

En présence de ces événements, le général Baratieri dut modifier sa ligne d'étapes et la diriger d'Entiscio sur Mai-Merat par Debra-Damo, changement qui n'était pas fait pour faciliter les communications déjà si médiocrement assurées. La protection de cette ligne fut confiée à un détachement de deux bataillons de bersaglieri, un bataillon de chasseurs et quatre pièces de montagne, commandé par le colonel Stevani : cet officier supérieur s'installa avec sa troupe à Mai-Merat (le 18 février), détachant un poste de faible effectif à Debra-Damo. En outre, le général Baratieri confia à deux petites colonnes, commandées par le capitaine Oddone et le major Valli, le soin de réoccuper les cols d'Alequa et de Seeta. Sur ces deux points, les rebelles furent repoussés, laissant sur le terrain une cinquantaine de morts. Mais ils ne furent pas dispersés et réussirent à contourner Adigrat par l'est, s'élevant dans la direction de Sénafé, menaçant de pénétrer dans l'Okulé-Kusaï où déjà se manifestaient des signes de révolte.

Le général Baratieri eut alors un instant la pensée de battre en retraite, pour se rapprocher de Massaouah et faciliter ainsi le ravitaillement. Il ne se dissimulait pas combien sa situation était précaire, entre un ennemi supérieur en nombre qui pouvait d'un instant à l'autre sortir de son immobilité et une menace d'insurrection générale sur ses derrières. La situation était d'autant plus grave que lui-même reconnaissait l'impossibilité d'employer utilement des renforts supplémentaires :

« Je crois avoir atteint, écrivait-il le 21 février, l'extrême limite de la mobilité du corps d'opérations, en raison des difficultés de communication et de la nature du terrain. Avec les troupes qui me seraient ultérieurement envoyées d'Italie, je pourrais seulement renforcer les garnisons de l'intérieur, que j'ai réduites au minimum indispensable. »

A ce moment intervint M. Crispi, impatient d'en finir, désireux de pouvoir annoncer aux Chambres, qui se réunissaient dans quelques jours, une heureuse nouvelle coupant court aux discussions passionnées que soulevait la question africaine. Ami personnel du général Baratieri, il redoubla d'instances, d'objurgations auprès de lui pour brusquer une solution. C'est alors qu'il lui adressa, entre autres, ce télégramme qui souleva de nombreux commentaires dans la presse péninsulaire :

« C'est une guerre de phtisiques et non de soldats (1) : de petites escarmouches dans lesquelles nous sommes toujours inférieurs en nombre; un gaspillage d'héroïsme sans résultat. Je n'ai pas de conseils à donner parce que je ne suis pas sur les lieux, mais je constate que la campagne est conduite sans plan arrêté; je voudrais qu'il en fût établi un. Nous sommes prêts à tous les sacrifices pour sauver l'honneur de l'armée et le prestige de la monarchie. »

Il n'est pas douteux qu'un tel langage ait exercé une puissante influence sur les décisions du général Baratieri. Depuis plusieurs semaines, il se montrait hésitant, tiraillé entre le désir d'agir et la crainte de se compromettre. Il se rendait un compte exact des inconvénients présentés par les diverses solutions possibles : imprudence d'une attaque, difficultés de ravitaillement en cas de séjour prolongé sur le haut plateau, découragement devant résulter d'une retraite.

---

(1) Littéralement : « C'est une phtisie militaire, non une guerre. »

Le 23 février, il semblait avoir pris son parti de se rapprocher de la côte et d'occuper la position d'Adi-Caié qui barre la route d'Adigrat à Asmara ; il donna même certains ordres pour préparer la retraite, dont la première étape devait être Debra-Damo. Puis, le soir même, changeant d'avis, il contremanda les dispositions prescrites le matin ; tout au contraire, il fit exécuter, le lendemain, dans la direction d'Adoua, une reconnaissance qui rencontra seulement quelques campements abandonnés.

Les renseignements qu'il recevait sur l'ennemi étaient trop vagues, trop contradictoires pour fixer dans une direction déterminée son esprit flottant. A un moment donné, il avait été informé de reconnaissances exécutées sur la rive droite du Mareb jusque vers Godofalessi ; il avait cru que Ménélik voulait se jeter dans cette direction pour intercepter la route d'Asmara, et qu'il allait tout d'abord s'installer sur la hauteur de Gundet, théâtre de la bataille gagnée par Johannès en 1876. Plus tard, ce fut la nouvelle d'un fâcheux état sanitaire dans le camp de Ménélik : beaucoup de soldats malades se seraient retirés dans leurs foyers. D'autres fois, il était question d'incursions dans le Chiré, ou bien d'un séjour de Ménélik et de l'impératrice à Axoum pour y ceindre la couronne.

Les jours se succédaient ainsi, n'apportant pas d'éléments nouveaux susceptibles d'entraîner, dans un sens ou dans l'autre, la résolution du général ; ils ne faisaient qu'accentuer les désavantages de la situation, en épuisant les ressources de l'armée et en rendant leur reconstitution plus précaire. Pourtant, le 26 février fut marqué par un événement heureux pour les armes italiennes : le ras Sebath s'étant avancé non loin de Mai-Merat, le colonel Stevani marcha résolument à sa rencontre avec les forces dont il disposait et lui infligea un sanglant échec. La ligne d'étapes se trouvait désormais à l'abri des tentatives des rebelles.

Malheureusement les conditions de ravitaillement ne furent guère améliorées. Il fallut, à partir de ce jour, réduire à un kilogramme d'orge la ration des bêtes de somme et les ascaris ne reçurent qu'un peu de farine ou d'orge pour toute nourriture. Faute de moyens de transport, la subsistance des hommes risquait, d'un jour à l'autre, de n'être plus assurée.

Cette fois il devenait impossible d'ajourner encore la décision suprême. Il fallait tenter la chance d'une bataille ou se résigner à un recul. Le général dut peser longtemps, d'une âme anxieuse, cette double alternative, car ses derniers télégrammes au gouvernement ne renferment aucune allusion à un projet d'attaque (1). Enfin, le 29, il prit son parti : il livrerait le lendemain la suprême bataille, attendue en Italie depuis deux mois. Il tint à corroborer sa propre résolution par l'avis des officiers généraux servant sous ses ordres. Tous déclarèrent qu'une retraite sans combat serait funeste pour le prestige du drapeau italien, et produirait un effet déplorable sur l'esprit des troupes

---

(1) Le 27, il insiste même sur les difficultés du ravitaillement et ajoute cette phrase, qui aurait plutôt fait supposer la résolution d'une retraite : « On peut prévoir le moment prochain où les exigences logistiques primeront les exigences stratégiques. » Les 28 et 29 il se borne à donner des instructions de détail, sans parler le moins du monde d'une attaque prochaine.

européennes ou indigènes. Il est vrai d'ajouter qu'aucun d'eux ne possédait, sur les forces et la situation de l'ennemi, de renseignements autres que ceux dont le général en chef leur donna connaissance. Ils parlèrent donc comme des soldats que séduit toujours l'attrait du feu, plutôt que comme des chefs investis d'une responsabilité supérieure, de qui dépendent les plus grands intérêts du pays. Affermi dans sa résolution par l'opinion conforme de ses subordonnés, le général Baratieri donna immédiatement ses ordres pour l'attaque du lendemain.

CHAPITRE XVII

LA BATAILLE D'ADOUA

Terrain de la bataille. — Dispositions prescrites par le général Baratieri. — La marche de nuit. — Erreur de la brigade Albertone. — Dispositions de l'armée du négus. — Combat de la brigade Albertone. — La brigade Dabormida dans le vallon de Mariam-Sciavitu. — Combat des brigades Ellena et Arimondi. — Retraite des Italiens. — Chute du cabinet Crispi. — Procès du général Baratieri.

Avant d'exposer les péripéties de la bataille d'Adoua, jetons un coup d'œil rapide sur le terrain où elle devait se dérouler. A l'est d'Adoua s'étend, dans la direction d'Adigrat, une région assez élevée qui sépare le bassin du Mareb de celui du Tacazzé. On n'y trouve pas de crêtes bien déterminées; la ligne de partage, orientée de l'ouest à l'est, est à peine marquée. Pourtant, le sol est tourmenté par un grand nombre de petits soulèvements qui, sans former de chaînes proprement dites, se groupent en massifs secondaires dirigés à peu près du nord au sud. Les principaux sont, en partant d'Adoua :

1° Monts Mariam-Sciavitu, Scelloda et Abba-Garima ;

2° Monts Esciascio, Rajo et Semajata ;

3° Monts Gandapta, Addi-Cheras et Zatta ;

4° Col de Tzala, monts Addi-Dicchi et Sauria.

Ils dessinent ainsi quatre positions militaires parallèles, distantes les unes des autres de 5 à 7 kilomètres. Entre eux (surtout du côté d'Adoua) surgissent de moindres ondulations du sol qui se dirigent dans tous les sens et peuvent être utilisées par des troupes pour dissimuler leur marche.

Les montagnes atteignent une altitude de 2.500 à 3.000 mètres, tandis que le terrain d'où elles émergent ne dépasse guère 2.000 à 2.400 mètres. Plusieurs des fonds de vallées sont marécageux; c'est là que naissent de nombreux torrents, au cours indécis, tourmenté, qui s'écoulent les uns vers le Mareb, les autres vers le Tacazzé.

C'est aux environs du mont Gandapta que s'était installée l'armée choane, dans les premiers jours de février; entre cette position et le col de Tzala s'étend une large plaine, arrosée par le Mai-Cherbera, fertile et assez bien cultivée. Vers les sources du Mai-Farras, entre le mont Addi-Cheras et le mont Rajo, il y a également une zone à peu près plate. Partout ailleurs les accidents de terrain se succèdent nombreux, confus, enchevêtrés, rendant les voies de communications rares et difficiles; les pentes des montagnes sont souvent coupées par des escarpements et couvertes de buissons épineux qui entravent beaucoup la marche de troupes européennes.

A la date du 29 février, l'armée italienne occupait une bonne position défensive, sur la route d'Adoua à Entiscio, à hauteur du col de Tzala. Elle était couverte par des avant-postes s'étendant dans la plaine de Gandapta.

A droite, la brigade Dabormida (2e) était établie à cheval sur le col de Tzala. Elle comprenait : six bataillons d'infanterie italienne, un bataillon de milice mobile formé avec les colons italiens, 200 indigènes du *Chitet* d'Asmara, trois batteries de montagne italiennes; en tout : 156 officiers, 4.932 hommes de troupe (dont 4.132 Italiens), 18 pièces.

Au centre, sur les hauteurs d'Addi-Dicchi, était la brigade Arimondi (1re), forte de cinq bataillons d'infanterie italienne, une compagnie d'infanterie indigène, deux batteries de montagne italiennes; en tout : 119 officiers, 4.076 hommes de troupe (dont 3,576 Italiens) et 12 pièces.

A gauche, sur la hauteur de Sauria, la brigade indigène Albertone, comprenant : quatre bataillons indigènes, 400 hommes des bandes de l'Okulé-Kusaï, une batterie et une section d'artillerie de montagne indigène et deux batteries de montagne italiennes (toutes les batteries à 4 pièces); soit : 85 officiers, 5.207 hommes de troupe (dont 287 Italiens) et 16 canons.

En réserve, derrière le centre, sur le revers du mont Addi-Dicchi, la brigade Ellena (3e), comprenant : six bataillons d'infanterie italienne, un bataillon d'infanterie indigène, deux batteries italiennes à tir rapide, et une demi-compagnie du génie, soit : 138 officiers, 5.320 hommes (dont 4.220 Italiens) et 12 pièces.

L'effectif total de ces quatre brigades atteignait donc 20.000 hommes. Toutefois, si l'on déduit les artilleurs, les détachements qu'il fallut laisser pour la garde des équipages, tout le personnel employé en dehors des services armés, l'armée italienne ne put guère mettre en ligne, le 1er mars, que 14.500 fusils et 58 canons.

Quant à l'armée abyssine, elle avait, comme nous

l'avons dit, évacué la position de Gandapta pour se rapprocher d'Adoua. Son campement principal était installé, près de cette ville, dans la vaste conque couverte par les monts d'Abba-Garima ; les contingents des ras Makonnen et Mangascia étaient plus au nord, dans la conque de Mariam-Sciavitu. Le général Baratieri évaluait à une soixantaine de mille fusils l'effectif que l'ennemi pouvait mettre en ligne. En réalité ce chiffre dépassait 80.000.

Le général Baratieri résolut de se rapprocher d'Adoua par une marche de nuit et d'aller prendre position sur la ligne de hauteurs : monts Esciascio, mont Rajo, mont Semajata. De là, il serait en mesure, soit de surprendre les campements de l'ennemi à la pointe du jour, soit de recevoir avantageusement l'attaque si les Abyssins prenaient l'initiative du combat.

A cet effet, il donna, dans la soirée du 29 février, l'ordre de mise en marche (1) dont nous reproduisons ci-après les principales dispositions :

« Ce soir (2), le corps d'opérations quittera la position de Sauria pour marcher dans la direction d'Adoua.

» La colonne de droite (brigade Dabormida) suivra la route : col de Tzala, col Guldam, col Rebbi-Arienni.

» La colonne centrale (brigade Arimondi) et la réserve

---

(1) L'ordre de mouvement était accompagné d'un médiocre croquis du terrain entre Entiscio et Adoua, dressé d'après des renseignements incomplets.

(2) Dans les ordres italiens, les heures sont comptées de minuit à minuit. 9 heures du soir devient ainsi 21 heures. Pour faciliter la lecture, nous avons substitué, dans les traductions ou résumés d'ordres, la manière française de compter à la méthode italienne.

(brigade Ellena) prendront la route Addi-Dicchi, Gandapta, col Rebbi-Arienni.

» La colonne de gauche (brigade Albertone) passera par la route de Sauria, Addi-Cheras, col Chidane-Meret. Le quartier général marchera en tête de la réserve.

» Les colonnes Dabormida, Arimondi et Albertone quitteront leurs campements à 9 heures du soir. La réserve se mettra en marche une heure après la queue de la colonne centrale.

» Premier objectif : la position formée par les cols Mai-Meret et Rebbi-Arienni, entre le mont Semajata et le mont Esciascio, dont l'occupation sera assurée par la colonne Albertone à gauche, par la colonne Arimondi au centre, et par la colonne Dabormida à droite. Cependant, si les colonnes Albertone et Dabormida sont suffisantes pour occuper la position indiquée, la colonne Arimondi prendra une position d'attente derrière ces deux brigades. »

Il était prescrit que tous les hommes emporteraient 112 cartouches et deux jours de vivres de réserve; que les bataillons seraient suivis par deux mulets pour le service des ambulances et de huit pour le transport des réserves de cartouches. Tous les autres *impedimenta* devaient être rejetés en arrière à Entiscio.

Ordre était en même temps donné au directeur du service du génie d'assurer, le plus tôt possible, la liaison du quartier général avec les diverses colonnes, au moyen du télégraphe optique. Dans le même but, il était prescrit que : « les commandants des diverses co-
» lonnes devraient envoyer fréquemment des rensei-

» gnements au quartier général et aux colonnes voi-
» sines ».

Conformément à cet ordre, les trois brigades de première ligne partirent entre 9 heures et 9 h. 1/2 du soir; la brigade Ellena leva le camp à 11 heures. Favorisée par un beau clair de lune (celle-ci était pleine du 28 février), la marche s'effectua dans de bonnes conditions. Toutefois, au delà du massif d'Addi-Cheras, la colonne Albertone obliqua vers le nord et se dirigea sur le col de Rebbi-Arienni. Quand elle s'aperçut de son erreur, elle était engagée dans un passage étroit et difficile, qu'elle dut franchir pour reprendre ensuite le chemin du col de Chidane-Meret. Mais comme la brigade Arimondi devait nécessairement suivre ce même passage, elle dut s'arrêter pendant une heure et demie, jusqu'à ce que la colonne Albertone se fût écoulée.

Il résulta de cette première erreur de grosses différences dans l'heure d'entrée en ligne des colonnes. La colonne Albertone, composée d'indigènes excellents marcheurs, accéléra son allure, de sorte que, malgré l'allongement de son parcours, elle atteignit le col de Chidane-Meret à 3 h. 1/2 du matin.

La brigade Dabormida arrivait sans incident au col de Rebbi-Arienni, à 5 h. 1/4 du matin. Enfin la brigade Arimondi arrivait en vue de ce point à 6 heures et s'arrêtait à un kilomètre et demi en arrière de la brigade Dabormida. La réserve avait suivi le mouvement, mais en subissant bien entendu le contre-coup de l'arrêt imposé à la brigade Arimondi.

Nulle trace de postes ennemis sur les hauteurs que

le général Baratieri avait fixées comme premier objectif à ses troupes. La manœuvre semblait donc couronnée de succès, puisque rien ne s'opposait à la concentration de l'armée sur une position solide d'où elle pouvait ensuite poursuivre ses opérations suivant les circonstances.

Mais une nouvelle erreur, plus grave que la première, venait d'être commise par le général Albertone. Celui-ci, en arrivant au col de Chidane-Meret, avait donné à ses troupes une heure de repos, de façon à compenser le retard subi par les autres colonnes. Puis croyant, d'après les indications de ses guides, que le col désigné dans l'ordre de mouvement était celui d'Enda-Chidane-Meret, il s'était remis en marche, vers 4 h. 1/2 du matin. Or, ce second col se trouve à sept kilomètres au delà du premier, entre les monts Abba-Garima et Scelloda; il donne accès à la conque où était campée la plus grosse partie de l'armée ennemie.

On se rend aisément compte des conséquences déplorables que devait entraîner cette erreur. Dès 5 h. 1/2 l'avant-garde de la brigade Albertone (1er bataillon indigène) atteignit le col d'Enda-Chidane-Meret et se trouva en présence des avant-postes ennemis, à trois ou quatre kilomètres du campement principal.

Toute l'armée était déjà sur pied depuis plus d'une heure, pour assister à la messe, car c'était un dimanche. Ménélik et l'impératrice Taïtou venaient de se rendre à l'office divin, quand arrivèrent les premiers avis du mouvement des Italiens. L'alarme fut aussitôt donnée et bientôt toutes les troupes se trouvèrent rassemblées, prêtes à combattre.

Aussi, dès qu'il déboucha du col, le 1ᵉʳ bataillon indigène se vit accueilli par une vive fusillade partie des avant-postes ennemis. Il lutta avec beaucoup de ténacité, pour conserver la position et permettre à la brigade de s'y établir. Mais une colonne de 5 à 6.000 Choans ne tarda pas à venir renforcer les avant-postes. Il dut battre en retraite, en disputant le terrain pied à pied.

Quand le général Albertone atteignit à son tour le pied des monts Abba-Garima, il se rendit compte de l'importance de l'engagement commencé ; il aperçut d'ailleurs, à la faveur de l'ensellement du col, les vagues mouvements des forces ennemies et, jugeant imprudent de s'avancer davantage, il prit position sur une série de petites hauteurs parallèles à la ligne Scelloda-Abba-Garima, dont les séparait une distance de 2.000 mètres environ. Il disposa le gros de ses forces face au col d'Enda-Chidane-Meret, pour recueillir son avant-garde et tâcher d'entraver le débouché des forces ennemies. A sa droite, il s'étendit jusqu'à la hauteur d'Addi-Yecci, afin de se lier à la brigade Dabormida, qu'il supposait devoir bientôt entrer en ligne de ce côté. Vers sa gauche, il plaça les bandes de l'Okulé-Kusaï, formant un échelon défensif, susceptible de contenir un mouvement tournant.

Le déploiement de la brigade se trouvait exécuté vers 8 h. 1/2 du matin, quand le 1ᵉʳ bataillon, après deux grandes heures de lutte inégale, abandonna définitivement les hauteurs d'Abba-Garima. Il était suivi de très près par des forces bien supérieures qui cherchaient à l'entourer ; extrêmement agiles, habitués à la montagne, les Choans bondissaient au milieu des rochers et des buissons, gravissant les pentes presque inaccessibles de l'Amba-Scelloda. La plupart des officiers avaient été atteints par le feu, de sorte que les survivants, débandés, démoralisés, ne cherchaient plus qu'à se sauver, et, ne s'arrêtant même pas sur la ligne où la brigade Albertone était prête à les recueillir, continuèrent à fuir jusque vers le mont Rajo.

Cependant l'artillerie de la brigade Albertone et les bataillons qui l'encadraient ouvrirent un feu violent contre les troupes ennemies qui cherchaient à déboucher du col et leur infligèrent des pertes sérieuses. A quatre reprises, la brigade réussit ainsi à les repousser, se maintenant intacte sur tout son front.

Mais alors on vit apparaître, à la gauche de la position, une grosse colonne ennemie qui, après avoir contourné le mont Abba-Garima, s'efforçait de déborder et d'envelopper les Italiens. C'étaient les contingents du Godjam, forts de 15.000 hommes environ, conduits par le roi Técla Aimanot en personne.

Presque aussitôt d'autres masses menacèrent la droite de la brigade Albertone, vers Addi-Vecci qui dut rapidement être abandonné.

Grâce à cette double manœuvre, les Choans purent enfin déboucher du col d'Enda-Chidane-Meret, où ils installèrent plusieurs canons à tir rapide. Leur infanterie marcha ensuite à l'assaut de la position italienne.

Ainsi, vers neuf heures et demie, la brigade Albertone se voyait en prise sur son front avec une attaque violente, menacée sur ses deux ailes par des forces très supérieures en nombre. Elle soutint le combat avec beaucoup d'énergie, repoussa à la baïonnette plusieurs assauts; mais pendant ce temps, le cercl ennemi s'était resserré autour d'elle, de sorte que, vers 11 heures, la retraite était devenue pour ainsi dire impossible. Par petits groupes cependant, à la faveur du terrain, les divers éléments essayèrent de se frayer un chemin vers les hauteurs de Sauria; l'artillerie, après avoir consommé toutes ses munitions (90 coups par pièce), perdu presque tous ses cadres et ses mulets, dut être abandonnée à l'ennemi. Le général Albertone fut lui-même fait prisonnier. A midi, il ne restait plus de la brigade que des débris désorganisés, dispersés, fuyant au hasard, sans autre préoccupation que d'échapper à la poursuite des Abyssins.

La brigade Dabormida, en atteignant vers 5 h. 1/4 du matin le col de Rebbi-Arienni, n'avait pas tardé à s'apercevoir que la brigade Albertone n'était pas à sa gauche. Bientôt le bruit d'une vive fusillade venant de la direction d'Adoua lui avait fait comprendre que la brigade indigène était allée trop loin. L'erreur étant commise, le général Baratieri prescrivit à la brigade Dabormida d'aller prendre position sur des hauteurs à 7 ou 800 mètres au delà du col de Rebbi-Arienni, de façon à soutenir le général Albertone. Il prescrivit en outre à la brigade Arimondi de venir occuper le col de Rebbi-Arienni.

Ces mouvements étaient terminés vers 8 heures du matin, quand le bruit de la fusillade s'accentua et qu'on commença à entendre le canon. Des pentes du mont Esciascio on apercevait au loin la brigade Albertone, qui paraissait soutenir un combat sérieux. Pour l'appuyer en arrière, le général Baratieri prescrivit à la brigade Arimondi de venir prendre position en avant du mont Rajo. Quant à la brigade Dabormida, elle dut se porter droit devant elle, par le vallon de Mariam-Sciavitu, de façon à protéger la droite de la brigade indigène.

Le général Dabormida marcha pendant plus d'une heure dans le vallon sans rencontrer d'ennemis. Long de 3 kilomètres et large de 7 à 800 mètres, ce vallon est séparé par de hauts massifs montagneux de la position où luttait la brigade Albertone, de sorte que le général Dabormida demeurait dans l'ignorance du développement de ce combat. Tout à coup, vers 9 h. 1/4, le bataillon de milice mobile qui formait son avant-garde se heurta à des forces ennemies très considérables, dissimulées dans un vallon secondaire. C'est de là, en contournant par le sud-est le mont Mariam-Sciavitu, qu'était parti le gros des troupes qui agirent contre le flanc droit du général Albertone. Il restait encore, en réserve, des effectifs importants destinés à barrer la route d'Adoua. Le bataillon de milice mobile ne tarda pas à être bousculé par ces forces supérieures qui vinrent, à leur tour, attaquer le gros de la brigade Dabormida. Celle-ci eut donc à soutenir un combat inégal, défendant pied à pied le terrain dans le vallon. La disposition des lieux ne permettait pas à l'ennemi de mettre à profit sa grande supériorité numérique, de sorte que le général Dabormida put se maintenir intact, de 10 heures à midi 1/2 et même faire reculer les assaillants sur certains points.

Malheureusement, les événements survenus sur d'autres points du champ de bataille allaient lui faire perdre tout l'avantage de cette situation assez satisfaisante. Nous avons, à propos du combat de la brigade Albertone, indiqué le mouvement prononcé sur la droite de celle-ci par de grosses masses abyssines, fortes de 30.000 hommes. Dans la pensée de Ménélik, ces troupes n'avaient qu'accessoirement le rôle d'agir contre la brigade Albertone, attaquée déjà de front par 10.000 Choans et à gauche par les 15.000 hommes du roi du Godjam. Ces masses étaient destinées à agir contre le centre même de la ligne italienne, à produire une violente rupture de ses éléments. Elles se bornèrent donc à occuper la hauteur d'Addi-Vecci et à jeter quelques fractions en arrière de la droite du général Albertone; puis elles se dirigèrent droit vers le col de Rebbi-Arienni, où elles devaient combattre les brigades Arimondi et Ellena. Nous verrons que, dès midi 1/2, la situation de celles-ci était sans espoir.

Il résulta de cette circonstance qu'une fois engagée dans le vallon de Mariam-Sciavitu, la brigade Dabormida resta entièrement séparée du reste de l'armée; elle livra un combat indépendant au cours duquel ni ordres ni renseignements ne purent être échangés entre le général en chef et son commandant.

Quand il se rendit compte de son isolement, le général Dabormida essaya de se faire jour dans la direction d'Adoûa et, par une série d'attaques réitérées, conduites avec beaucoup d'énergie, il parvint à atteindre (vers 3 heures 1/2 du soir) le débouché même de la vallée, où le combat avait commencé dans la matinée. Mais l'ennemi sembla recevoir alors des renforts, et des mouvements inquiétants se manifestèrent vers l'origine opposée du vallon, où le général Dabormida avait laissé deux bataillons pour garder sa ligne de retraite. Il comprit que la partie était perdue et essaya, du moins, de dégager sa brigade sans trop de pertes. Ce mouvement s'exécuta avec beaucoup d'ordre ; les Choans ne songèrent heureusement pas à se rabattre en forces vers la naissance du vallon, où les Italiens se fussent trouvés cernés. Aux environs de six heures du soir, la brigade, enfin dégagée, s'écoulait par les pentes des monts Esciascio et cherchait à gagner le col de Tzala. Les difficultés de marche, l'obscurité, la poursuite des cavaliers gallas jetèrent, à partir de ce moment, un complet désordre dans les rangs, bien clairsemés par ce combat de dix heures. A Tzala, les survivants de la brigade se heurtèrent à une bande de rebelles et durent se diviser : les uns se retirèrent par Entiscio sur Mai-Meret et Adi-Caïé, les autres sur Adi-Ugri par la vallée de la Belesa.

La bataille d'Adoua se décompose, en réalité, en trois combats bien distincts qui, livrés à des heures et sur des points différents, n'eurent que peu d'influence l'un sur l'autre. Nous venons de voir le sort des brigades Dabormida et Albertone. Etudions maintenant l'action des deux autres brigades que le général Baratieri conserva dans sa main jusqu'au dernier moment.

A 8 heures 1/4, avons-nous dit, le général Arimondi reçut l'ordre d'aller prendre position en avant de l'Amba-Rajo. Cette position, formée par une ligne de petites hauteurs, couvrait les deux chemins conduisant aux cols Chidane-Meret et Rebbi-Arienni. Son front était masqué par le vallon du Mai-Avolla, enserré entre des pentes raides, sillonnées de crevasses et couvertes de buissons épais. Le tir des Italiens était donc condamné à être peu efficace ; au contraire, ces circonstances étaient des plus favorables à la marche des troupes abyssines. A ces inconvénients de la position, il faut ajouter la difficulté de faire mouvoir des troupes européennes en arrière de la ligne de défense et surtout d'empêcher le mélange des unités, au milieu des nombreux obstacles dont le sol était parsemé dans tous les sens.

Vers 9 heures du matin, quand la brigade Arimondi commençait à peine à s'installer sur la position, elle vit arriver, surtout vers sa gauche, de nombreux fuyards suivis par des détachements d'infanterie et de cavalerie. C'étaient les débris du 1er bataillon indigène. La poursuite était si vive que les Italiens ne purent faire usage de leur artillerie, de crainte d'atteindre ascaris aussi bien qu'ennemis. Il en résulta que de nombreux groupes abyssins purent s'installer à portée de la position, prêts à fondre sur les Italiens au moment favorable.

Bientôt, cette grande colonne de 30.000 Choans, dont nous avons signalé l'irruption contre le centre de la position italienne, abordait, à son tour, la brigade Arimondi. Une partie prenait pour objectif l'Amba-Rajo et réussissait, vers 10 heures, à prendre pied sur les pentes méridionales. La masse principale marchait

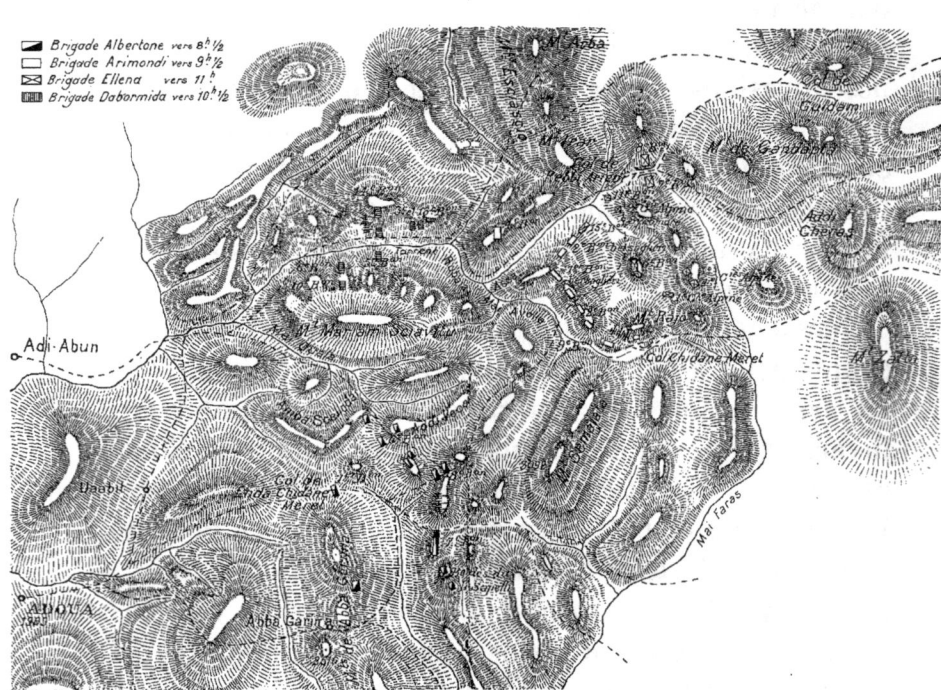

Bataille d'Adoua (Échelle approximative : 1/80.000).

droit sur le col Rebbi-Arienni. Elle s'installait au passage sur un vaste éperon, aux bords escarpés, qui fichait perpendiculairement au front de la brigade Arimondi, à son extrême droite : cet éperon n'avait pu être occupé, pour ne point étendre davantage le front de combat. D'ailleurs, la brigade Arimondi, ayant reçu pour objectif initial d'appuyer la brigade Albertone, avait massé vers la gauche le gros de ses forces.

Dès le moment où s'étaient dessinés les mouvements de l'ennemi, le général Baratieri avait prélevé sur la brigade Ellena des renforts pour soutenir la brigade Arimondi. Elle avait envoyé son bataillon indigène et deux batteries à tir rapide, à l'extrême gauche, sur les crêtes du mont Rajo, tandis que le 1er régiment de bersaglieri formait, à droite, un crochet défensif.

Le général Ellena reçut, en outre, l'ordre de porter le reste de sa brigade à 800 mètres en avant et au sud du col, à hauteur d'un sycomore qui formait un point de vue fort apparent. Mais au moment où commençait l'exécution de cet ordre, une partie de la grosse colonne choane atteignait presque le col de Rebbi-Arienni, ligne de retraite principale de l'armée. Le général Ellena dut laisser l'un de ses régiments à la garde de ce point d'une importance capitale ; il ne put donc qu'en amener un seul au soutien de la brigade Arimondi (10 h. 1/2).

A partir de ce moment, la situation devint de plus en plus critique. Sur tout le front du vallon de Maï-Avolla et sur les pentes du mont Rajo, les Italiens résistaient péniblement aux assauts impétueux, réitérés des Choans. Ceux-ci accentuaient leurs mouvements débordants; ils avaient réussi à faire passer quelques troupes par un mauvais sentier contournant par l'est le mont Rajo, de sorte qu'ils menaçaient d'envelopper la gauche des Italiens; sur l'autre aile, ils massaient des forces de plus en plus nombreuses à proximité du col de Rebbi-Arienni.

A 11 h. 1/2, le général Baratieri fit sonner la retraite, au cours de laquelle les divers bataillons se défendirent encore énergiquement. Heureusement, les troupes qui gardaient le col de Rebbi-Arienni réussirent jusqu'au bout à tenir cette position; les débris des deux brigades purent s'écouler dans un ordre relatif. Mais, à trois ou quatre kilomètres plus loin, l'influence démoralisante de la défaite, la poursuite des cavaliers gallas achevèrent de rompre les liens de ces troupes, privées de chefs, éreintées par quinze heures de marche et de combat, mourantes de faim et de soif. La débandade devint générale; chacun essayait de fuir le plus rapidement possible. Adi-Caïé et Adi-Ugri furent les principales directions suivies par les fuyards : la plupart atteignirent ces villes les 3 et 4 mars.

La cavalerie galla mit beaucoup d'acharnement à poursuivre les Italiens, achevant, mutilant les blessés qu'elle rencontrait sur sa route. Elle s'arrêta à dix ou quinze kilomètres du champ de bataille, soit qu'elle éprouvât trop de difficultés de marche, soit qu'elle considérât son œuvre comme accomplie, puisqu'il ne restait presque plus une seule unité organisée. Les fuyards eurent alors affaire à d'autres ennemis non moins acharnés : les bandes irrégulières révoltées qui infestaient toute la région, principalement vers Debra-Damo et Mai-Meret. Beaucoup d'Italiens furent tués, quelques-uns avec des raffinements de torture ; d'autres se suicidèrent pour échapper aux Abyssins. Les plus heureux furent simplement rançonnés, dépouillés de leurs armes et objets de quelque valeur.

Resté jusqu'à la fin auprès du mont Rajo, le général Baratieri quitta le champ de bataille quand toute résistance fut jugée impossible ; ensuite, avec son état-major et quelques officiers, il suivit le mouvement général de retraite, assistant impassible au désarroi croissant d'heure en heure, négligeant de donner aucun ordre, ni à l'intendance, ni aux équipages, ni aux troupes qui, à Mai-Meret gardaient la ligne d'étapes. Au bout de quelques heures de marche, il se détacha avec un petit groupe d'officiers et une poignée de soldats et se dirigea vers l'Ungina, puis Adi-Caïé, où il arriva le 3 mars dans la matinée.

Cette abstention du général Baratieri, au moment où il importait tant de limiter les conséquences du désastre, eut pour effet de compromettre celles mêmes des troupes qui n'avaient pas pris part à l'action. Pendant la journée du 1er mars, les équipages avaient été rejetés en avant d'Entiscio, où étaient déjà le parc d'artillerie et des dépôts de vivres. Le major Angelotti, qui en avait le commandement, connut d'assez bonne heure la défaite, mais ne crut pas devoir quitter son poste avant de savoir quelle ligne de retraite suivraient les troupes. Ce fut seulement vers minuit qu'il se décida à partir quand même, se dirigeant à tout hasard sur Mai-Meret. Après bien des difficultés, harcelé par des bandes de rebelles, il atteignit enfin ce point vers 3 heures de l'après-midi. Il espérait y trouver le colonel di Boccard, dont le régiment était précisément chargé de garder la ligne d'étapes d'Entiscio à Adi-Caïé.

Le colonel di Boccard occupait à Mai-Merat une bonne position, fortifiée par quelques retranchements ; bien qu'un de ses bataillons fût détaché à Barachit, à une étape en arrière, et qu'il eût également un poste à Debra-Damo, il disposait de forces suffisantes pour tenir tête aux bandes rebelles et recueillir les fugitifs. Mais lui non plus ne reçut ni instructions, ni renseignements. Instruit indirectement de la débandade générale de l'armée, il ne voulut pas être englobé dans le désastre et, après avoir encore attendu toute la matinée du 2 mars, il partit un peu après midi. Il recueillit en passant le bataillon de Barachit et arriva à Adi-Caïé le 3 mars.

Arrivés à Mai-Merat deux heures trop tard pour profiter de cette escorte, les équipages durent donc continuer leur route livrés à eux-mêmes, exposés aux attaques des bandes insurgées qui les pillèrent presque entièrement.

Ainsi, depuis le début jusqu'à la fin de cette journée, tous les faits, grands ou petits, semblaient conspirer pour rendre plus cruel le désastre des Italiens. C'était plus qu'une défaite, c'était une sorte d'anéantissement de leur armée. L'évaluation de leurs pertes ne peut pas être faite d'une façon certaine, car il y eut beaucoup de fuyards qui furent massacrés pendant la retraite ou moururent de leurs blessures ; d'autres rejoignirent au bout d'un temps assez long. Le seul chiffre absolument exact est celui des cadavres que, dans les derniers jours de mai, vint ensevelir une petite colonne commandée par le colonel Arimondi (1). Il y eut ainsi 3.125 cadavres d'Italiens et 518 d'ascaris. Mais les Choans, en enterrant leurs propres morts, avaient dû placer avec eux un assez grand nombre de cadavres ennemis, surtout d'indigènes. En deux mois et demi, les bêtes en avaient sans doute emporté ou dispersé, de sorte qu'on peut certainement évaluer à 5.000 le nombre des soldats, blancs ou noirs, tombés sur le champ de bataille. On peut admettre que 3.000 autres allèrent mourir plus loin, soit faute des soins qu'auraient exigés leurs blessures, soit sous les coups des rebelles, soit à la suite des mutilations exercées par les Abyssins. Ajoutons-y de 3.000 à 4.000 prisonniers et autant de fuyards, nous aurons ainsi l'effectif initial de 16.000 hommes environ ayant pris part à l'action.

Les cadres avaient particulièrement été éprouvés : sur quatre généraux de brigade, deux étaient morts, Arimondi et Dabormida; un prisonnier, Albertone, et un blessé, Ellena. A tous les grades on constatait une proportion analogue de pertes.

Toute l'artillerie avait été prise au cours du combat

---

(1) Le colonel Arimondi avait avec lui : 14 officiers, 2 capucins et 240 sapeurs, dont 14 armés de fusils pour repousser les hyènes. Une escorte de 40 Tigrins lui avait été fournie par le ras Mangascia. L'expédition dura treize jours pendant lesquels les sapeurs travaillèrent 12 heures par jour à recueillir les ossements et à creuser les fosses. Comme pieux souvenir des soldats tombés, on éleva trois grandes croix en granit : sur le mont Rajo, dans le vallon de Mariam-Sciavitu et vers Enda-Chidane-Meret, c'est-à-dire sur le théâtre des trois combats livrés le 1ᵉʳ mars.

ou dut être abandonnée dès le début de la retraite. Le matériel, les approvisionnements de toute espèce devinrent également la proie de l'armée ennemie ou des rebelles.

Il faut ajouter que les Italiens avaient chèrement vendu leur vie et infligé des pertes très sérieuses aux Abyssins. Ceux-ci comptèrent, au moins, de 4 à 5.000 morts et de 7 à 8.000 blessés. A propos de ces derniers, l'un des prisonniers italiens, le colonel Nava, eut l'occasion de faire, pendant sa captivité, une curieuse constatation, celle de la promptitude avec laquelle guérirent les blessures des armes à feu. Il attribua ce résultat au faible calibre (6 ^{mm}) du fusil italien ; les blessures produites par cette arme sont, paraît-il, très nettes, et du moment qu'elles n'atteignent pas un organe fondamental (auquel cas la mort est presque immédiate), elles se réduisent en quelque sorte à un simple seton, de guérison prompte et facile.

La nouvelle du désastre produisit dans toute l'Italie une impression d'autant plus profonde que personne ne s'attendait à la bataille du 1er mars. Cette impression fut encore augmentée par le télégramme, d'allures assez étranges et de ton désespéré, que le général Baratieri adressait le 3 mars, dès son arrivée à Adi-Caïé. Il y eut dans toute la péninsule une explosion de douleur et de colère contre le cabinet Crispi. Le sentiment public, bon juge dans sa spontanéité, rendit immédiatement celui-ci responsable d'un fait qui était, en définitive, la conséquence fatale d'une politique suivie depuis longtemps. Ce fut alors un subit, complet, irrémédiable effondrement de l'homme d'État, aux visées trop ambitieuses, qui naguère prétendait faire la loi au Roi, au Parlement, au Pays tout entier.

En dehors d'amis personnels, ou de créatures gagnées par l'intérêt, l'ancien premier ministre ne trouva pour ainsi dire aucun défenseur; et les principaux chefs de partis, abdiquant momentanément les exigences de leurs programmes, furent d'accord pour prêter leur appui au marquis di Rudini, chargé de reconstituer un cabinet, de sauvegarder les intérêts nationaux si gravement compromis.

La sévérité de l'opinion atteignit aussi le général Baratieri, et les partisans de M. Crispi ne furent pas les moins ardents à l'accabler, le rendant responsable de la chute du cabinet. Lui qui naguère, par la prise de Kassala et la victoire de Coatit, s'était acquis une popularité générale, se voyait maintenant voué aux gémonies : on l'accusait d'incapacité, de faiblesse, de lâcheté.

Sans nous attarder à ces questions de personnes ou de politique intérieure, bornons-nous à dire que le gouvernement se décida à faire comparaître le général Baratieri devant un conseil de guerre pour y répondre de sa conduite.

Après qu'il eût été question de le poursuivre pour crimes de haute trahison et d'abandon de poste devant l'ennemi, on retint définitivement les deux seuls chefs d'accusation suivants :

---

(1) Le conseil de guerre se réunit le 5 juin à Asmara, sous la présidence du lieutenant général del Mayno. Les juges étaient au nombre de cinq, savoir : 1 lieutenant général et 4 majors généraux.

« 1° Avoir, pour motifs inexcusables, décidé, le 1ᵉʳ mars 1896, une attaque contre l'armée ennemie dans des conditions de nature à rendre inévitable, comme il est advenu, la défaite des troupes confiées à son commandement;

» 2° Avoir abandonné le commandement en chef depuis midi et demi, le 1ᵉʳ mars 1896, jusqu'à 9 heures le 3 mars; avoir fait cesser durant cette période de temps tout fonctionnement et omis, avec grave préjudice pour l'armée, de donner quelques instructions, ordres et mesures que les circonstances auraient imposées, afin d'atténuer les conséquences de la douloureuse défaite;

» Délits prévus par les articles 74 et 88 du Code pénal de l'armée. »

Après de longs débats, qui éclairent bien des points de la bataille, le conseil de guerre prononça à l'égalité des voix l'acquittement du général Baratieri (14 juin). De sa très longue sentence, nous reproduisons seulement les passages suivants qui permettent d'intéressantes déductions :

« Il reste établi :

» Que dans la deuxième quinzaine de février 1896, sur les hauteurs de Sauria, par des dispositions immédiates du général Baratieri pour un combat offensif, étaient disponibles pas plus de 15.000 fusils et 56 pièces, devant l'armée du négus qui n'avait pas moins de 70 à 80.000 fusils, avec artillerie et bonne cavalerie.

....

» Du 23 au 28, ce sont de continuelles alternatives

chez le général Baratieri : on se dispose pour la retraite, puis on la contremande ...

» Subitement, après une conférence avec les généraux, le général Baratieri, qui leur avait exposé les raisons de la retraite, cédant aux trop généreux instincts de l'offensive de ses subordonnés, décida de s'avancer dans la nuit du 29 vers les cols de Rebbi-Arienni et de Chidane-Meret, que l'on savait fortes positions, aptes au développement de nos petites forces, aptes à préparer éventuellement une ultérieure offensive vers Adoua ou à recevoir l'attaque si le prudent Choan s'était décidé à la faire.

» Ce qui explique dans une certaine mesure les indécisions du commandement, du 23 au 28 février, ce sont les difficultés toujours croissantes des vivres, produites par la maladie des animaux de bât, l'allongement de la ligne d'opérations, l'insécurité des chemins par suite de la défection du ras Sebath et d'Agos-Tafari.

» Ce qui explique également la subite décision du 29 février, ce sont les insistances pas toujours mesurées du gouvernement à sortir de l'inaction, et l'inévitable douleur, pour un commandant en chef, de se décider pour une retraite sans avoir tenté le sort des armes.

....

» Attendu que de ce qui précède il résulte :

» 1° Que le général Baratieri, quoique incertain sur ce qu'il y avait à faire, penchait depuis le 28 février vers une retraite;

» 2° Que sur l'avis favorable à une attaque prononcé

unanimement par quatre de ses généraux de brigade, interrogés à ce sujet le jour précédent, il se décidait à l'improviste, le 29 février, à une action offensive.....

» 3° Que les raisons qui peuvent avoir induit le général Baratieri à cette action offensive, malgré l'énorme disproportion des forces, la solidité des positions de l'ennemi... ne sont guère justifiables;

....

» 5° Que même, quand l'issue de la lutte inégale ne pouvait plus être douteuse, il ne sut pas prendre les dispositions imposées par les circonstances et donner une direction quelconque à la retraite de ses troupes...

» 6° Que lui-même, en se retirant sur Adi-Caié, a suivi une route où ne se trouvaient ni troupes de secours ni stations télégraphiques, de sorte qu'il ne se trouva pas en mesure de donner des ordres, ni à l'intendance, ni aux garnisons, ni aux détachements en arrière, ni aux troupes qui, de quelque manière, se retiraient du champ de bataille.

» Considérant néanmoins que le fait, attribué au général Baratieri, de s'être laissé induire à attaquer l'ennemi pour des motifs étrangers aux considérations d'ordre militaire, n'a pas été confirmé par les débats...

» Considérant que le général Baratieri, après être resté en première ligne au feu et s'être retiré un des derniers du champ de bataille, n'a pas volontairement abandonné le commandement;

» Considérant que s'il a omis de prendre à temps les

mesures nécessaires pour que la retraite fût moins désastreuse, cela provient de ce que, débordé, entraîné par les événements qu'il n'avait su ni prévoir, ni régler, il ne trouva en soi ni l'énergie ni la capacité de mieux faire.

» Considérant que si, depuis le moment où il eut abandonné le champ de bataille jusqu'au 3 mars à 9 heures, il ne prit aucune disposition affirmant son caractère de commandant en chef, cela s'est produit par une cause indépendante de sa volonté et seulement parce que, n'ayant pas su choisir une meilleure ligne de retraite, il s'était mis fatalement dans la position de ne pouvoir exercer ses fonctions;

» Pour ces considérations,

» Le tribunal exclut toute responsabilité pénale du général Baratieri, mais ne peut s'abstenir de déplorer que dans des circonstances aussi difficiles la conduite des événements ait été confiée à un général qui s'est montré tellement au-dessous des exigences de la situation... »

Le verdict du conseil de guerre paraît tout à fait conforme à l'équité. Le désastre d'Adoua n'est que la conséquence fatale d'un ensemble de fautes accumulées depuis deux mois. Le tort capital du général Baratieri consiste à s'être placé dans une situation telle qu'il ne pouvait plus guère en sortir honorablement.

Ces fautes initiales une fois commises, il ne nous paraît pas que le projet d'attaque mérite, en lui-même, toutes les critiques formulées. La position choisie comme premier objectif était bonne : l'événement a prouvé qu'on pouvait l'atteindre sans se heurter à l'ennemi. Une fois le corps expéditionnaire solidement installé entre les deux cols Rebbi-Arieni et Chidane-Meret, il pouvait lutter avantageusement contre des forces supérieures. Les conditions de marche avaient été bien réglées : l'écoulement des troupes se faisant par trois colonnes, il était possible d'exécuter un rapide déploiement, en cas d'attaque de l'ennemi.

La marche de nuit paraît moins justifiée. Elle aurait eu sa raison d'être pour venir surprendre l'ennemi, au point du jour, dans ses campements, comme faillit le faire la brigade Albertone. Mais on sait que ce fut une erreur de celle-ci. Le général Baratieri aurait commis une souveraine imprudence en essayant une pareille entreprise, dans un terrain aussi accidenté, à 20 kilomètres de son point de départ. Il voulait seulement venir prendre une position à 12 ou 14 kilomètres en avant de celle de Sauria. Quel intérêt avait-il à exécuter, à cet effet, une fatigante marche de nuit ? En partant à 4 heures du matin, il aurait encore pu arriver vers 8 ou 9 sur la position : la fin de la journée n'était-elle pas suffisante pour obtenir des résultats sérieux contre les Abyssins ?

Nous avons signalé les deux erreurs qui se produisirent dans l'exécution de cette marche, erreurs imputables au général Albertone. La seconde surtout, la confusion des deux cols de Chidane-Meret, eut des conséquences fatales. Le procès n'a pas établi d'une façon précise s'il y a deux cols homonymes, ou si une erreur avait été commise dans l'établissement du croquis. En tout cas, la rédaction générale de l'ordre ne laissait pas de doute sur le terme assigné au premier mouvement de l'armée ; il est inexplicable que le général Albertone ait cru devoir pousser encore sept kiloèmtres plus avant. Pareille erreur est d'autant plus surprenante chez un ancien officier d'état-major, qui avait professé la logistique à l'École de guerre. Il eut, en outre, le tort grave (malgré les prescriptions formelles de l'ordre) de ne point se tenir en liaison avec la colonne du centre : la marche de celle-ci l'eût éclairé sur la confusion commise.

Cette erreur doit nous convaincre de la nécessité d'étudier avec soin, à l'avance, les conditions des marches, surtout la nuit et en terrain accidenté. Le corps italien avait stationné assez longtemps sur les hauteurs de Sauria pour que le général Baratieri ait eu le temps de faire exécuter des reconnaissances sur les chemins conduisant vers Adoua : c'était une précaution également bonne en vue d'une attaque ou pour parer à quelque entreprise de l'ennemi. Et au lieu de réunir ses généraux pour leur demander conseil à propos d'une décision dont la responsabilité incombait à lui seul, commandant en chef, le général Baratieri eût mieux fait de consacrer cette séance à leur expliquer nettement ses vues, ses projets pour la journée du 1er mars : chacun étant bien instruit du but à atteindre aurait su dans quel sens orienter ses efforts.

L'erreur commise par le général Albertone dérangeait évidemment toutes les combinaisons possibles et le général Baratieri ne pouvait plus qu'en pallier, tant bien que mal, les conséquences. Mais, en pareil cas, une faute en entraîne presque toujours une seconde ; c'est ainsi que, dans le but de soutenir la droite de la brigade indigène, le général Dabormida s'engouffra dans ce long couloir du Mariam-Sciavitu, où il devait livrer un combat absolument indépendant du reste de la bataille.

Au lieu d'entreprendre ainsi de grands mouvements en terrain inconnu, au risque de tomber dans quelque embuscade de l'ennemi, le meilleur parti consistait à s'en tenir à la position primitivement choisie, à y établir les trois brigades demeurées groupées — sauf à porter quelques fractions en avant, pour recueillir la brigade Albertone. Celle-ci aurait pu, vers 8 heures ou 8 h. 1/2 du matin, recevoir encore des ordres du général Baratieri et exécuter une retraite honorable; la poursuite des Choans serait venue se heurter au reste du corps expéditionnaire établi, en bon ordre, sur une solide position. Dans la guerre de montagne, plus que dans toute autre, il est essentiel de ne point disséminer ses forces; et, si les circonstances obligent à les séparer, il faut du moins conserver entre elles de constantes liaisons qui leur permettent de se prêter, le cas échéant, un mutuel appui.

CHAPITRE XVIII

LES SUITES DU DÉSASTRE D'ADOUA

Le général Baldissera nommé gouverneur de l'Érythrée. — Déclaration du marquis di Rudini. — Organisation défensive de la colonie. — Négociations du major Salsa avec Ménélik. — Tentative des Derviches contre Kassala. — Succès du colonel Stevani. — Retraite des Derviches.

La tâche de sauvegarder l'honneur et les intérêts de l'Italie, si gravement compromis par la bataille d'Adoua, devait échoir au général Baldissera. Ancien gouverneur de l'Érythrée, il avait donné la preuve de ses talents aussi bien dans les questions d'organisation que dans la conduite des opérations militaires.

Dès le 22 février, le conseil des ministres, mécontent de l'attitude du général Baratieri, l'avait désigné officieusement pour remplacer ce dernier ; il l'avait fait partir pour Massaouah, se réservant de publier ultérieurement le décret d'investiture.

Le nouveau gouverneur débarqua à Massaouah, le 4 mars, au moment où l'émotion causée par la journée d'Adoua était à son comble, où l'on restait encore dans la plus grande incertitude sur l'étendue du désastre et sur ses conséquences. La première chose à faire était de réorganiser les débris de l'armée, de prendre les mesures nécessaires pour défendre la colonie contre une invasion éventuelle. Il avait pleins pouvoirs pour arrêter les dispositions militaires et administratives, ou recourir, dans la mesure jugée convenable, aux négociations. Cédant à l'éclatante manifestation du sentiment public, le cabinet Crispi, qui venait de donner sa démission, adressa lui-même, le 8 mars, une invitation formelle au général Baldissera d'entamer des pourparlers avec le négus « pour traiter de la paix dans les meilleures conditions, à son avis, pour le salut de la colonie et la dignité de l'Italie ».

Le ministère di Rudini, porté au pouvoir par la coalition de tous les partis qu'effrayait la politique d'expansion démesurée chère à M. Crispi, affirma encore plus nettement ses intentions pacifiques, tout en formulant les réserves que commandaient l'honneur du pays et l'intérêt même des négociations avec le négus. Dans sa déclaration aux chambres (17 mars), le nouveau président du conseil s'exprimait ainsi :

« Nous poursuivrons les négociations de paix entamées par nos prédécesseurs. Nous les poursuivrons avec prudence, avec fierté et surtout avec la ferme résolution de repousser toute proposition qui ne serait pas d'accord avec notre dignité. D'ailleurs, je crois qu'en Afrique, au lieu de stipuler des traités, même avantageux en apparence, il vaut beaucoup mieux établir par des faits un état de choses vraiment conforme à nos intérêts.

» En attendant, on continuera les hostilités, et, quels que soient les événements, elles ne seront pas suspendues tant qu'il n'existera pas une situation qui nous permette de satisfaire les intérêts de notre colonie et les sentiments du peuple italien.

» Ce dont je me porte garant devant la Chambre, c'est que jamais nous n'entreprendrons une politique d'expansion. J'affirme même que le nouveau cabinet, quelle que soit la fortune de nos armes, quelle que soit la situation politique et militaire qui résulte de la campagne actuelle, n'aspire sûrement pas à conquérir le Tigré. Si même le négus nous offrait le Tigré, nous le repousserions comme un don funeste à nos intérêts... Nous ne devons pas, pour chercher l'inconnu, affaiblir ou perdre notre position de grande puissance en Europe. Si les événements nous conduisaient à stipuler un traité de paix, nous ne voudrions en aucune façon y inscrire la condition de notre protectorat sur l'Abyssinie.

» Nous voulons la paix, mais nous ne sommes pas pressés d'en stipuler une quelconque. Aussi, pour l'obtenir telle que nous l'imposent notre intérêt et notre prestige, devons-nous nous préparer à continuer la guerre. »

Le marquis di Rudini s'en tenait, en définitive, comme lui-même le faisait remarquer, au programme qu'il avait déjà appliqué en 1891 et 1892 ; il jugeait qu'à de dangereuses extensions de frontières mieux valait substituer la consolidation et la mise en valeur du patrimoine déjà fort important possédé au nord de l'Abyssinie proprement dite.

Quels étaient les moyens mis à la disposition du général Baldissera pour appliquer le programme ainsi tracé ?

La veille de la bataille d'Adoua, l'effectif total des troupes entretenues dans la colonie atteignait 35.000

hommes, dont 20.000 environ avaient été plus ou moins englobés dans le désastre. De ces derniers, il ne restait guère d'unités intactes. Les cadres avaient surtout beaucoup souffert : c'est ainsi que le 1er bataillon alpin avait perdu 15 officiers sur 19; le 11e bataillon d'infanterie d'Afrique, tous ses officiers, sauf un sous-lieutenant. Les débris de l'armée avaient été dispersés à peu près dans toutes les directions; la plupart des survivants étaient des conducteurs d'équipages, des hommes qui, pour une raison quelconque, étaient restés en arrière du champ de bataille. Il fallait quelque temps pour grouper, fondre ces éléments hétérogènes, en constituer de nouveaux corps de troupe.

On ne pouvait donc considérer comme immédiatement disponibles que les 14 à 15.000 hommes qui ne faisaient point partie du corps d'opérations proprement dit. Encore de ce chiffre, fallait-il déduire la garnison d'Adigrat, bloquée par l'ennemi, et celle de Kassala, indispensable pour tenir tête aux Derviches : soit au moins 2.000 hommes. Si l'on tient compte, en outre, des effectifs nécessaires pour assurer les différents services (artillerie, subsistances, étapes, etc.), pour occuper les points fortifiés, tels que Massaouah, Asmara, Kéren, etc., on voit qu'il restait à peine au général Baldissera une poignée d'hommes pour tenir la campagne.

Heureusement, en même temps que lui, arrivaient des renforts importants, dont l'envoi avait été prescrit après la capitulation de Makallé et qui furent embarqués à Naples du 12 au 19 février, savoir : neuf bataillons d'infanterie d'Afrique, deux bataillons de bersaglieri d'Afrique, deux batteries de montagne. A quelques jours de là, le gouvernement avait inauguré le système consistant à envoyer une division toute constituée d'avance. Il avait ainsi groupé six bataillons d'infanterie d'Afrique, quatre bataillons d'alpins d'Afrique, deux bataillons de bersaglieri d'Afrique et quatre batteries de montagne : le commandement était confié au général Heusch, inspecteur des troupes alpines, ayant sous ses ordres, comme brigadiers, les généraux Gazzurelli et Valles. Le départ de cette division avait eu lieu les 27 et 29 février (1).

L'arrivée de ces troupes intactes allait donc fournir au général Baldissera, entre les 5 et 15 mars, un appoint de 15.000 hommes environ et 36 canons.

Comme éléments de résistance sur le haut plateau tigrin, les Italiens possédaient les deux points fortifiés d'Asmara et de Kéren. Ce dernier n'avait guère à jouer de rôle pour le moment; sa défense était assurée par un fort, avec enceinte et réduit, armé de dix canons de 7 et 9 centimètres, puis par quelques retranchements dont un blockhaus appuyait l'occupation. Asmara offrait, au contraire, une importance capitale, comme étant le premier objectif du négus. Cette ville était défendue d'une façon très sérieuse au moyen de trois ouvrages en maçonnerie : le fort Baldissera, à l'ouest de la ville, armé de seize canons de divers calibres ; le fortin de Nuovo-Peveragno, un peu plus au sud; enfin, une redoute non dénommée. Ces

---

(1) Sauf l'une des batteries de montagne, embarquée seulement le 2 mars.

ouvrages battaient efficacement les routes de Debaroa, Gura et Digsa et n'auraient guère pu être réduits par les moyens dont disposaient les Abyssins. C'est à Asmara que vinrent converger beaucoup de fuyards d'Adoua et qu'on commença à les réorganiser. Le général Baldissera s'empressa d'y diriger les renforts venus d'Italie, dans le double but de leur procurer de meilleures conditions climatériques qu'à Massaouah et d'assurer ainsi la défense du haut plateau.

Heureusement, Ménélik ne chercha pas à profiter de sa victoire d'Adoua pour pénétrer au cœur de la colonie italienne. Ses cavaliers gallas exécutèrent avec beaucoup de vigueur la poursuite tactique; il n'y eut pas de poursuite stratégique. Il faut dire que son armée avait été fort éprouvée dans la journée du 1er mars et n'était pas en état d'entreprendre immédiatement, avec la rapidité indispensable au succès, une marche en avant. Elle aurait dû traverser une zone de 50 à 60 kilomètres, où avait longtemps séjourné le corps italien; malgré la sobriété des soldats choans, il n'eût guère été possible d'assurer leur subsistance. Ménélik se contenta donc d'envoyer quelques troupes sur la route de Sénafé, pour compléter l'isolement du fort d'Adigrat.

Conformément aux instructions du ministre, le général Baldissera envoya auprès du négus le major Salsa, qui, à plusieurs reprises, avait déjà été chargé de missions semblables. Cette fois, c'était l'Italie qui prenait l'initiative des propositions de paix et allait se heurter à des exigences très mortifiantes pour son amour-propre.

On tomba à peu près d'accord pour fixer la frontière de l'Érythrée à la ligne Mareb-Belesa-Muna, c'est-à-dire à l'état de fait existant depuis cinq ans. Mais le négus prétendait limiter l'effectif des troupes entretenues par l'Italié dans sa colonie, entraver l'érection de nouveaux ouvrages fortifiés ; il soulevait enfin des difficultés pour la libération des prisonniers et l'évacuation du fort d'Adigrat. De son côté, l'Italie, consentant à l'abrogation du traité d'Ucciali, voulait que le négus s'engageât à ne point accepter le protectorat d'une autre puissance. Elle demandait que l'administration du Tigré fût confiée non au ras Mangascia, ni au ras Sebath, mais plutôt au ras Makonnen, qu'elle considérait comme mieux disposé pour l'affermissement de la paix. Le major Salsa dut faire trois voyages entre Massaouah et le camp du négus sans pouvoir obtenir un accord. La dernière fois qu'il se rendit auprès de Ménélik, celui-ci se refusa à toute concession nouvelle et le retint prisonnier (23 mars) comme garantie de la restitution de deux lettres précédemment adressées au général Baldissera. Ménélik se repentait sans doute de quelque concession exprimée dans ces lettres et craignait qu'on ne les lui opposât ultérieurement; le général Baldissera, pour lequel la possession de ces autographes n'avait qu'une importance relative, s'empressa de les lui renvoyer.

Après cette rupture des négociations, Ménélik ne se jugea pas en mesure de reprendre les hostilités avant la saison des chaleurs et, dès les derniers jours de mars, il reprit lentement la route du Choa par Dongolo, Makallé et Boru-Mieda.

Les ras Mangascia et Aloula, avec une vingtaine de mille hommes, continuèrent seuls le blocus du fort d'Adigrat, tandis que les bandes du ras Sebath et du degiac Agos Tafari étaient portées à cheval sur la route d'Adi-Caié, surveillant les défilés que les Italiens avaient à traverser en venant de l'Okulé-Kusaï.

Grâce à l'activité du général Baldissera, la réorganisation du corps expéditionnaire était à peu près complète dès la fin de mars. Des débris des cinq régiments italiens revenus d'Adoua, on avait pu constituer un seul régiment. Des sept bataillons indigènes de la brigade Albertone, on put également faire trois bataillons. Les renforts, dirigés sur Asmara dès leur arrivée, avaient permis d'étendre peu à peu le front d'occupation sur le haut plateau, rendant ainsi possible une reprise partielle des opérations actives.

Au 1er avril, le général Baldissera disposait des forces suivantes :

Troupes italiennes : Vingt-sept bataillons d'infanterie d'Afrique, six de bersaglieri, quatre d'alpins, comptant un effectif total de 25.000 hommes.

Six batteries et demie d'artillerie de montagne, soit 38 pièces et un millier d'hommes;

Troupes indigènes : Quatre bataillons d'infanterie, offrant un effectif de 3.500 hommes, auxquels il faut ajouter quelques centaines d'irréguliers.

Avec les services du génie, du train, des subsistances, on atteint un effectif total de 30.000 hommes disponibles pour des opérations de guerre (1).

---

(1) Si l'on compte en outre les garnisons de Kéren, Agordat, Kassala,

Mais au moment où la concentration de toutes ces forces était indispensable pour assurer la défense de la colonie contre les Abyssins, une menace nouvelle surgissait du côté de Kassala. Les Derviches entraient en scène, faisant craindre, pendant quelques jours, une action convergente qui eût été la perte certaine de l'Érythrée.

Des rumeurs vagues avaient depuis quelque temps signalé des rassemblements mahdistes sur les bords de l'Atbara ; mais on espérait que l'événement démentirait ces craintes, comme tant d'autres fois, quand, le 17 mars, une caravane de 400 chameaux, chargée d'assurer le ravitaillement de Kassala, fut attaquée au moment où elle entrait dans la ville. La garnison réussit à protéger le chargement et à repousser les Derviches qui se retirèrent dans la direction de l'est, vers les gorges de Sabderat. Là, ils se heurtèrent à une bande de mille irréguliers, commandée par le capitaine Heusch, et furent encore repoussés avec des pertes sensibles (19 mars). Malgré ce succès, craignant d'être enveloppé, l'officier italien se retira sur El-Adal, localité située à 70 kilomètres de Kassala.

Les instructions données au général Baldissera lui laissaient la faculté d'évacuer Kassala ; mais, en présence des attaques des Derviches, il n'était pas possible d'abandonner la garnison, forte seulement d'un bataillon indigène (commandé par le major Hidalgo),

---

Adigrat (où s'étaient réfugiés environ 1.000 fuyards d'Adoua), avec les services de tout genre fonctionnant à Massaouah, on voit que les forces entretenues en Afrique atteignaient au moins 40.000 hommes, dont 10.000 indigènes.

et par suite impuissante à se dégager sans un secours extérieur. La défense de la ville était assurée par le fort Baratieri, construit immédiatement après la prise de possession; il était armé de quatre canons de 9, deux canons de 7 et quatre mitrailleuses. Grâce à la caravane de ravitaillement arrivée le 16 mars, les vivres étaient assurés pour deux mois.

Le colonel Stevani, avec quatre bataillons indigènes et une demi-batterie d'artillerie, reçut l'ordre d'aller porter secours à la petite garnison italienne, de lui amener un supplément de vivres et d'évacuer les 400 chameaux de la caravane qui ne constituaient qu'un *impedimentum*. Parti le 23 mars d'Agordat, il marcha par Biscia, El-Adal et arriva le 28 à l'entrée des gorges de Sabderat.

Dès le 25, les Derviches avaient concentré contre Kassala toutes leurs forces, montant à plus de 5.000 hommes. Ils occupaient le mont Mokram, à 5 kilomètres au nord-est de la ville, et y avaient installé deux canons. Le 28, la garnison tenta une sortie qui n'eut pas de résultat et les Derviches, résolus à faire un siège en règle, commencèrent la construction de tranchées autour du fort.

Le 1er avril, le colonel Stevani, laissant au 6e bataillon indigène la garde des défilés de Sabderat, sa ligne de retraite, réussit à forcer l'investissement et à pénétrer dans le fort. Il se prépara le lendemain à faire sortir la caravane de ravitaillement. Le 6e bataillon indigène reçut l'ordre de favoriser ce mouvement en venant occuper le mont Mokram. Mais à peine y était-il installé que les Derviches l'attaquaient en forces considérables. Le colonel Stevani, exécutant alors une sortie avec 2.000 hommes et 4 canons, prit l'ennemi entre deux feux et lui infligea des pertes considérables. Les Derviches, laissant sur le terrain 800 morts, beaucoup de lances, de fusils, de drapeaux, s'enfuirent vers Tucruf, où ils avaient installé un camp protégé par trois rangs de tranchées et de palissades. A la faveur de ce combat, la caravane put gagner librement les gorges de Sabderat et, de là, continuer sa route sur Agordat.

Le 3 avril, le colonel Stevani voulut compléter son premier succès en chassant les Derviches de leurs retranchements de Tucruf. Il leur fit encore subir des pertes sensibles, mais ne put réussir à les déloger entièrement et rentra à Kassala, ayant eu lui-même près de 300 hommes hors de combat.

Quelques jours plus tard, les Derviches, éprouvés par ces combats et renonçant pour le moment à prendre Kassala, battaient spontanément en retraite, abandonnant beaucoup de mulets et d'importants approvisionnements de blé. Le colonel Stevani faisait incendier leurs campements de Tucruf et de Gulusit (9 avril).

Le général Baldissera ne voulut point permettre au colonel Stevani de compléter ces succès en poursuivant les Derviches jusqu'à l'Atbara. Il considérait comme essentiel, dans la situation présente, de réserver toutes ses forces pour la lutte qui peut-être allait recommencer avec les Abyssins. Il prescrivit donc au colonel Stevani de revenir à Agordat. Volontiers, il eût même ordonné l'évacuation de Kassala, qui maintenant était devenue chose possible. Mais de nouvelles instructions du gouvernement ne lui conservèrent plus, à cet égard, la latitude précédemment accordée.

L'occupation de Kassala était, en effet, devenue solidaire de l'expédition que l'Angleterre avait projeté de faire, à son profit et aux frais de l'Égypte, contre Dongola et peut-être Khartoum (1). En attendant les difficultés d'exécution militaire, cette entreprise se heurtait déjà à de sérieux obstacles diplomatiques, puisqu'elle remettait en question les solennels engagements pris par l'Angleterre à propos de l'Égypte et qu'elle portait une grave atteinte aux intérêts des créanciers de ce dernier pays. Tant que Kassala restait aux mains des Italiens, le cabinet britannique pouvait, vis-à-vis de l'Europe, se poser comme agissant, non dans un but égoïste, mais dans l'intérêt commun de la civilisation chrétienne. Et, plus tard, cette menace dirigée vers le centre de l'empire mahdiste constituerait une diversion au profit de l'expédition remontant le Nil, si même l'accord des deux puissances ne s'affirmait pas alors par des opérations convergentes.

---

(1) L'expédition de Dongola fut officiellement décidée, le 14 mars, en conseil des ministres khédiviaux, sur la requête de lord Cromer ; l'ordre d'exécution fut notifié, le 16, à sir Horatio Kitchener, sirdar de l'armée égyptienne. Comme une pareille décision avait dû depuis un certain temps être étudiée et arrêtée par le cabinet anglais, on voit, par le simple rapprochement des dates, que sa conception est bien antérieure aux menaces des Derviches contre Kassala. Les Anglais ne sont d'ailleurs pas coutumiers du fait de partir en guerre pour les voisins, fût-ce pour des amis. Ils ont considéré les circonstances comme favorables à une action dans le Soudan et en ont profité ; ils ont ensuite trouvé intérêt à lier leur cause avec celle des Italiens et à en faire grand bruit devant l'Europe, pour masquer le caractère véritable de leur entreprise.

L'Angleterre insista donc très vivement auprès du cabinet italien pour le maintien de l'occupation de Kassala. Etant donnés les bons rapports des deux pays, le marquis di Rudini ne pouvait que déférer à cette demande; il fut décidé qu'à moins de danger imminent, cette ville serait conservée, tout au moins jusqu'au moment où elle pourrait être, soit évacuée sans inconvénient pour l'expédition de Dongola, soit réoccupée par une garnison anglo-égyptienne. Il était entendu que, dans ce dernier cas, le budget khédivial rembourserait à l'Italie les frais nécessités par la conservation de Kassala; elle bénéficierait, en outre, de compensations territoriales.

Le ministre de la guerre notifia cette décision au général Baldissera par le télégramme suivant :

« Des considérations politiques nous conseillent de prolonger notre occupation de Kassala. Ayez soin d'approvisionner cette ville de tout ce qu'il vous sera possible de lui fournir. Quand ce réapprovisionnement sera terminé, quel que soit le péril dans lequel se trouverait la garnison si elle était investie et assiégée de nouveau par un ennemi très supérieur en nombre, il faudra faire face à ce danger; j'en prends l'entière responsabilité. Vous ordonnerez à la garnison de rester ferme à son poste jusqu'à l'extrême limite du possible. »

On eut d'ailleurs, à ce moment, la confirmation de la retraite des Derviches au delà de l'Atbara. Kassala était donc soustraite, pour quelque temps, à toute attaque; sa garnison avait été un peu renforcée, l'approvisionnement en vivres porté à quatre mois. On pouvait attendre tranquillement les événements et le colonel Stevani ramena sa colonne à Kéren.

A partir de ce moment, les préoccupations des Derviches parurent se tourner de préférence vers la région de Souakim, où l'on annonçait que l'Angleterre se préparait à envoyer un renfort de troupes indiennes. Osman-Digma se dirigea de ce côté, avec quelques milliers d'hommes, pour surveiller la route de Berber à Souakim; il eut même de petits engagements avec la garnison de cette ville vers la fin d'avril. Apprenant ces entreprises, Ali-Nurim, chef des bandes des Beni-Amer et allié de l'Italie, résolut d'exécuter un coup de main sur les derrières d'Osman-Digma; il s'avança hardiment jusqu'à Adamara et y fit une abondante razzia de bétail.

Ainsi se trouva heureusement terminée cette question de Kassala qui avait inspiré, pendant quelques jours, de si sérieuses inquiétudes. Elle aboutissait au maintien d'un *statu quo* dont l'Italie doit avoir le bon esprit de se contenter. Elle a acquis, en somme, une situation solide dans cette région de Kéren à Kassala; elle a su s'attacher ces populations qui, après avoir si longtemps souffert des guerres et de l'anarchie, ont accueilli avec sympathie un gouvernement protecteur de leurs intérêts. Il y a des résultats appréciables à obtenir de la colonisation de ce pays; il pourra également s'établir un courant secondaire de relations commerciales entre la mer Rouge et le Soudan. Mais il ne faudrait pas, avant longtemps du moins, que l'ambition de l'Italie s'étendît plus loin. En dépassant l'Atbara, elle rencontrerait des difficultés sans nombre, et se verrait fatalement entraînée dans des entreprises supérieures à ses moyens. Il ne faudrait pas davantage qu'elle prétendît trop élargir la porte du Soudan ainsi ouverte à son commerce; car elle se heurterait aussitôt à la concurrence, au mauvais vouloir de l'Angleterre, jalouse de conserver, par Souakim et par le Nil, la clef de ces vastes terres noires, qui depuis si longtemps restent fermées à la civilisation européenne.

CHAPITRE XIX

LA DÉLIVRANCE D'ADIGRAT

Blocus du fort d'Adigrat. — Marche du général Baldissera. — Combats de Gunaguna et de Dongollo. — Négociations avec le ras Mangascia. — Les Italiens évacuent librement le fort. — Rapatriement du corps expéditionnaire.

Pendant ces événements autour de Kassala, dont nous avons tenu à présenter le récit sans discontinuité, le général Baldissera avait complété la réorganisation du corps expéditionnaire; dès les premiers jours d'avril, il avait poussé ses postes avancés jusqu'à hauteur de Gura, Halaï et Saganeiti.

Son objectif était de débloquer le fort d'Adigrat, assiégé par les Tigrins depuis la bataille d'Adoua. Du moment que les négociations avec le négus avaient échoué, il fallait obtenir par la force la délivrance de cette poignée d'hommes abandonnés au cœur de l'Agamé.

Les conditions de défense étaient heureusement moins défavorables qu'à Makallé. On avait eu plus de temps pour améliorer l'installation des hommes et des divers services, pour compléter les défenses accessoires; chose capitale, les puits étaient nombreux, très rapprochés du fort et inaccessibles pour l'ennemi. Enfin les munitions et les vivres permettaient une longue résistance.

La garnison était constituée par le 1ᵉʳ bataillon de chasseurs d'Afrique, troupe solide, déjà habituée à la guerre par un long séjour en Afrique, commandée par un chef de grande valeur, le major Prestinari. Au lendemain d'Adoua, beaucoup de soldats débandés étaient venus se réfugier dans le fort, portant à 2.000 hommes l'effectif de la garnison. Cet accroissement, avantageux pour la défense, risquait d'accélérer beaucoup l'épuisement des vivres; il fallut donc rationner dès le début officiers et hommes de troupe (1). Il fallut, en outre, réprimer rigoureusement des tentatives d'indiscipline chez un certain nombre de soldats indigènes.

Grâce aux mesures prises, Adigrat pouvait défier une attaque de vive force des Tigrins, qui, se rendant compte de leur impuissance, se contentèrent d'établir un investissement très étroit.

Vers le 15 avril, le général Baldissera jugea le moment venu de faire un nouveau pas en avant, dans la direction d'Adigrat. Il avait réparti ses troupes (dont la composition a été donnée plus haut) en deux divisions, commandées par les généraux Heusch et del Mayno et comprenant au total cinq brigades d'infanterie. Il porta toutes ses forces sur Adi-Caïé, où il les installa dans une bonne position, qui devait lui servir de point de départ pour une marche ultérieure. Dans l'exécution de ce mouvement, il avait maintenu, en

---

(1) Les officiers recevaient : le matin, un verre de cognac avec de l'eau, un plat de pâtes et un plat de viande; le soir, un verre de cognac avec de l'eau et un plat de viande. Les soldats touchaient pâtes et viande, distribuées deux fois par jour, matin et soir.

arrière, la brigade Valles pour occuper Saati, Arkiko et Asmara jusqu'à ce que lui-même fût installé solidement sur la position d'Adi-Caïé.

A la fin d'avril, il avança son camp jusqu'à Sénafé, c'est-à-dire à 60 kilomètres d'Adigrat. Enfin, le 2 mai, il entama le mouvement final. Il s'avançait sur trois colonnes. La principale, placée sous ses ordres directs, comprenait quatre bataillons indigènes, les divisions Heusch et del Mayno, huit batteries, soit en tout 20.000 hommes; elle suivit la route Sénafé, Barachit, Adigrat. Une seconde colonne commandée par le colonel Paganini, forte de deux bataillons de bersaglieri et de contingents irréguliers, opérait sur la rive droite du Mareb, d'Adi-Ugri sur Adi-Quela, menaçant la route d'Adoua. Enfin la liaison entre les deux colonnes précédentes était assurée par d'autres bandes indigènes sous les ordres du lieutenant-colonel Capelli qui, de Coatit, prit Adigrat comme direction générale.

Cet important déploiement de forces ne devait pas rencontrer de résistance bien redoutable. Les ras Aloula et Mangascia, avec la majeure partie de leurs forces, s'étaient établis au sud-ouest d'Adigrat, vers Amba-Sion. Il ne restait, au nord, pour barrer la route aux Italiens, que 6.000 hommes environ comprenant les bandes du ras Sebath et d'Agos Tafari.

Dans la journée du 2 mai, l'avant-garde de la colonne principale commandée par le colonel Stevani se heurta, dans le défilé de Gunaguna, à 500 hommes du ras Sebath. Il réussit à les déloger de leurs positions. Le lendemain, nouveau combat, également heureux, contre le gros des forces ennemies, à Dongollo. Enfin, le 4 mai, le corps expéditionnaire installa son camp à Chersaber, à quelques kilomètres seulement du fort. Dans la nuit les bandes de Tigrins établies à proximité d'Adigrat s'éloignèrent, de sorte que le blocus se trouva rompu, presque sans combat. Dès le jour même, les blessés qui se trouvaient encore à Adigrat purent être conduits au camp italien.

Tandis qu'il s'avançait ainsi vers Adigrat, le général Baldissera avait cru devoir appuyer son action militaire par des négociations avec le ras Mangascia. La bataille, qu'il était désormais en forces pour livrer, comportait des risques; elle devait entraîner des pertes sérieuses pour les deux partis. Pourquoi ceux-ci ne se mettraient-il point d'accord pour rendre la liberté aux défenseurs d'Adigrat? Cette solution paraissait également conforme aux intérêts de l'un et de l'autre.

Le général Baldissera fut assez habile pour faire admettre cette manière de voir par le ras Mangascia, qui demeura immobile pendant la marche des Italiens et les laissa accomplir leur jonction avec les défenseurs du fort. On ne peut qu'approuver le commandant en chef italien d'avoir ainsi utilisé la voie pacifique et évité une lutte qui, même heureuse, aurait aggravé l'affaiblissement du corps expéditionnaire.

Le général compléta ces premières négociations en essayant d'obtenir la restitution des prisonniers italiens qui restaient entre les mains des chefs tigrins (1).

---

(1) Le 13 mai, il adressa la proclamation suivante aux Tigrins :
« Moi, général Baldissera, grand officier d'État, gouverneur de l'Érythrée, au peuple de l'Agamé et du Tigré :

Agos-Tafari ne fit pas de difficultés pour s'exécuter. Le ras Mangascia souleva des objections, déclarant qu'il était chargé par Ménélik de signer une paix définitive et ne pouvait livrer les prisonniers, sa garantie. avant l'évacuation totale du Tigré. Le général Baldissera dut parler haut pour vaincre ce mauvais vouloir. Le ras Sebath ayant également refusé de se soumettre, le colonel Stevani fut envoyé à sa poursuite : il ne put l'atteindre à Debra-Matzo, lieu habituel de sa résidence, mais il rejoignit sa trace et lui infligea des pertes assez sérieuses.

A la suite de ces énergiques démonstrations, la remise des prisonniers s'effectua d'une manière à peu près générale. En même temps, les travaux de désarmement du fort d'Adigrat se poursuivaient avec rapidité, de sorte que, vers le milieu de mai, le général Baldissera put donner les ordres pour la retraite du corps expéditionnaire.

La remise du fort au représentant du ras Mangascia eut lieu le 18 mai. Faute de moyens de transport, on ne put emmener qu'une batterie d'artillerie : les autres pièces furent détruites et leurs débris enterrés. On détruisit également 6.000 gargousses et 300.000 cartouches. Dès le jour même, le mouvement de retraite commençait sur Barachit et Sénafé.

C'était, en définitive, l'application du programme

» Ecoutez mes paroles. Je suis venu pour prendre les prisonniers et faire la paix. Si Mangascia ne me rend pas les prisonniers, je suis obligé de faire la guerre et détruire le pays... Je veux les prisonniers dans trois jours; ne les ayant pas, je continuerai la guerre et commencerai l'œuvre d'extermination dans tout l'Agamé. »

très net formulé par le marquis di Rudini : abandon de la ligne Adigrat-Adoua ; maintien de la frontière Mareb-Belesa-Muna, jugée la plus avantageuse pour la défense de la colonie.

Dans les séances des 8 et 9 mai, répondant à une interpellation sur la question d'Érythrée, le marquis di Rudini et le ministre de la guerre renouvelaient, à cet égard, les déclarations précises déjà formulées. Ils disaient que les 140 millions de crédits votés suffiraient à la réalisation du programme ainsi tracé. Si l'on voulait, au contraire, aller chercher Ménélik et le mettre hors d'état de rentrer en campagne, il faudrait deux ans de guerre et un milliard ; enfin la conquête totale de l'Abyssinie n'exigerait pas moins d'un milliard et demi et cinq ans de combats. Pareils sacrifices paraissaient exagérés pour le but à atteindre (1).

Le programme ainsi tracé paraît très rationnel ; le cabinet di Rudini, bien inspiré en l'adoptant, a eu surtout le mérite de l'exprimer avec netteté et de se tenir ensuite à la formule adoptée. Les échecs précédemment subis résultent non seulement de l'extension déraisonnable des entreprises, mais aussi de la perpétuelle instabilité des projets. On préparait une certaine action ; on se laissait entraîner ailleurs par les événements. Ce fut le tort et de M. Crispi et du général Baratieri.

Dans cette affaire de la délivrance d'Adigrat, le général Baldissera seconda, avec beaucoup d'énergie et d'habileté, les vues du gouvernement ; il réussit à ob-

---

(1) Par 278 voix contre 133, la Chambre approuva les déclarations du marquis di Rudini.

tenir une solution qui servait les intérêts du pays sans porter la moindre atteinte à sa dignité. Après cette opération, la campagne se trouvait virtuellement terminée. Il devenait possible de rapatrier le corps expéditionnaire, désormais sans emploi; il importait de le faire au plus vite pour éviter aux troupes les fatigues de la saison des pluies et de la chaleur.

Les moyens de transport, préparés d'avance, permirent d'embarquer les troupes presque aussitôt après leur arrivée à Massaouah. Au 1er juin, il ne restait en Érythrée qu'un corps d'occupation peu important, comprenant, comme éléments italiens: un bataillon de chasseurs d'Afrique, un bataillon d'alpins, un bataillon de bersaglieri, deux bataillons d'infanterie d'Afrique, deux batteries de montagne. On entreprit vers cette époque une réorganisation complète des troupes indigènes, bataillons d'infanterie et batteries de montagne.

La question de la paix avec Ménélik restait encore irrésolue et laissait planer beaucoup d'incertitude sur l'avenir de la colonie érythréenne. Il allait falloir encore près de cinq mois de lentes négociations pour aboutir à une solution susceptible de sauvegarder l'honneur du pays en même temps que ses intérêts.

CHAPITRE XX

LA CONCLUSION DE LA PAIX

Longues négociations. — Les points en litige. — Le sort des prisonniers italiens. — Intervention de Léon XIII. — Mission Nerazzini. — Conclusion de la paix. — L'avenir de l'Érythrée et de l'Abyssinie.

Nous n'entrerons pas dans le détail des longues négociations poursuivies entre l'Italie et le négus. Au moment où celui-ci se retirait dans le Choa, le major Salsa avait vainement essayé de faire accepter les propositions italiennes; l'ingénieur suisse, M. Ilg, servit ensuite d'intermédiaire pour communiquer au gouvernement italien les conditions que Ménélik consentait à admettre. Ce devait être enfin le médecin-major de la marine Nerazzini, maintes fois déjà employé comme agent diplomatique en Abyssinie, qui réussit à conclure l'arrangement définitif.

Les points litigieux étaient au nombre de trois : le protectorat italien, — la libération des prisonniers, — la délimitation de l'Abyssinie et de l'Érythrée.

Dès le premier jour, le marquis di Rudini avait déclaré renoncer à toute idée de protectorat. Mais il demandait que le négus s'engageât à n'accepter le protectorat d'aucune autre puissance. Ce dernier refusait de souscrire semblable promesse, qu'il considérait comme constituant une sorte d'aliénation de son indépendance souveraine. Nous ne saurions blâmer cette résistance; il est permis d'ajouter que la prétention des Italiens n'avait pas grande raison d'être. Pouvaient-ils craindre que, victorieux, le négus n'allât solliciter la protection d'une nation européenne, quand il avait si énergiquement repoussé celle de l'Italie au temps même où sa puissance n'était pas affermie?

Quant aux prisonniers, Ménélik ne se souciait pas de les avoir emmenés dans le Choa et entretenus pendant huit mois sans être indemnisé des frais ainsi supportés. Alors même qu'il eût voulu spéculer sur l'impatience des familles éprouvées, la chose ne méritait pas une opposition irréductible. Le mieux à faire pour l'Italie était de se montrer large, sauf à trouver une formule qui sauvegardât les apparences.

Enfin, pour la frontière, le marquis di Rudini maintenait très énergiquement le tracé Mareb-Belesa-Muna qui, depuis longtemps, était son programme. Ce tracé a tant d'importance au point de vue de la colonie, qu'il était difficile de ne pas en faire une condition essentielle de la paix. De son côté, Ménélik mettait sans doute quelque amour-propre à persister dans le refus que, depuis 1890, il avait opposé à ce tracé. Mais était-il en mesure d'appuyer victorieusement par les armes la revendication de ces deux provinces, le Seraé et l'Okulé-Kusaï, qu'en fait les Italiens détenaient encore? La prudence ne lui conseillait-elle pas d'accepter définitivement le *statu quo*, étant données surtout les très grandes divergences de traditions et d'intérêts qui de tout temps ont séparé ces provinces du Tigré proprement dit?

Pour qui examine sans parti pris la situation relative des deux pays, leurs moyens d'action, le préjudice que pouvait causer à l'un et à l'autre la continuation de la guerre, il semble qu'un accord aurait pu être assez promptement établi sur des bases équitables. Mais il faut tenir compte des inévitables retards résultant de la difficulté des communications entre l'Italie et le Choa; en outre, les négociations poursuivies au cours des dernières années avaient été parfois marquées par des revirements inattendus, de sorte que, de part et d'autre, on ne voulait s'avancer qu'à bon escient, on appréhendait de compromettre la solution finale par des engagements imprudents.

Cette lenteur des négociations maintenait l'opinion publique italienne dans un état d'inquiétude très vive. On s'alarmait sur le sort des prisonniers que Ménélik avait emmenés dans les provinces les plus reculées du Choa. Bien que diverses correspondances fissent connaître qu'ils étaient, somme toute, traités avec humanité (1), ils n'étaient pas sans souffrir des conditions forcées de leur internement dans un pays pauvre, de mœurs et d'habitudes si particulières. Diverses initia-

---

(1) Les prisonniers faits à Adoua comprenaient deux catégories distinctes : les ascaris et les soldats italiens. A la suite d'un conseil, tenu le 3 mars entre le négus, l'impératrice Taïtou, le ras Mangascia et l'abouna, les premiers furent condamnés à la mutilation traditionnelle en Abyssinie : on leur coupa la main droite et le pied gauche. Sur 1.500 soumis à ce traitement, il y en eut plus de 1.000 qui succombèrent. Il y en eut de 300 à 400 qui purent rejoindre les hôpitaux italiens, où ils furent soignés; après guérison, on leur adapta un appareil assez ingénieux pour permettre la marche. Quant aux Italiens, quelques-uns furent mutilés par les cavaliers gallas, au moment de la poursuite; mais la plupart furent recueillis, traités humainement et répartis entre les différents chefs. Nous avons vu que les ras du Tigré, Mangascia, Sebath et autres restituèrent, dès le mois de mai,

tives intervinrent successivement soit pour améliorer un peu leur situation, soit pour obtenir une libération au moins partielle de ces malheureux. C'est ainsi que le colonel russe Léontief, envoyé au Choa au moment du couronnement du tzar, obtint de Ménélik le renvoi de cinquante prisonniers. Dans un sentiment de haute charité, le pape Léon XIII, oubliant ses griefs contre la maison de Savoie, crut devoir faire également entendre sa voix, comme père commun de tous les chrétiens (1). Son représentant, Mgr Macaire, arriva à Addis-Abeba au mois de septembre et fut reçu avec beaucoup d'égards par Ménélik, mais ne réussit pas à fléchir sa décision. Sans doute, l'incident du *Dœlwyick* ne fut pas étranger à cet insuccès. C'était précisément peu

---

les quelques centaines de prisonniers qui leur avaient été attribués. Il ne restait donc à libérer, au mois d'octobre, que les prisonniers emmenés par Ménélik dans le Choa : le nombre n'en dépassait pas de 1.500 à 2.000.

(1) La lettre de Léon XIII au négus, datée du 11 juin 1896, était ainsi conçue :

« La victoire a laissé en vos mains de nombreux prisonniers, jeunes gens vigoureux, dignes de respect, enlevés à leur famille et à leur patrie ; leur captivité n'augmente ni la grandeur de votre puissance, ni votre prestige, mais plus elle se prolonge, plus vive est la douleur de milliers de mères et d'épouses innocentes.

» Pour nous, pénétré de la sainte mission que nous a confiée Jésus-Christ et qui s'étend à toutes les nations chrétiennes, nous les aimons comme des fils. Agréez donc la demande que le cœur d'un père vous fait... Veuillez sans retard leur rendre la liberté. »

Ménélik remit, le 1er octobre, à Mgr Macaire, une lettre dont nous extrayons le passage suivant :

« Le premier mouvement de mon cœur fut de donner à Votre Sainteté la satisfaction qu'elle me demandait si noblement...

» Malheureusement mon vif désir de réaliser les vœux de Votre Sainteté a été contrarié par l'attitude imprévue du gouvernement italien... Mon devoir de roi et de père de mon peuple m'interdit de sacrifier une seule garantie de la paix qui se trouve entre mes mains. »

de temps auparavant que ce bateau, armé en Hollande, chargé d'armes à destination de Djibouti, avait été capturé dans la mer Rouge par l'escadre italienne. Cette prise pouvait donner lieu à une controverse de droit international. L'Italie ayant, en effet, déclaré, dès le mois de juin, la cessation de l'état de guerre en Érythrée, il semblait peu logique de considérer ce transport d'armes comme un acte de contrebande de guerre. Quoi qu'il en soit de cette question de droit (désormais sans objet), il n'est pas douteux que le négus en conçut un mécontentement, au moins momentané, de nature à retarder la conclusion de la paix.

Enfin, le major Nerazzini partit au mois de septembre 1896, pour se rendre au Choa, avec mission de reprendre les négociations; il était muni des instructions définitives du gouvernement italien et investi de pouvoirs très étendus. Suivant les circonstances, il devait soit conclure immédiatement un traité de paix, soit préparer les voies au général Valles, que le gouvernement comptait envoyer comme plénipotentiaire, dans le cas où le négus aurait désiré traiter avec un personnage de haut rang. Il arriva le 6 octobre à Addis-Abeba, avec une escorte de 600 hommes qui s'était portée à sa rencontre; reçu le lendemain par Ménélik, il entama immédiatement les négociations.

Cette nouvelle tentative fut plus heureuse que les précédentes. Le 24 octobre, dans une suprême conférence avec le négus, les dernières questions en litige étaient résolues d'un commun accord; le surlendemain, avait lieu la signature solennelle du traité de paix, en présence des principaux chefs abyssins, avec la bénédiction de l'*abouna*, grand-prêtre de la religion copte. Le major Nerazzini s'empressait, ce même jour, d'annoncer à son gouvernement la conclusion de la paix par le télégramme suivant :

Addis-Abeba, 26 octobre.

Ai signé aujourd'hui le traité de paix et une convention pour la libération des prisonniers. La cérémonie a été solennelle. Le traité de paix commence par la formule générale exprimant le désir de rétablir l'ancienne amitié. Suivent les articles.

Art. I. — Cessation de l'état de guerre. Il existera entre les deux pays une amitié et une paix perpétuelles.

Art. II. — Le traité d'Ucciali est aboli.

Art. III. — L'indépendance absolue de l'Éthiopie est reconnue.

Art. IV. — Les parties contractantes n'étant pas d'accord sur la délimitation définitive des frontières et étant désireuses de ne pas interrompre pour cette divergence les négociations de paix, il reste convenu que dans le délai d'un an, depuis la date du traité, des délégués spéciaux des deux gouvernements fixeront la frontière d'un commun accord.

En attendant, le *statu quo ante* sera respecté, et la frontière sera Mareb-Belesa-Muna.

Art. V. — Jusqu'à délimitation définitive de la frontière, le gouvernement italien s'engage à ne pas céder de territoire à une autre puissance, et s'il voulait abandonner spontanément une portion quelconque du territoire, celle-ci rentrerait sous la domination de l'Éthiopie.

Art. VI. — Pour favoriser les rapports commerciaux et industriels, un accord ultérieur pourra être conclu.

Art. VII. — Le présent traité sera communiqué aux puissances par les parties contractantes.

Art. VIII. — Le traité sera ratifié dans le délai d'un mois depuis la date de la convention.

La convention pour la libération des prisonniers stipule :

Les prisonniers sont déclarés libres. Ménélik les renverra tous du Harrar pour les faire partir à Zeilah, aussitôt la ratification du traité reçue par télégramme (1).

La Croix Rouge italienne pourra envoyer sa section jusqu'à Gildessa pour aller à la rencontre des prisonniers.

Le plénipotentiaire italien, ayant spontanément reconnu les fortes dépenses faites par le gouvernement éthiopien pour l'entretien et la concentration des prisonniers, il est convenu que le remboursement en est dû au gouvernement abyssin.

L'empereur déclare qu'il n'en établit pas la somme, s'en remettant entièrement à l'équité du gouvernement italien.

A la même date, Ménélik adressait au roi Humbert un télégramme de félicitations et d'amitié :

Je suis heureux de faire connaître à Votre Majesté que le traité de paix a été signé aujourd'hui.

Dieu nous maintienne toujours amis !

Sachant que le 20 novembre est une grande fête pour votre auguste famille, je suis content qu'avec le royal bon vouloir de Votre Majesté et grâce aux sérieuses qualités d'intelligence du major Nerazzini, votre envoyé et plénipotentiaire, nous puissions faire de cette date mémorable un jour de joie pour les pères et les mères des prisonniers italiens.

Dieu conserve longue vie à votre Majesté !

Ces deux télégrammes arrivèrent à Rome, le 15 no-

---

(1) Dans un sentiment de haute courtoisie, Ménélik prescrivit en outre que, sans attendre la ratification, 200 prisonniers fussent dirigés sur Zeilah, dès le 20 novembre, en l'honneur de la reine Marguerite dont l'anniversaire de naissance tombait ce jour-là.

vembre (1), au moment où beaucoup de personnes commençaient à douter du succès des négociations ; ils calmèrent les inquiétudes soulevées par certains renseignements vagues qui circulaient depuis quelque temps et semblaient les symptômes d'une reprise des hostilités (2). Ils furent accueillis très favorablement par l'opinion publique, impatiente de voir enfin la question africaine aboutir à une conclusion pacifique. Seuls, quelques journaux amis de M. Crispi formulèrent un avis contraire et accusèrent le marquis di Rudini d'avoir compromis la dignité nationale par des concessions excessives.

En réalité, le traité d'Addis-Abeba avait le mérite de résoudre, d'une façon très heureuse, les questions depuis si longtemps pendantes. En laissant à la discrétion du gouvernement italien l'évaluation des sommes dues pour l'entretien des prisonniers, il enlevait à ce paiement tout caractère de rançon ou d'indemnité de guerre qui eût pu froisser le sentiment national. S'il subsiste, dans le traité, quelque incertitude au sujet de la frontière abysso-érythréenne, le *statu quo* est maintenu en fait, de sorte que la délimitation définitive ne saurait jamais en différer beaucoup. Le cabinet di Rudini obtient, somme toute, cette frontière Mareb-Belesa-Muna, qu'il avait revendiquée comme essentielle pour

---

(1) Le major Nerazzini avait expédié ces télégrammes *via Zeilah*. Vingt-quatre heures avant leur arrivée, diverses agences avaient déjà annoncé la conclusion de la paix, d'après des télégrammes privés venus de Djibouti. Les courriers choans qui desservent cette dernière ville ont, en effet, moins de chemin à parcourir que pour atteindre Zeilah par Harrar.

(2) On avait annoncé que des rassemblements importants de troupes choanes se faisaient aux environs du lac Asciangbi.

la défense de la colonie et qui était, pour ainsi dire, la base même du programme développé devant le parlement italien. Pour peu que les commissaires chargés du tracé définitif, conformément à l'article 4 du traité, apportent un esprit conciliant dans cette opération, on ne prévoit pas qu'elle puisse être l'origine d'un nouveau conflit.

Après délibération du conseil des ministres, le roi Humbert adressait au major Nerazzini un télégramme portant ratification du traité. Il répondait en même temps au négus en se déclarant heureux de la conclusion de la paix, en exprimant l'espérance que celle-ci serait perpétuelle ; en terminant, il remerciait Ménélik pour la délicate allusion faite à la date de naissance de la reine Marguerite.

Etant donné le temps nécessaire pour la transmission de dépêches de Zeilah au Choa, et, d'autre part, pour la concentration des prisonniers sur la côte, le rapatriement de ceux-ci, qui se poursuit au moment où sont écrites ces lignes, peut demander plusieurs mois. Sans attendre ce moment, le gouvernement italien a déjà arrêté quelques-unes des mesures d'organisation qui doivent caractériser la période nouvelle dans laquelle entre la colonie érythréenne.

Le bataillon de bersaglieri, qui tient actuellement garnison vers l'extrême frontière méridionale et le bataillon alpin, seront rapatriés une fois la libération des prisonniers accomplie. Les troupes d'occupation se trouveront ainsi réduites à sept bataillons indigènes, trois bataillons de chasseurs d'Afrique, deux batteries indigènes, trois compagnies du génie, un escadron de cavalerie (celui de Kéren, qui sera reconstitué), une compagnie indigène du train.

Le général Baldissera, qui a si heureusement contribué à l'atténuation des conséquences des événements antérieurs, doit, à la même époque, être rappelé en Italie et céder la place au vice-gouverneur actuel, le général Vigano. Il est même question de nommer, dans un avenir assez prochain, un gouverneur civil, mesure qui paraît justifiée par les conditions générales de la colonie et spécialement par l'attitude des populations.

La période de guerre semble donc close, sauf événements improbables, pour un temps assez long. Si un conflit avec les Derviches reste toujours possible (1), nous croyons que les échecs subis par eux devant Kassala les feront hésiter à tenter une nouvelle entreprise, et l'attitude gardée jusqu'à ce jour par le marquis di Rudini, ne donne pas à penser qu'il veuille affronter de nouveaux risques. Il a déclaré qu'il se bornerait à défendre, à mettre en valeur le patrimoine colonial actuel de l'Italie. Nous croyons qu'il restera fidèle à ce programme qui a l'assentiment de l'immense majorité de la nation; l'avenir nous montrera comment il saura le remplir.

Sans offrir un ensemble de richesses comparable à ceux de certaines autres terres africaines, la colonie de l'Érythrée se prête à un emploi avantageux de l'ac-

(1) Au moment où s'imprimait ce travail, de nouvelles incursions se sont produites, qui paraissaient menacer Agordat, c'est-à-dire la ligne de communications de Kassala avec le centre de l'Erythrée. Mais il a suffi de la concentration de quelques troupes pour décourager les Derviches de leur tentative. Nous croyons qu'il en sera ainsi, tant que les Italiens éviteront toute aventure et se borneront à défendre leurs possessions actuelles.

tivité et des ressources de l'Italie. Ces ressources ne pourront que s'augmenter par leur mise en œuvre dans un pays qui n'a pas encore été exploité; les résultats obtenus détermineront un afflux croissant des capitaux privés, jusqu'ici fort timides. Il y a là un travail de longue haleine à accomplir, pour lequel le maintien de la paix africaine, une politique prudente et stable, sont choses nécessaires.

De son côté, l'Abyssinie a beaucoup à faire si elle veut, un jour, prendre rang parmi les nations civilisées. Elle est à cet égard dans des conditions bien moins favorables que le Japon, auquel on l'a parfois comparée, depuis la brusque et presque simultanée révélation de leur puissance militaire. Il ne faut pas oublier que le Japon possédait déjà une civilisation très complète, très raffinée. A un moment donné, il a changé, d'une façon absolue, son orientation pour suivre les voies de la vieille Europe; mais le degré supérieur auquel il était déjà arrivé lui a permis cette transformation. En Abyssinie, au contraire, il n'y a que des embryons ou des vestiges presque effacés de civilisation; le progrès n'est d'ailleurs pas favorisé ici par la mer qui, dans toute l'histoire, se révèle comme l'agent civilisateur par excellence.

Ménélik est-il homme à faire aboutir, par sa seule action personnelle, une entreprise aussi colossale? Il serait téméraire de l'affirmer. En tous cas il n'a point de fils, de sorte qu'on peut se demander ce qu'il adviendra de son œuvre après sa mort.

L'Italie peut donc être appelée à jouer encore un rôle en Abyssinie, si elle sait être prudente, attendre les événements et en profiter. Quand ses hommes d'État auront, du reste, manifesté d'indubitable façon leur intention pacifique, elle pourra reprendre l'ascendant exercé si longtemps au Choa par le marquis Antinori et le comte Antonelli. Du moment qu'il ne sentira plus son indépendance menacée, Ménélik ne se refusera pas à entretenir de bons rapports avec ses voisins du nord; il a trop d'intérêt à profiter lui-même du progrès économique réalisé dans la colonie italienne et à favoriser l'établissement de relations commerciales actives. Les Italiens arriveront ainsi à obtenir la plupart des avantages positifs qu'ils avaient espérés en ambitionnant le protectorat nominal de l'Abyssinie : la chose ne vaut-elle pas mieux que le mot?

Nous ne pensons pas que la France doive prendre ombrage de ce développement de puissance, qui sera forcément très lent. Si, à certaine époque, elle s'est trouvée en mesure de jouer un grand rôle sur la mer Rouge, elle a maintenant tourné ses vues vers d'autres points du globe. Serait-il opportun, pour elle, de se remettre actuellement en ligne? N'a-t-elle pas mieux à faire ailleurs pour compléter l'œuvre coloniale ébauchée depuis quinze ans? Les entreprises qu'elle a déjà en cours, un peu partout, absorberont pendant longtemps ses forces et ses capitaux disponibles. Que nos commerçants profitent des dispositions bienveillantes de Ménélik et de la situation favorable de Djibouti pour tenter des affaires au Harrar et au Choa : ce peut être, pour notre pays, un heureux appoint de richesse. Mais il ne faudrait pas se faire illusion sur ces résultats possibles, ni surtout chercher à les obtenir au prix de sacrifices budgétaires trop onéreux.

Ajoutons que les tentatives coloniales en Érythrée constituent une heureuse diversion, dont nous-mêmes pourrons profiter. Elles entraînent un ajournement peut-être indéfini de la brûlante question de la Tripolitaine.

Nous pouvons, dès lors, nous consacrer sans aucune inquiétude au développement, si important, de notre *hinterland* algérien et tunisien. Tôt ou tard, nous devrons marcher vers le Soudan central par les deux routes du Touat et de Ghadamès. Ne vaut-il pas mieux qu'à ce moment l'Italie ait son ambition satisfaite sur la mer Rouge et l'océan Indien et ne vienne pas nous opposer une action concurrente sur les rivages des deux Syrtes?

Dans ces questions qui ont de si lointaines répercussions, il ne faut point se laisser guider par le seul souci de l'heure présente. Il faut s'inspirer des intérêts permanents et supérieurs du pays.

Le dix-neuvième siècle aura été marqué par le prodigieux développement, sur tous les points du globe, de la race anglo-saxonne. Les nations latines ont vu leur importance relative diminuer dans d'effrayantes proportions. La France subit une crise de vitalité particulièrement grave(1); elle risque de voir bientôt tous ses efforts d'intelligence et d'énergie impuissants contre la

---

(1) L'accroissement quinquennal de population qui de 1881 à 1886 dépassait encore 500.000 âmes est descendu, de 1891 à 1896, à 115.000. Si l'on tient compte de l'immigration étrangère et des naturalisations, on voit que la race française a dû, pendant ces dernières années, rester stationnaire sinon diminuer.

brutalité du nombre. De jour en jour, le français perd, au bénéfice de l'anglais, son caractère de langue internationale : s'il conserve encore une situation assez privilégiée, c'est grâce à de vieux usages diplomatiques qui peuvent disparaître dès que la bible anglaise sera le livre de lecture d'un tiers du globe.

Nous ne pouvons donc que nous féliciter de voir surgir, vis-à-vis des Anglais, des concurrents latins, ceux-ci fussents-ils les alliés momentanés des premiers. La France, marchant incontestablement à la tête des nations latines et catholiques, retirera un avantage indirect, mais certain, du développement colonial de celles-ci. Voilà pourquoi nous faisons des vœux pour que Cuba échappe aux convoitises des États-Unis, pour que l'Afrique portugaise réalise les espérances de prospérité qu'elle fait actuellement concevoir. Dans le même ordre d'idées, nous pouvons suivre avec sympathie les efforts tentés par l'Italie dans ces vastes territoires qu'elle a acquis à l'est du continent noir. En s'appliquant avec méthode et circonspection à cette grande œuvre, elle obtiendra des résultats de plus en plus satisfaisants; elle reconnaîtra d'elle-même combien ce système est préférable à la politique d'aventures où une influence fâcheuse l'a trop longtemps engagée.

La monarchie de Savoie a commis **une grave** erreur en allant chercher à Berlin une prétendue garantie contre des dangers illusoires, dangers qui, en tout cas, n'existent plus depuis longtemps (1). Nous ne dirons

---

(1) En dehors de personnalités peu nombreuses, il n'y a jamais eu en France de parti politique disposé à remettre en question par la

pas qu'elle a manqué de reconnaissance, car il n'est jamais opportun de rappeler les services rendus; mais nous pouvons dire qu'elle a manqué de prévoyance et méconnu les véritables intérêts de la péninsule. Séduite par d'ambitieuses perspectives, elle ne s'est pas rendu compte des conditions auxquelles est soumise la politique d'un peuple en formation, constitué de la veille, chez lequel tant de choses sont à créer. Au lieu de se maintenir dans une attitude de recueillement, de s'adonner à un travail silencieux et méthodique, l'Italie a manifesté des allures agressives, envahissantes. Ses hommes d'État ont flatté, excité sa vanité, au profit de leurs intérêts personnels. Elle a eu un cruel réveil, quand la réalité est venue interrompre les rêves.

Il est encore temps, pour l'Italie, de profiter de la leçon qu'elle a reçue, d'orienter sa politique dans un sens rationnel, conforme à ses vrais intérêts; elle pourra obtenir, dans l'avenir, des résultats susceptibles d'effacer le souvenir des désastres éprouvés. Si, au contraire, l'impression subie ne devait être qu'éphémère, si elle retombait dans les errements d'hier, elle s'exposerait de plein gré à de nouveaux revers, cette fois irrémédiables; elle compromettrait ainsi sa situation de grande puissance, peut-être même son existence.

---

force le fait accompli en septembre 1870. Aujourd'hui ceux-là mêmes qui réprouvaient le plus vivement l'entrée des Italiens à Rome ne sauraient s'attarder à des regrets superflus : les instructions de Léon XIII sur la légitimité des pouvoirs ont la même portée en deçà et au delà des Alpes; elles impliquent logiquement un abandon de la politique protestataire. Rome capitale ne sera donc jamais remise en question, même dans l'hypothèse d'un changement de régime en France. C'est sur un terrain tout autre que devra être recherchée l'indépendance temporelle (très désirable évidemment) du Souverain Pontife.

SOMMAIRE DES CHAPITRES

INTRODUCTION
L'expansion européenne à la fin du xixe siècle 5

CHAPITRE Ier
LES DÉBUTS DE LA COLONISATION ITALIENNE

Rôle historique de l'Italie dans la Méditerranée. — Premières ambitions coloniales. — Un mot du comte de Cavour. — La question tunisienne et le congrès de Berlin. — La politique de M. Cairoli. — L'explorateur Giuseppe Sapeto. — Acquisition de la baie d'Assab. — Occupation effective. — Avantages au point de vue de la pénétration en Abyssinie. — Massacre de l'expédition Giuletti. — Premières relations avec le Négus. — Traité avec l'*anfari* d'Aoussa. — Massacre de l'expédition Bianchi..... 11

CHAPITRE II
L'ABYSSINIE ET LES CÔTES DE LA MER ROUGE

L'Abyssinie. — Configuration générale. — Orographie. — Les trois zones d'altitude. — Hydrographie. — L'Ethiopie des anciens. — Introduction du christianisme. — Lutte contre l'invasion musulmane. — L'Abyssinie moderne. — Période d'anarchie. — Règne de Théodoros. — Expédition anglaise de 1868. — Le négus Johannès. — Guerre contre les Égyptiens. — Relations de la France avec l'Abyssinie. — Mission du comte Russel. — Création du port d'Obock. — Situation de l'Angleterre dans la mer Rouge. — L'occupation de l'Egypte en 1882. — Liaison de l'action italienne et de l'action anglaise, à la suite du soulèvement des Derviches. 28

CHAPITRE III
L'OCCUPATION DE MASSAOUAH

Siège de Khartoum par le mahdi. — Négociations de l'Angleterre avec le négus. — Traité Hevett. — Entente anglo-italienne. — Occupation de Massaouah. — Prise de Khartoun. — Occupation de nouveaux points de la côte. — La *Plaine de Sel*. — L'attitude du négus Johannès. — Mort du mahdi. — Première organisation de la colonie — Soumission de diverses tribus musulmanes au protectorat italien 49

CHAPITRE IV
LE MASSACRE DE DOGALI

Nécessité pour les Italiens de prendre pied sur le plateau abyssin. — Massacre de la mission Porro. — Les *bachi-bouzouks* égyptiens passent au service de l'Italie. — Mesures de police pour la sécurité de Massaouah et de ses abords. — Protestation du ras Aloula. — Attaque du poste de Saati. — Massacre de Dogali. — Emotion produite à Rome par la nouvelle. — Envoi de renforts dans la colonie. — Libération de la mission Salimbeni. — Organisation du commandement de la colonie. — Le programme du général Saletta. — Création du corps spécial d'Afrique. — Travaux de défense autour de Massaouah....................... 64

CHAPITRE V

L'INTERVENTION ARMÉE DU NÉGUS

Envoi de nouveaux renforts à Massaouah. — Médiation infructueuse de l'Angleterre. — Les forces du négus. — Négociation avec Ménélik, roi du Choa — Dispositions défensives du général San-Marzano. — Arrivée du négus. — Les deux armées restent en présence pendant un mois sans s'attaquer. — Reprise et rupture des négociations. — Retraite du négus. — Rapatriement du corps expéditionnaire italien. — Réorganisation militaire de la colonie. — Prise de Keren. — Le chef Debeb. — Echec de Saganeiti. — Difficultés du négus avec les Derviches et le roi Ménélik. — Guerre contre les Derviches. — Mort de Johannès 83

CHAPITRE VI

LE TRAITÉ D'UCCIALI

La succession de Johannès. — Ménélik, roi du Choa. — Ses relations avec l'Italie. — La mission du marquis Antinori. — Rôle du comte Antonelli. — Conquête du Harrar. — Attitude à la mort de Johannès. — Traité d'Ucciali. — Mission du degiac Makonnen. — Convention additionnelle au traité d'Ucciali. — La colonie de l'Erythrée. 103

CHAPITRE VII

L'OCCUPATION DE KÉREN ET D'ASMARA

Occupation de Kéren. — Nouvelle défection de Debeb. — Occupation d'Asmara. — Retraite du ras Aloula. — Rappel du général Baldissera. — Le général Orero rentre à Adoua. — Le ras Mangascia reconnaît la suzeraineté de Ménélik. — Organisation du Tigré 117

CHAPITRE VIII

PREMIÈRES DIFFICULTÉS AVEC MÉNÉLIK

Les intérêts français sur la mer Rouge. — Tendances de l'église russe orthodoxe. — Les projets d'Atchinoff. — Préparatifs de son expédition. — Embarquement à Odessa. — Débarquement dans la baie de Tadjourah. — Le bombardement de Sagallo. — Dissentiment de l'Italie avec Ménélik à la suite du traité d'Ucciali. — La question des frontières. — Controverse au sujet de l'article 17. — Lettre de Ménélik au roi Humbert. — Mission Antonelli. — Négociations longues et infructueuses. — Rupture des négociations. — Arrangements avec les chefs tigrins. — Convention du Mareb 128

CHAPITRE IX

L'EXPANSION ITALIENNE SUR L'OCÉAN INDIEN

Pays des Somalis. — Exploration dans la vallée du Djouba. — Tentative de colonisation allemande sur les côtes de Benadir et des Medjourtines. — Traité anglo-allemand de 1886. — Etablissement du protectorat italien sur la côte Somal. — Convention franco-anglaise de 1888. — Protocole des 24 mars et 15 avril 1891 entre l'Italie et l'Angleterre. — Convention du 5 mai 1894 149

CHAPITRE X

L'ACTION CONTRE LES DERVICHES

Premiers conflits avec les Derviches. — Relations commerciales entre Massaouah et le Soudan. — Importante concentration de troupes madhistes à Kassala. — Bataille d'Agordat. — Conséquences de la victoire des Italiens. — Préparatifs de l'expédition contre Kassala. — Prise de Kassala. — Les Derviches rejetés au delà de l'Atbara. — Construction d'un fort à Kassala. — Opérations contre le poste d'El-Fascher............................ 161

CHAPITRE XI

PRÉPARATIFS DE GUERRE EN ÉRYTHRÉE ET AU CHOA

Organisation des troupes indigènes d'Afrique. — Bandes irrégulières. — Milices mobiles. — Régime administratif. — Essai de colonisation. — Le baron Franchetti. — Indécision des divers cabinets italiens. — Ménélik réorganise ses forces. — Dénonciation du traité d'Uccialí. — Soumission du ras Mangascia. — Mission du colonel Piano. — Rupture avec l'Italie................ 180

CHAPITRE XII

LES HOSTILITÉS CONTRE LE RAS MANGASCIA

Effet moral de la prise de Kassala. — Mangascia offre son concours contre les Derviches. — Symptômes de défection. — Rébellion de Bath-Agos. — Prompte répression. — Rupture définitive avec le ras Mangascia. — Le général Baratieri occupe Adoua. — Combat de Coatit. — Poursuite des Tigrins. — Combat de Sénafé. — Occupation de l'Agamé..................................... 197

CHAPITRE XIII

LA CONQUÊTE DU TIGRÉ

Préparatifs de guerre de Ménélik. — Expulsion des Lazaristes. — Projet d'une diversion du côté de l'Aoussa. — Rapide extension de l'occupation italienne. — Entrée à Makallé. — Nouvelle occupation d'Adoua. — Construction des forts de Fremona et d'Adigrat.. 216

CHAPITRE XIV

LE MASSACRE D'AMBA-ALAGI

Les Italiens expulsés du Harrar. — Opérations du général Baratieri contre le ras Mangascia. — Combat de Debra-Aila. — Concentration de l'armée du négus près du lac Ascianghi. — Le major Toselli à Amba-Alagi. — Ordre de retraite tardif. — Attaque des Choans. — Massacre du 4ᵉ bataillon indigène. — Intervention du général Arimondi. — Emotion en Italie. — Envoi de renforts.. 228

CHAPITRE XV
LE SIÈGE DE MAKALLÉ

Projets du général Baratieri. — Concentration à Adigrat. — Organisation défensive du fort de Makallé. — Démonstration du ras Makonnen devant le fort. — Arrivée de Ménélik. — Attaque du fort. — Les Abyssins s'emparent des puits. — La lutte contre la soif. — Pourparlers pour la reddition du fort. — La garnison reconduite aux avant-postes italiens. — Examen des conditions de défense du fort de Makallé.................................. 244

CHAPITRE XVI
D'ADIGRAT A ADOUA

Arrivée des renforts. — Organisation nouvelle du corps expéditionnaire. — Marche de Ménélik sur Hausen et Adoua. — Les Italiens se portent d'Adigrat sur Entiscio. — Difficultés de réapprovisionnement. — Révolte du ras Sebath et d'Agos-Tafari. — Le général Baratieri songe à la retraite. — Il se décide à attaquer l'ennemi.................................. 268

CHAPITRE XVII
LA BATAILLE D'ADOUA

Terrain de la bataille. — Dispositions prescrites par le général Baratieri. — La marche de nuit. — Erreur de la brigade Albertone. — Disposition de l'armée du négus. — Combat de la brigade Albertone. — La brigade Dabormida dans le vallon de Mariam-Sciavitu. — Combat des brigades Ellena et Arimondi. — Retraite des Italiens. — Chute du cabinet Crispi. — Procès du général Baratieri.................................. 282

CHAPITRE XVIII
LES SUITES DU DÉSASTRE D'ADOUA

Le général Baldissera nommé gouverneur de l'Erythrée. — Déclaration du marquis di Rudini. — Organisation défensive de la colonie. — Négociations du major Salsa avec Ménélik. — Tentatives des Derviches contre Kassala. — Succès du colonel Stevani. — Retraite des Derviches.................................. 312

CHAPITRE XIX
LA DÉLIVRANCE D'ADIGRAT

Blocus du fort d'Adigrat. — Marche du général Baldissera. — Combats de Gunaguna et de Dongollo. — Négociations avec le ras Mangascia. — Les Italiens évacuent librement le fort. — Rapatriement du corps expéditionnaire.................................. 327

CHAPITRE XX
LA CONCLUSION DE LA PAIX

Longues négociations. — Les points en litige. — Le sort des prisonniers italiens. — Intervention de Léon XIII. — Mission Nerazzini. — Conclusion de la paix. — L'avenir de l'Erythrée et de l'Abyssinie.................................. 334

Paris et Limoges. — Imprimerie et librairie militaires Henri CHARLES-LAVAUZELLE

www.ingramcontent.com/pod-product-compliance
Lightning Source LLC
Chambersburg PA
CBHW060320170426
43202CB00014B/2608